U0750553

通识 大学通识教育教材

文献检索与论文写作实训

万 树 曾宪影 编著

WENXIAN JIANSUO YU

LUN WEN XIEZUO

SHIXUN

中国教育出版传媒集团

高等教育出版社·北京

内容提要

本书是大学通识教育教材。全书共 3 篇 20 章,主要内容包括:文献检索原理(文献检索概述,文献数据库,网络信息检索途径,文献检索策略),文献检索实验(文献检索实验概述,中文文献检索实验,英文文献检索实验,中文数据信息检索实验,英文数据信息检索实验,中文引文索引检索实验,英文引文索引检索实验,特殊文献检索实验,学术研究进展检索实验,产业发展动态检索实验,科技发展动态检索实验),项目书与论文写作实训(项目书与论文写作实训概述,创业计划书写作实训,科技作品项目书写作实训,文献综述写作实训,学位论文写作实训)。

本书的实验和实训选用真实案例,配有丰富的图表和二维码资源,步骤讲解详细,帮助学生迅速提高文献检索能力和项目书与论文写作能力,适合作为高等学校文献检索和论文写作相关课程教材,也可作为社会人士的自学用书。

图书在版编目(CIP)数据

文献检索与论文写作实训/万树,曾宪影编著.—
北京:高等教育出版社,2023.2(2025.7重印)
ISBN 978-7-04-059638-0

Ⅰ.①文… Ⅱ.①万…②曾… Ⅲ.①信息检索-教材 ②论文-写作-教材 Ⅳ.①G254.9 ②H152.3

中国版本图书馆 CIP 数据核字(2022)第 257686 号

策划编辑 林 荫 郭昕宇 **责任编辑** 郭昕宇 **封面设计** 张文豪 **责任印制** 高忠富

出版发行	高等教育出版社	网　　址	http://www.hep.edu.cn
社　　址	北京市西城区德外大街 4 号		http://www.hep.com.cn
邮政编码	100120	网上订购	http://www.hepmall.com.cn
印　　刷	上海新艺印刷有限公司		http://www.hepmall.com
开　　本	787 mm×1092 mm　1/16		http://www.hepmall.cn
印　　张	17.00		
字　　数	373 千字	版　　次	2023 年 2 月第 1 版
购书热线	010-58581118	印　　次	2025 年 7 月第 5 次印刷
咨询电话	400-810-0598	定　　价	37.00 元

本书如有缺页、倒页、脱页等质量问题,请到所购图书销售部门联系调换

版权所有　侵权必究

物 料 号　59638-00

前　言

党的二十大报告首次把教育、科技和人才作为社会主义现代化建设的基础性、战略性支撑一起部署，强调"实施科教兴国战略，强化现代化建设人才支撑"。信息作为一种新的生产要素，在国民经济中的作用愈发显著，在教育、科技、人才力量方面的作用尤其重大，为文献检索实训课程的普及和发展带来新的机遇和挑战。而加强文献检索实训课程建设，对于大学生增强信息意识、培养信息思维、获取文献、助力科研创新，具有至关重要的现实意义。本书具有以下特色：

（1）本书按照教育部对文献检索课程的文件精神与基本要求，针对当前网络文献信息检索发展的新趋势和新技术，按照"原理—实验—实训"的逻辑架构编写，取材前沿，内容新颖，由总体到局部，从理论到实践，先基础后综合，由浅入深，循序渐进，全面系统地解构文献检索基本原理、网络信息检索基本技能，把文献检索理论和方法融入各专业学科及其实践中去。

（2）本书融入了党的二十大精神，按照"大众创业、万众创新"的要求，增加了创意、创新、创业方面的实验和实训内容，通过实验与实训的新模式，设置情境与案例，将检索知识、检索策略、检索方法与创意、创新、创业三大能力培养融为一体，有利于加强当代大学生科研创新和实体创业能力的培养，有助于研究型、探索型复合人才的培养。

本书分为3篇20章。文献检索原理篇主要阐述网络数据库文献检索的途径与策略。文献检索实验篇设置了7个基础实验和3个综合实验，基础实验包括文献检索实验、数据信息检索实验、引文索引检索实验和特殊文献检索实验；综合实验含学术研究进展检索实验、产业发展动态检索实验和科技发展动态检索实验。项目书与论文写作实训篇编排了4个经典实训，分别是创业计划书写作实训、科技作品项目书写作实训、文献综述写作实训、学位论文写作实训。本书学科跨度大，涵盖范围广，适合高等学校学生使用，也可作为科研工作者、创业者、企业家的工具书。

本书由南京审计大学万树博士和曾宪影博士结合自身多年的文献检索实验和大学生创新创业指导实践的培训讲义编著而成。万树博士负责拟订教材大纲、写作体例和主要内容，主撰第一至五、八、九、十一、十二、十四至十八章，以及全书统稿；曾宪影博士主撰第六、七、十、十三、十九、二十章。贾宇轩、张健、卞柳斐、张芝绮同学也参与了本书的编写与上机实验校验和实训模拟。本书还得到朱润、张光忠、郭义侦、吕天淳、耿直、毛文翠、杨慧珠、付会敏、邵蔚、赵小惠、尹袁、汪晨希等同学的大力协助，以及一大批研究生和本科生提供的宝贵学习反馈，在此一并致以衷心感谢！本书还借鉴了若干教材、网络资源及相关文献，恕未一一注明，谨向各有关机构和作者致以诚挚的谢意！

囿于我们水平所限，不妥、疏漏与错误之处在所难免，恳请读者朋友批评指正。

编　者

2023 年 1 月

目　　录

第一篇　文献检索原理

第二篇　文献检索实验

1

第一篇

文献检索原理

第一章 文献检索概述

1. 掌握文献与信息的基本概念。
2. 掌握不同类型的信息资源的区别与联系并辨别。
3. 了解文献、信息等在认识世界、改造世界中的作用及其评价。
4. 了解主要文献分类方法及其意义。
5. 熟悉文献检索的主要工具特别是计算机检索技术。
6. 了解传统文献检索和计算机文献检索的主要途径与方法。

一、文献的概念、类型与作用

(一) 文献的概念

《论语·八佾》曾记载:"夏礼吾能言之,杞不足征也。殷礼吾能言之,宋不足征也。文献不足故也。"在这句话中,"文",指历史典籍;"献",指贤人。历史学家马端临在其《文献通考》中将"文献"二字融合为一,指各种各样的典籍和文字记录。《现代汉语词典》中,文献是指有历史价值或参考价值的图书资料。

随着科技的不断进步,知识的载体不仅仅局限于纸张,还有磁盘、光盘、云存储等新型载体。记录知识的手段也在不断革新,出现了录音、录像、图像扫描等各种方式。这些技术手段的出现和广泛应用,使人们更新了对文献的认识,文献也因此有了更丰富的形式、更广阔的范围。国际标准化组织《文献情报术语国际标准》(ISO/DIS 5217)对"文献"的解释:在存储、检索、利用或传递、记录信息的过程中,可作为一个单元处理的,在载体内、载体上或依附载体而存储有信息或数据的载体。

总的来说,文献是运用文字、图形、数据、符号、音像、视频等技术手段记录人类知识与信息的一种载体。文献必须具备两个要素:①知识与信息,即文献的内容;②记录知识与信息的物质载体,如纸张、光盘,即文献的形式。

(二) 文献的类型

根据不同的划分标准,文献可分成多种类型。常见的分类标准主要有出版类型、载体形式、加工层次、内容的公开程度等。

1. 按出版类型划分

出版是当代最为重要的文献记录传播方式。按出版类型，文献可以划分为图书、期刊、报纸、专利、标准、政府出版物、档案、电子出版物等。

（1）图书是历史最悠久的文献类型，内容一般比较成熟，代表某一时期某一学科的发展水平。期刊是定期或不定期出版的有固定名称的连续出版物，往往能及时反映社会和科技的发展水平和动向。报纸是一种报道及时、内容广泛、文字通俗的信息源，其中的新闻等是重要的信息源。

（2）专利、标准、政府出版物具有规制性出版物的性质。专利文献是根据专利法公开的有关发明的文献，主要包括专利说明书，也包括专利法律文件和专利检索工具。标准则是对工农业新产品和工程建设的质量、规格、参数及检验方法所做的技术规定，是一种经权威机构批准发布的规章性文献，具有一定的法律约束力。政府出版物是各国政府及所属机构颁布的文件，如政府公报、会议文件和记录、法令汇编。政府出版物具有正式性和权威性的特点，其内容广泛，几乎涉及整个知识领域，但重点在政治、经济、法律、军事等领域。

（3）档案是国家机构、社会组织以及个人从事政治、军事、经济、科学、技术、文化、宗教等活动直接形成的具有保存价值的各种文字、图表、声像等不同形式的历史记录，是完成了传达、执行、使用或记录现行使命而备留查考的文件材料。相当一部分档案在一定时间内具有保密性，常常限定使用范围。在电子时代，档案文献都有与之匹配的电子档案文献。各国都建有大型电子档案数据中心，用于储存各种形式的档案文献。

（4）电子出版物包括电子预印本与电子印本。电子预印本（Electronic Preprints）是指科研工作者的研究成果还未在正式的刊物上发表，而出于同行交流目的自愿通过E-mail 或网络等方式传播的科研论文、科技报告等电子文献。它一般比印刷版论文发表早一两年，对前沿科学的研究人员有一定参考性。电子印本（E-print）是学者和专业人员利用电子文稿，通过网络分享研究成果或最新发现，包括预印本、再版（Reprints）、科技报告、会议文献以及其他电子形式的交流。目前对电子预印本和电子印本的定义尚不一致。这两种学术交流方式联系紧密，在实际使用中的区分也不十分严格。

2. 按载体形式划分

按载体形式，文献可以划分为印刷型、缩微型、声像型和电子型四类。

（1）印刷型文献。它是以纸张为载体，以印刷（包括油印、胶印、铅印、影印、复印等）为记录手段而产生的、具有悠久历史的一种文献形式，迄今为止仍占主导地位。其优点是读取方便、用途较广、流传不受时空限制等。其缺点是存储密度低、较笨重、占据空间大。

（2）缩微型文献。这种文献以感光材料为载体、以缩微照相为记录手段，包括缩微平片和缩微胶卷等。其优点是体积小、价格低、存储信息密度高，便于收藏、保存与传递。其缺点是必须借助缩微阅读机进行阅览，使用不方便。

（3）声像型文献。它以磁性材料或感光材料为载体，以磁记录或光学技术为手段,直接记录声音、视频、图像而形成文献,如唱片、录音录像带、幻灯片、电影。其优点是生动直观。其缺点是成本较高,不易检索和更新。

(4)电子型文献。它是近年来随着计算机和网络的广泛应用而产生的一种新的文献类型,它以数字代码将图、文、声、像等信息存储在磁光电介质上,通过计算机或具有类似功能的设备阅读使用,进而表达思想、普及知识和积累文化。

3. 按加工层次划分

按加工层次,文献可划分为零次文献、一次文献、二次文献和三次文献。

(1)零次文献是指记录在非正规物理载体上,未经出版发行或未进入社会交流的最原始的文献,如私人笔记、手稿、考察记录、试验记录、原始统计数字、技术档案。其主要特点是内容新颖但不成熟,未公开交流,难以获得。

(2)一次文献是以作者本人的生产与科研工作成果为依据而创作的原始文献,如专著、期刊论文、科技报告、会议论文、学位论文、专利。一次文献真实、具体,参考、使用价值高,但因分散、数量庞大而查阅不便。

(3)二次文献,也称检索性文献,指对一次文献进行精选、提炼、浓缩或加工,标引出文献的主题,编制成具有多种检索途径的检索工具,如文摘、索引、题录。二次文献是查找一次文献的工具或手段,具有浓缩性、汇集性、有序性等特点。

(4)三次文献,也称参考性文献,是指利用二次文献的线索,系统地检索出一批相关文献,并对其内容进行综合、分析、研究和评述而编写出来的文献,如述评、动态综述、进展报告、数据手册、年鉴。三次文献可再分为文献型和数据型文献。文献型文献是典型的知识浓缩型文献,如综述、述评、专著,是三次文献的主要代表。数据型文献具有工具书性质,如字典、词典、数据手册、百科全书。

4. 按内容的公开程度划分

按内容的公开程度,文献可划分为白色文献、灰色文献、黑色文献。白色文献是指一切正式出版并在社会上公开流通的文献。灰色文献,也称半文献,指非公开发行的内部文献或限制流通的文献,如非公开出版的政府文献、学位论文,不公开发行的科技报告、技术档案。黑色文献是指人们未破译、辨识其中信息的文献或处于保密状态、不愿公布其内容的文献,如技术机密资料、个人隐私材料。

除了上述4类划分标准,按文献内容的学科属性,文献可划分为哲学文献、社会科学文献、自然科学文献、综合科学文献及专科文献;按文献产生的时代阶段,文献还可分为古代文献(1840年前)、近代文献(1840—1911年)、现代文献(1911—1949年10月)、当代文献(1949年10月以后)。

(三)文献的作用

文献作为一种宝贵的智力资源,是人类思想与智慧的结晶,是人类社会文明发展到一定程度的产物,在人类文明延续与进程中发挥着极其重要的作用。

1. 文献是获取和传播知识的重要媒介

在文字出现前,人类的生产力水平极其低下,所获得的经验或知识也很少,人们只能用大脑记忆一些简单的经验知识。随着生产的发展,社会交往逐渐增多,各种知识不断产生,需要记忆的知识也随之增加,人们只靠大脑无法牢记,便产生了把这些经验或知识记录下来的想法。人类的知识和文明只有通过文献才能突破时空的局限,在时间和空间上得以传播和交流,各个时期和各个地区的各种信息资料才得以保留。可见,文献正是通过其知识的获取和传播,推动人类创造发明,促进社会向前发展。

2. 文献是记录和保存人类知识的宝库

文献作为人类物质文明和精神文明发展的记录,是人类记录知识、获取知识、传播知识的主要载体。它是人类有史以来所从事的生产实践活动、科技创造活动和相互交往活动的真实写照和系统集成,是人类文明和文化知识的最佳表现方式,积累和总结了人类在一切活动中的成功经验和失败教训,被视为人类知识财富的宝藏。为了长期保存人类知识的宝藏,人们把文献记载在某种物质载体上,不断积累,以供当代人和后代人利用,从而创造出新的文明和文化。所以,文献是汇集和保存人类精神财富的最佳载体,是供全人类分享的知识宝库。

3. 文献是人类文明与进步的重要标志

文献的内容反映了人类在一定社会历史阶段的知识水平。人类学习社会与自然界的各种知识,主要是通过文献的积累、总结、储存与提炼来实现的。对文献的学习、继承与创造性运用又反作用于社会,推动社会向前发展。文献作为记载人类生活、生产成果的重要手段之一,是人类文化科学知识的体现,是创造性活动的基础,可以帮助人们认识客观事物,拓展思路,开阔视野,丰富知识。文献的质和量是某一学科领域、某一个人、某一群体乃至某个国家的学术水平和成就的重要标志。文献也是预测和决策的重要工具,对有关文献进行定量和定性分析,可以预测该事物的发展趋势,从而为决策提供依据。

综上所述,文献对人类文明、社会进步至关重要。正如英国科学家、哲学家卡尔·波普尔的思想实验得出的结论,如果我们人类所有的机器和工具都被破坏了,而图书馆的文献还存在,那么人类仍然能够重新发展起来;如果文献同所有的机器和工具一起被破坏了,那么人类文明的重新出现就会是几千年以后的事了。卡尔·波普尔的思想实验生动而深刻地揭示了文献对人类的重大作用。

二、文献评价

文献评价又称图书评价、图书鉴别,是图书情报工作人员根据一定的标准和目的评判文献价值的工作。图书情报工作人员对文献进行评价是为了发掘更有价值的文献,以便更好地提高图书馆馆藏的质量。图书馆的文献选择至少受四个因素的影响:读者需求、经费、评价人员的知识水平、现有馆藏与文献的出版状况。在经费确定的情况下,结合其他因素,成为馆藏的文献应经过以下三个层次的评价。

(一) 可用性评价

我们可以把文献的可用性理解为"有用的可能性"。文献有用与否与其价值的有无有紧密联系。文献作为精神产品，其价值主要是其内容价值，即文献内容的政治价值、社会价值、经济价值、审美价值等。其内容价值有时并不是一眼就能看出的，需要具有相应专业知识的人对文献进行详细的考察和评估。目前评价的方法虽以主观定性为主，但这是一个非常严肃的专业化工作环节，类似于科研论文发表前的同行专家评审。因此，图书馆需要把文献的可用性评价放在首位，客观地判断文献价值，去伪存真，去粗取精。对于电子文献，其可用性评价除了对文献内容进行评价外，还包括对检索系统及功能、访问性能、供应商的服务、存档等方面进行逐一评价。

（二）相似性评价

文献的相似性是基于两种文献的知识内容相比较而得出的结论。这种比较在检测学术论文是否剽窃的事件中运用较多。在馆藏文献中，除文献本身的复本外，还有内容相同的文献存在不同版本、不同载体的情况，以及两种文献可相互替代的情况。这些文献的相似度较高。在采购文献时，可能出现待采购的文献与馆藏文献相似的问题。

评价两种文献的相似性，目前有两种办法：一是通过直接阅读来定性比较；二是运用情报学中的内容分析法进行定量比较。其中，内容分析法以汉语自动分词技术[①]为基础，结合人工智能技术，对文献自身所包含的知识内容进行统计分析。目前，国内外有关内容分析法的理论与应用研究主要以词频统计分析为基础。例如，在两种文献分词之后，计算相同分词在文献分词总数中所占比例。若达到或超过规定标准（如80%），则两种文献的相似度较高，否则，相似度较低。当然，基于词频的内容分析法还有不完善的地方。知识计量研究的兴起为评价文献的知识存量及相似性测度提供了更为合理的理论基础。

（三）实用性评价

实用性是指"每本书有其读者"[②]，即每种文献相对于一部分读者而言，具有使用价值。这与我们通常所说"文献知识能解决某类实际问题"的实用性含义不同。实用性评价可用读者调查法来实现。如果读者对某种文献认可的人数达到或超过了图书馆规定的标准，则该文献在实用性方面就是合格的。当然，文献使用价值的大小不是一成不变的，会随着时间的变化而变化。同种文献对于相同读者群体而言，其使用价值的变化趋势会逐渐变小，直至为零。

文献的可用性、相似性、实用性评价涵盖了文献评价的三个层次。可用性评价是文献选择的起点和前提，用来保证文献本身的内容价值。相似性评价用于判断准馆藏文献与馆藏文献的相似程度。实用性评价用于明确文献的现实需求。

---

① 汉语自动分词是依据一定的原则和方法，按照分词单位对汉语语句进行切分的过程。

② "每本书有其读者"（Every book its reader）是印度学者阮冈纳赞（S.R.Ranganathan）提出的图书馆学五定律中的第三定律。

三、文献分类法

在了解文献分类法之前,我们首先需要弄清楚分类检索语言。分类检索语言是用分类号和类目来表达各种主题概念的检索语言。它以学科体系为基础,将各种概念按学科性质、逻辑层次结构进行分类和系统排列。分类检索语言的具体表现形式是分类表。其特点是能集中体现学科的系统性,反映事物的平行、隶属、派生关系,有利于从学科或专业的角度进行族性检索,以便达到较高的查全率。它的基本结构是按知识门类的逻辑次序,从点到面、从一般到具体、从简单到复杂、从低级到高级,层层划分,逐级展开分门别类的层次制号码检索体系。这种检索体系的具体表现形式就是我们常说的文献分类法。

目前,国内外比较常用的文献分类法有中国图书馆分类法、中国科学院图书馆分类法、中国标准文献分类法、杜威十进制图书分类法、美国国会图书馆图书分类法、国际标准分类法等。下面我们主要介绍以下四种具有代表性的分类法。

(一) 中国图书馆分类法

中国图书馆分类法(原称中国图书馆图书分类法,简称中图法)是我国具有代表性的大型综合性分类法,是当今国内图书馆使用最广泛的分类法。中图法出版于1975 年,1990 年出版了第三版,1999 年出版了第四版,2010 年出版了第五版。修订后的中图法第五版通过新增类目、调整完善类目体系、修改类名、扩大类目外延、增加使用注释等修订方法,补充了新主题、新概念,增强了类目主题的容纳性,明确了类目含义和使用方法。中图法是目前我国最有影响力的大型综合性图书分类法,被推荐为我国标准的图书资料分类法。

1. 中图法的体系结构

中图法以科学分类为基础,采取从总到分、从一般到具体的逻辑系统安排类目,承担着文献资源的分类排架和目录组织的双重职能,具有时代性和科学性。中图法在我国使用非常广泛,国内大学、公共图书馆、期刊杂志论文等基本采用中图法对文献进行归类。中图法的体系结构包括五个基本部类 22 个大类,用 22 个英文字母表示,见表 1-1。

表 1-1　中图法的体系结构

部类名称	大类符号	大类名称
马克思主义、列宁主义、毛泽东思想、邓小平理论	A	马克思主义、列宁主义、毛泽东思想、邓小平理论
哲　学	B	哲学、宗教

部类名称	大类符号	大类名称
社会科学	C	社会科学总论
	D	政治、法律
	E	军事
	F	经济
	G	文化、科学、教育、体育
	H	语言、文字
	I	文学
	J	艺术
	K	历史、地理
自然科学	N	自然科学总论
	O	数理科学和化学
	P	天文学、地球科学
	Q	生物科学
	R	医药、卫生
	S	农业科学
	T	工业技术
	U	交通运输
	V	航空、航天
	X	环境科学、安全科学
综合性图书	Z	综合性图书

2. 中图法的类目安排

除科学的理论和方法的著作外,很多社会科学的大量图书是各国的有关著作。对此,在诸如政治、法律、军事、历史、地理、文学、艺术、经济等类下,中图法规定了按国家区分,然后再根据各类的性质和特点,采用其他分类标准进行细分。将有关国家的历史、现状、概况、政策、制度、组织活动以及文艺作品等,均集中在国家之下。对于边缘科学的处理,在总体上,中图法以综合性图书馆在图书分类上的要求编制,但同时也照顾了专业馆的需要,在有关学科部门,有重点地编制交替类,以便选择使用。例如,传记类集中编列在历史类内,为了适应专业馆的需要,也规定了把科学家传记,重复反映到各有关学科,或者直接分到分学科。此外,对于科学技术的新成就、新技术,根据需要予以充分反映,在不影响科学性的前提下,都编在较显著的位置,以适应新学科发展对文献的需要。

3. 中图法的标记制度和符号

中图法采用汉语拼音字母与阿拉伯数字相结合的混合制编码。用一个字母标志一个大类,以字母的顺序反映大类的序列。在字母后用数字表示大类下小类目的划分。同时,为适应工业技术图书资料分类的相关需要,对其下一级类目的复分,也采用字母标志,即工业技术所属的二级类,采用双字母。数字的编号制度,使用小数制,即首先顺序字母后的第一位数字,然后顺序第二位,依此类推。分类号码的序列,严格按照小数制的排列方法。数字的设置,尽可能以号码的级数代表类的级数,且遵从了层累制的编制原则。此外,中图法还采用了在分类号码的三位数字后,隔以小圆点".",以使号码清楚醒目、易于辨认。中图法还有几种辅助符号,如"a""/"
"[ ]""-",分别表示推荐、起止、交替、总论复分等意义。

(二) 中国标准文献分类法

中国标准文献分类法(Chinese Classification for Standards,CCS)是由国家标准化主管部门根据我国标准化工作的实际需要,结合标准文献的特点,在参照国内外各种分类法的基础上编制的一部标准文献专用分类法,于 1984 年 7 月试行,1989 年修订后正式发布执行。它适用于我国各级标准的分类,其他有关标准文献和资料也可参照使用。

中国标准文献分类法的类目设置以专业划分为主,适当结合科学分类。序列采取从总到分,从一般到具体的逻辑系统。中国标准文献分类法采用二级分类,一级主类的设置以专业划分为主,二级类目设置采取非严格等级制的列类方法。其一级分类如表 1-2 所示。一级分类由 24 个大类组成,每个大类有 100 个二级类目。一级分类由单个拉丁字母组成,二级分类由双数字组成。

表 1-2 中国标准文献分类法的一级分类

符号	名 称	符号	名 称
A	综 合	N	仪器、仪表
B	农业、林业	P	工程建设
C	医药、卫生、劳动保护	Q	建 材
D	矿 业	R	公路与水路运输
E	石 油	S	铁 路
F	能源、核技术	T	车 辆
G	化 工	U	船 舶
H	冶 金	V	航空、航天
J	机 械	W	纺 织
K	电 工	X	食 品
L	电子元器件与信息技术	Y	轻工、文化与生活用品
M	通信、广播	Z	环境保护

中国标准文献分类法是针对民用标准和军民通用标准编制的,故未列军工类,不适用于军工标准。军工标准有专用的军用标准文献分类法(GJB832-1990)。

（三）杜威十进制图书分类法

杜威十进制图书分类法（Dewey Decimal Classification，DDC）于 1876 年由美国图书馆专家麦尔威·杜威发明。在美国，几乎所有公共图书馆和学校图书馆都采用这种分类法。DDC 已被全球超过 135 个国家的图书馆使用。如表 1-3 所示，DDC 以三位数字代表分类码，共可分为 10 个大分类、100 个中分类及 1 000 个小分类。除了三位数分类码，一般会有两位数字的附加码，以代表不同的地区、时间、材料或其他特性。分类码与附加码之间以小数点"."隔开。例如："330"表示经济学，".9"表示地区论述，".04"表示欧洲，合起来为"330.94"，表示欧洲经济学。

表 1-3　杜威十进制图书分类法

分类码	名　称	分类码	名　称
000	计算机科学、资讯与总类	500	科学（自然科学）
100	哲学与心理学	600	技术应用科学
200	宗　教	700	艺术与休闲
300	社会科学	800	文　学
400	语　言	900	历史、地理与传记

（四）国际标准分类法

国际标准分类法（International Classification for Standards，ICS）是国际标准化组织（ISO）发布的标准文献专用分类法，是一部由国际标准化组织编制、维护和管理的标准文献专用分类法。许多国家采用 ICS 对其国家标准进行分类，世界贸易组织（WTO）也明确要求标准化机构在其通报工作计划时使用国际标准分类法。我国从 1997 年 1 月 1 日起在国家标准、行业标准和地方标准上加注 ICS 分类号。

ICS 的特点是列类广泛、覆盖全面、结构合理、简明实用、配号方法灵活，允许用户根据需要自行扩类，适用于手检、机检等不同层次的需要。它根据标准化活动与标准文献的特点，类目设置以专业划分为主，适当结合学科分类，原则上由三级组成：一级类按标准化所涉及的专业领域划分，设 41 个大类，402 个二级类，833 个三级类。ICS 配号制度为，一级类和三级类采用双位数表示，二级类采用三位数表示；各级类目之间以圆点相隔，用户自扩类目以短横线相隔。ICS 可用作编制国际、区域和国家标准及其他标准文献目录的结构框架；用作标准文献长期订单的基础；也可以直接用来分类数据库和图书情报部门中的标准文献。

四、文献检索的概念与工具

（一）文献检索的概念

文献检索，是指将信息按一定方式组织和储存起来，并针对用户的需求找出所需要的信息的过程。文献检索实际上包括文献的存储和文献的检索两个方面。存储和检索从意义上讲是两个完全不同的概念,存储是为了检索,检索以存储为前提,它们是相互依存的关系。文献检索过程是按照同样的检索语言(主题词表或分类表)及组配原则分析课题,形成检索提问标志,根据存储所提供的检索途径,从文献集合中查找与检索提问标志相符的信息特征标志的过程。只有了解了文献处理人员如何把文献存入检索工具,才能懂得如何从检索工具中检索所需的信息。

一般认为,信息检索包括三方面内容,即文献检索、数据检索和事实检索。文献检索是三种检索类型中最主要、最基本的形式,是信息检索中最重要的部分。文献检索是以文献为检索对象,按照一定的检索途径或方法从文献集合中查找出特定的文献,检索结果是文献或文献线索。它只提供有关的文献,而不直接回答用户所提技术问题本身。这类检索数量大,方式不一,是信息检索的基础部分。文献检索是一种相关性检索,即要检索出包含所需要情报的文献。掌握了文献检索的方法,就能以最快的速度、在最短的时间内、以最少的精力了解别人取得的经验和成果。

(二)文献检索工具的概念

文献检索工具是用于存储、查找和报道文献的系统化文字描述工具,是目录、索引、指南等的统称。文献检索工具以各种原始文献为素材,在广泛收集并进行筛选后,分析和揭示其外部特征和内容特征,给予书目性的描述和来源线索的指引,从而形成一定数量的文献单元,再根据一定的框架和顺序加以排列,形成可供检索的卡片或工具。它属于二次文献,或以图书的形式出版,或以期刊的形式连续出版,便于科研人员从中了解本专业学科领域的进展情况和科学技术的发展全貌。同时,通过文献检索工具,还可以了解图书、期刊等各类文献的出版情况及其在一些图书信息部门的收藏情况。

文献检索工具包括两方面的职能:①存储职能,主要著录文献的特征,依据一定的规律组织排列,使文献由无序变为有序;②检索职能,能够从中检索出所需要的文献线索。

(三)文献检索工具的特征

(1)详细著录文献的外部特征和内容特征。文献检索工具将不同类型、不同语种的信息按学科或主题加以集中组织起来,并详细著录信息的外部特征(如书名、著者、网址),内容特征(如标题、主题、摘要、关键词),以便信息用户按照这些报道线索查找所需的原始信息。

(2)提供具体的检索标识。文献检索工具将所选择收录和分析整理后的信息按照一定的科学体系组织成一个有机的整体,同时给出多种检索标识,如主题词、分类号、著者姓名、期刊名称、文献序号。检索标识是标引人员和检索用户共同遵守和进行沟通的符号,也是提高检索工具存储质量和使用效率的重要依据。

(3)根据标识顺序,系统、科学地排列文献,使其成为一个有机的整体。文献检索工具里的标识的排列顺序不是随机的,而是按照一定规律排列的。

（4）提供多种检索途径。文献检索工具必须具有多种辅助索引，以便用户从不同途径使用多种方法（如关键词、主题、著者、机构）途径检索所需信息。辅助索引是否完善不仅是衡量检索工具质量的重要标准，也是评价信息用户能否充分利用信息的关键因素。

（四）文献检索工具的类型

1. 按检索手段划分

检索工具按照检索手段划分，可分为手工检索、机械检索、计算机检索和微缩文献检索四类工具。

手工检索工具，就是通过指示型检索工具（包括目录、题录、文摘、索引等）和参考型检索工具（包括词典、百科全书、传记资料、手册、机构名录、理资料等）手段进行文献、数据、事实的检索。

机械检索工具是指运用一定的机器设备来辅助检索文献的检索工具，主要有机器穿孔卡片检索工具和缩微文献检索工具。计算机检索出现后，穿孔卡片检索工具已经逐渐不再单独使用。

计算机检索工具是以磁性介质为载体，用计算机来处理和查找文献的一种电子与自动化系统，由计算机、检索软件、文献数据库、检索终端及其他外用设备组成，用户可以通过终端设备和通信线路与相关检索系统联系，查找所需文献。电子计算机检索的速度和效果都明显优于其他检索方式，目前在世界各国都已得到了迅速发展。计算机检索工具由电子计算机检索系统构成，具有密度高、容量大、查找速度快、不受时空限制等优点。

缩微文献检索工具又称光电检索工具，以文献缩微品为文献库，用光电设备进行文献检索。一张缩微平片可以缩摄存储几页至几千页的文献，存储时间较长，普遍运用于一些珍贵文献的复制和保存。

2. 按载体形式划分

按照载体形式的不同，文献检索可划分为：工具书检索、光盘检索、联机检索和网络检索等。

工具书是研究人员在从事科研、教学、生产或其他领域活动或学习的过程中遇到问题时可以随时查阅、获取线索或知识、满足各种需要的必备参考资料，利用工具书可以查到各种数据、公式、事实、图表、解释、人名、地名、事件名称、技术术语等。工具书可以分为三类：检索文献的工具书，如书目、索引、文摘；语言性工具书，如字典、辞典；参考性工具书，如百科全书、年鉴、手册、指南、名录、图册。检索常用的工具书有：《中国国家书目》《中国学术期刊文摘》《辞海》《中国大百科全书》《中国百科年鉴》《新大不列颠百科全书》《不列颠百科年鉴》等。

光盘检索具有运行速度快、成本低、检索效果好、下载方便、安全性能高等特点。光盘检索提供的服务有追溯检索服务、定题服务、专题追溯检索服务。常用的光盘数据库有：《中文科技期刊数据库》《中国专利文献》《科学文摘》（英国）等。

联机检索即用户利用终端设备，通过通信网络或通信线路与检索系统联机，进行人机对话,从检索中心的数据库查找所需文献的过程。联机检索的特点是可以实现信息资源共享、检索速度快、信息资源专业化、查全率和查准率高。联机检索提供的服务有:追溯检索服务、定题服务、联机订购原始文献、光盘联机检索服务、电子邮件服务等。常用的联机检索系统有:Dialog 联机检索系统、ORBIT 联机检索系统、BRS 系统。

由于电信网、卫星电视网、公共数据通信网等都可以为信息检索传输数据,世界各大检索系统纷纷进入各种通信网络,每个系统上的计算机成为网络中的一个节点,每个节点可以连接多个检索终端,各个节点之间通过通信线路彼此相连,这就是网络检索。网络检索即基于 Internet 的检索,可以使人们在很短的时间里检索全球性文献资料。网络使得网上信息资源的利用率提高,信息组织更为有序和高效。随着信息网络技术的发展,信息检索技术将向着标准化、自动化、智能化、专业化的方向发展。本书的文献检索实验与实训使用网络检索工具来实现。

3. 按学科范围划分

按照收录的学科范围划分,检索工具可分为综合性检索工具、专业性检索工具和单一检索工具。综合性检索工具,即收录范围是多学科的,适用于检索不同学科专业文献的检索工具。专业性检索工具,即收录范围仅限于某一学科或专业,专业性强,适合科技人员检索特定专业的文献,内容更新集中、系统。单一性检索工具,即收录文献只限于某一特定类型的特定范围,以新技术发明为检索对象,如专利文献目录索引。

五、文献检索的途径、方法与步骤

(一) 文献检索途径

文献检索途径就是以信息的特征为检索标识来查询相关的信息。通常,信息的著录格式本身就是文献检索途径,主要包括主题检索途径、分类检索途径、著者检索途径和其他检索途径。其他检索途径包括标题(如书名、篇名、题名)检索途径、号码检索途径、机构名称检索途径、出版物名称检索途径等。

1. 主题检索途径

主题检索途径根据文献内容的主题特征进行检索,适合查找比较具体的课题。利用主题检索途径时,只要根据所选用主题词的字段找到所查主题词,就可查得相关文献。主题检索途径具有直观、专指、方便等特点,主题途径表征概念准确、灵活,直接性好,并能满足多主题课题和交叉边缘学科检索的需要,具有特性检索的功能,查准率高,但非专业人士难以掌握。一般情况下,主题词可以分为规范词汇和自由词汇,包括关键词、主题词、标题词和叙词。关键词一般由作者提供,是半规范化的词汇;主题词比较规范,标题词则一般是作者提供的,规范性方面差异较大。主题词可在图书的版权页找到,也可在图书馆的馆藏数据中找到。

同一文献可以供多种研究课题参考,可适应多种需要,因此,同一文献内容可用不同的检索词组合表述。以检索"城乡社保一体化与收入分配差距问题"为例,如何提取关键词才能避免漏检呢? 首先,确定概念(选词依据):社会保障、城乡一体化、收入分配。其次,收集同义词或近义词:城乡收入差距、养老保险、医疗保险、收入再分配等。最后,说明检索词间的逻辑关系:(社会保障 + 养老保险 + 医疗保险) * (收入分配 + 初次分配 + 再分配 + 收入差距) * (城乡 + 城镇 + 农村 + 一体化)。循着这样的思路,我们就能初步锁定文献检索的范围,加强文献检索的准确性和针对性。

2. 分类检索途径

分类检索是以文献的内容在分类体系中的位置为文献的检索途径,它的检索标志就是所给定的分类号码。分类检索途径主要包括图书期刊分类法和专利文献分类法。

图书期刊分类法包括中国图书馆分类法(中图法)、中国科学院图书馆图书分类法(科图法)、中国人民大学图书馆分类法(人大法)、美国国会图书馆图书分类法、杜威十进制分类法等。专利文献分类法一般是根据专利的功能或其用途所属的行业部门来分类的。目前,世界上大部分国家采用国际专利分类号(IPC)分类,分类表采用部、大类、小类、大组、小组的等级结构体系。

分类检索途径以课题的学科属性为出发点,按学科分类体系获得较系统的文献资料,具有族性检索功能,查全率较高。分类检索途径要求检索者对所用的分类体系有一定的了解,熟悉分类语言的特点和学科分类的方法,注意多学科课题的分类特征。

3. 著者检索途径

著者包括个人著者(personal author)、团体著者(corporate author)、专利发明人(inventor)、专利权人(patentee)、合同户(contractor)和学术会议主办单位(sponsor)等。著者检索途径就是根据文献的外部特征,用文献的著者、编者、译者的姓名或团体著者名称检索特定的个人或团体所生产的文献,利用著者目录和著者索引进行检索的途径。以著者为线索可以系统、连续地掌握他们的研究水平和研究方向,同一著者的文章往往具有一定的逻辑联系,著者检索途径能满足一定的族性检索要求,已知课题相关著者姓名,便可以迅速准确地查到特定的资料,因此,亦具有特性检索的功能。

文献检索一般遵循"以主题检索途径为主,多种检索途径综合应用"的原则,具体包括以下三种情况:

第一,从已知文献特征选择检索途径。如果事先已知文献名称、著者、序号等条件,应相应采用篇名目录、著者索引、号码索引或有关的目录索引,用这些途径进行检索比较快速、方便、有效。

第二,从课题检索要求选择检索途径。如果课题检索的泛指性较强,即所需文献的范围广,要求"特性检索",则选用主题检索途径为好。检索途径选择不当,就会造成误检和漏检,影响检索效果。

第三,从检索工具提供的索引选择检索途径。检索工具提供的每种索引,都是一种检索途径,应充分熟悉和利用。目前,国内外检索工具提供的索引情况不一,如美国《化学文摘》提供的索引达 10 多种,而有的检索工具只提供 1~2 种索引。因此,选择索引途径还要根据检索工具的具体情况来决定。

(二)文献检索的方法

文献检索的基本方法包括常规法与编程法。

1. 常规法

常规法是利用检索工具或检索系统来查找文献的方法,也是人们检索文献时应掌握的最基本的检索方法。常规法主要用于线下文献检索,随着网络检索手段的兴起,这些在图书馆、档案馆里的文献检索都可以搬到线上进行,但检索的整体思路还是一致的。常规法还可以细分为顺查法、倒查法、抽查法、追溯法、循环法等。

(1)顺查法是按时间顺序由远及近地检索文献,直到查得的文献可以满足要求为止的查找方法。这种方法系统、全面、可靠,能收集到某课题的系统文献。它适用于较大课题的文献检索。例如,已知某课题的起始年代,现在需要了解其发展的全过程,就可以用顺查法,从最初的年代开始,逐渐向近期查找。

(2)倒查法是由近及远、从新到旧,逆着时间的顺序利用检索工具进行文献检索的方法,一般用于新课题的检索,较注意近期文献的检索,以便掌握最近一段时间该课题所达到的水平及方向。使用这种方法可以最快地获得最新资料。

(3)抽查法是指针对学科发展特点,抽出其发展迅速、发表文献较多的一段时期、逐年进行检索的一种方法,能以较少的时间获得较多的重点文献,淡化信息的全面性和系统性。

(4)追溯法是指不利用一般的检索系统,而是利用文献后面所列的参考文献,逐一追查原文(被引用文献),然后再从这些原文后所列的参考文献目录逐一扩大文献范围,一环扣一环地追查下去的方法。它可以像滚雪球一样,依据文献间的引用关系,获得更好的检索结果。

(5)循环法又称分段法或综合法,是常用法和追溯法的结合。循环法先利用常用检索工具或检索系统找出一些有用的文献,再利用文献之后所列的引文进行追溯查找,以取长补短、相互配合,获得更好的检索结果。

2. 编程法

运用计算机检索编程技术,通过 Python、dotNET 等编程软件,编写出网络"爬虫""生物探针"等检索软件,能够将 HTML 文件转为 PDF 文件,从图片、音像等媒体形式中提取文字和数据,通过编程语言快速将多个网址的相关信息整合在一个 PDF文件里,为文献检索带来极大的便利。

(三)文献检索的步骤

文献检索步骤就是根据既定的课题要求,利用检索工具查找有关文献资料的具体过程。文献检索的基本步骤如图 1-1 所示。

分析检索主题 → 选择检索工具 → 选择检索途径与方法 → 拟定检索式 → 实施检索 → 查找文献线索 → 获取原始文献 → 定性定量分析 → 导出检索目录

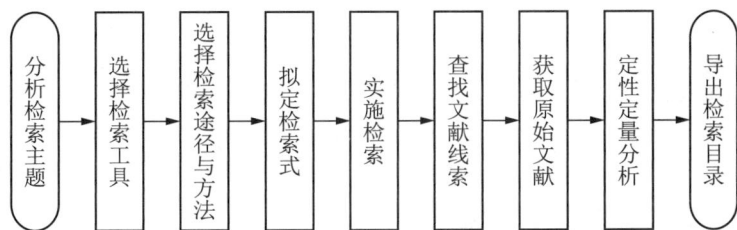

图 1-1　文献检索的基本步骤

第一步,分析检索主题。分析需要检索的主题就是分析即将要研究的课题,即在着手查找文献前对课题进行分析,弄清检索的真正意图及实质。一要明确研究的目的,弄清课题的学科性质和学科范围;二要了解课题的历史发展概况,以便确定检索年限,尽量减少盲目性;三要归纳和整理并确定检索标识,如专业名词、主题词、著者姓名、分类号和系统分类等级。

第二步,选择检索工具。选择合适的检索手段和检索工具,就是确定用手工检索还是计算机检索;拟用国际联机检索还是光盘检索或是网络检索;是用综合性检索工具还是用专业性检索工具或用单一性检索工具。这要根据检索目的和课题内容、要求,馆藏情况,对检索手段的熟悉程度,对检索工具、检索系统、数据库的了解程度以及检索经费预算等确定。检索工具的选择根据课题内容及具体要求而有所不同。在查找课题文献时,要留意有无对口的专题目录或文摘刊物,这样可以节省时间,减少重复劳动。

第三步,选择检索途径与方法,拟定检索式并实施检索。选择检索途径和方法就是根据已知条件选择最易查获所需文献的途径和方法。这些途径和方法也不是一成不变的。往往需要通过尝试各种途径和方法才能找到令人满意的信息。这就需要我们不断优化检索式、途径与方法,甚至重新选择工具,最终寻找到好的途径和方法,花费时间更少,检索效果更高。

第四步,查找文献线索并根据线索获取原始文献。利用上述途径与方法,可以查出文献题名、著者、出版源(书刊名称,年、卷、期、页等)和文献的内容摘要等文献线索。如需进一步参阅全文,首先必须正确识别文献出处,获取原始文献。当把文献类型和出版物全称查对清楚之后,即可根据文献出处获取原始文献,一般应由近(本地)及远(外地)地获取。遇到文献不符和内容不符的,还需要返回前面的步骤进行再搜索。在检索过程中,也要充分利用本单位、本系统、本地区图书馆或科技情报部门的"馆藏目录"或"馆藏卡片"查找,争取就近借阅或复制。如不能满足,则可进一步利用外地或中央有关单位的馆藏目录和联合目录查找收藏情况,联系复制取得原文;或借助先进的网络技术,联系"馆际互借"。必要时也可考虑请国外有关单位和著者提供复制件。在计算机检索中,检索全文型数据库可以直接提供全文或者可以联机(或网上)订购原文,这样非常省时省力。

第五步,对检索到的文献进行定性定量分析并导出检索目录。这是检索程序的最后一个步骤。同时,在具体的检索过程各环节中,都应根据实际情况灵活运用,切忌刻板、单一,要综合运用已有条件,达到最佳的检索效果。

六、计算机文献检索

（一）计算机文献检索的概念

在计算机和互联网普遍使用的当代，计算机成为最重要、最便捷的文献检索工具。计算机文献检索指检索者在计算机成联机终端上，将检索提问式按特定的检索指令输入计算机，计算机检索系统将检索提问式与数据库中的文献特征项进行匹配比较，并将符合检索提问式的文献记录输出，由计算机或终端设备显示或打印的过程。计算机检索通过计算机来模拟人的手工检索过程，由计算机来处理检索者的检索提问，将检索者输入检索系统的检索提问，按检索者预先制定的检索策略与系统文档中的存储标识进行类比、匹配运算，通过人机对话检索出所需要的文献。

为实现计算机检索，就必须预先收集大量的原始文献，以一定的格式输入计算机，加工处理成可供检索的数据库，存储在计算机中待用。计算机检索从广义上讲就是利用电子计算机存储信息和检索信息的过程与方式，也就是人们常说的"机检"。目前计算机检索包括光盘数据库检索、网络数据库检索、互联网信息检索、云数据库检索等。

随着计算机技术、通信技术和网络技术的迅猛发展，计算机文献检索已成为信息检索服务中最重要的方式。目前，国内几乎所有的科研信息服务机构都能提供计算机文献检索服务。与传统的手工文献检索相比，计算机文献检索具有检索效率高、检索途径多、内容更新快、检索方便灵活等特点。

（二）计算机检索系统的构成

计算机文献检索系统包括计算机硬件、软件、数据库、通信线路和检索终端五个部分。检索软件由数据库开发商制作。检索人员必须了解数据库的类型和结构，以便根据不同的检索要求选择合适的数据库和检索途径。数据库具有事实型、数值型、书目型、全文型、超文本型五种类型。

事实型数据库：存储有关人物、机构、课题研究动态等一般事实性资料信息的数据库，包括指南、名录、大事记等参考资料。

数值型数据库：存储有关科研数据、数值，包括各种统计数据、实验数据、临床检验数据等。例如，美国国立医学图书馆编制的化学物质毒性数据库（RTECS），包含了 10 万多种化学物质的急慢性毒理实验数据。

书目型数据库：又称二次文献数据库，存储了大量一次文献和三次文献，为检索者提供了文献出处。检索结果是文献的线索而非原文。

全文型数据库：能为检索者提供文献原文全文。该类数据库存储的是原始文献的全文，有的是印刷版的电子版，有的是纯电子出版物。

超文本型数据库：存储声音、图像和文字等多媒体信息。如美国的蛋白质结构数据库(PDB),该数据库可以检索和观看蛋白质大分子的三维结构。

(三)计算机检索的方法

计算机检索的方法多种多样,有截词检索、布尔逻辑检索、位置检索、字段限定检索等,现选择几种常用的方法作简要介绍。

1.截词检索

截词检索又称通配符检索。截词,是指将检索词在合适的地方截断,保留相同的部分,用相应的截词符号代替可变化的部分。截词检索的发明,是为了适应西文的构词特性。西文中,经常会遇到名词的单复数形式不一致、词汇拼法不一致的情况,还有词干加上不同性质的前缀和后缀就可以派生出许多意义相近的词等。截词检索就是为了解决这种在检索中既耗费大量时间,还可能存在漏检问题而设计的,它既可保证不漏检,又可节约输入检索式或多次检索的时间。

常用的截词符有"?""＊""♯""＄"等。不同的检索系统,截词符的表示形式和截词检索的方式是不同的,主要包括以下两种:

(1)字符截词,包括有限截词和无限截词两种。有限截词常用符号"?"表示,一个有限截词符只代表一个字符,代表这个单词中的某个字母可以任意变化。一般有限截词符的数量有限制,其数目表示在词干后最多允许变化的字符个数。例如:检索"solut???"可检索出的词汇有 solution、solute、soluting 等。无限截词常用符号"＊"表示,代表在检索词的词干后可加任意个字符或不加字符。例如:检索"physic＊"可检索出的词汇有 physic、physician、physicist、physics 等。

(2)位置截词,包括后截词、前截词、中间截词。位置截词更适合西文词素、前缀、后缀的构词法规律和特性。后截词也称前方一致,是最常用的位置截词检索方法,即将截词符放在一个字符串之后,用以表示后面有限或无限个字符,不影响其前面检索字符串的检索结果。它是将截词放在一串字符的后面,标识以相同字符串开头,而结尾不同的所有词。例如:检索"comput＊"可检索出的词汇有 computer、computers、computing 等。

前截词是与后截词相对的,前截词是将截词符放置在一个字符串的前方,以表示字符串的前面有限或无限个字符不影响该字符串的检索结果。例如:检索"＊computer"可检索出的词汇有 macrocomputer、minicomputer、microcomputer、computer 等。

中间截词指将截词符置于字符串的中间,表示这个位置上的任意字符不影响该字符串的检索。它对于解决英美不同拼写、不规则的单复数检索等很有用。例如:如果要检索"woman"和"women"可用"wom?n"代替。

2.布尔逻辑检索

布尔逻辑算符是用来表达各种各检索词之间的逻辑关系的符号。在检索过程中,大多数的检索课题都是多主题、多概念的,同一个概念又往往涉及多个同义词或相关词,为了正确地表达检索提问,系统采用布尔逻辑运算符将不同的检索词组配起来,使简单概念的检索词通过组配成为一个具有复杂概念的检索式而进行检索。

常用的布尔逻辑算符主要有逻辑与、逻辑或、逻辑非。

（1）逻辑与，用"AND"或"∗"表示，可用来表示其所连接的两个检索项的交叉部分，即交集部分。检索式为：A AND B（或 A∗B），表示让系统检索同时包含检索词 A 和检索词 B 的信息集合 C。例如：查找计算机软件方面的文献，其检索式为"计算机 AND 软件"。

（2）逻辑或，用"OR"或"＋"表示，用于连接并列关系的检索词。检索式为：A OR B（或 A＋B），表示让系统查找含有检索词 A、B 之一的信息，或同时含有检索词 A 和检索词 B 的信息。例如：查找计算机或机器人方面的文献，其检索式为"计算机 OR 机器人"。

（3）逻辑非，用"NOT"或"－"号表示，用于连接排除关系的检索词，即排除不需要的和影响检索结果的概念。检索式为：A NOT B（或 A－B），表示检索含有检索词 A 而不含检索词 B 的信息，即将包含检索词 B 的信息集合排除掉。例如：查找鸟类的有关文献（不要大雁），其检索式为"鸟类 NOT 大雁"。

用布尔逻辑算符表达检索要求，不同的运算次序会产生不同的检索结果。这些逻辑算符在有括号的情况下，括号内的逻辑运算优先执行，有多层括号时最内层括号中的运算优先执行。在运算中优先次序一般为 NOT、AND、OR。但是，不同的系统有不同的规定，要视具体的检索系统而定。

3. 位置检索

位置运算符用于表示词与词之间的相互关系和前后次序，通过限定检索词之间位置关系可进一步增强检索的灵活性，提高检索的查全率与查准率。布尔逻辑运算符只是规定了几个检索词是否需要出现在同一记录中，不能确定几个词在同一记录中的相对位置，当需要确定检索词的相隔距离时，可以使用位置运算符。

（1）W 运算符（with），通常写成 A(nW)B，表示词 A 与词 B 之间可以插入数量小于或等于 n 的其他词，同时 A、B 保持前后顺序不变。其中，(W) 也可写成()，表示 A、B 必须相邻，中间不可有其他词或字母，但有些系统允许有空格、标点符号。例如：检索"Gas(W)condensate"可检索出的词汇有 gas condensate、gas-condensate 等，检索"control(1W)system"可检出 control system、control of system、control in system 等结果。

（2）N 算符（near），通常写作 A(nN)B，表示 A 与 B 之间可以插入小于或等于 n 个其他的词，同时 A、B 不再保持前后顺序。例如：检索"control(1N)system"除了可得到 control system、control of system 等外，还可以得到 system of control 等结果。

（3）F 算符（field），通常写作 A(F)B，表示 A、B 必须同时出现在记录的同一字段中，次序可随意变化，且 A、B 两个检索词间可间隔任意个词。例如："石油(F)天然气/TI"，表示两个词同时出现在题名字段中即为命中文献。

（4）S 算符（sub field），通常写作 A(S)B，表示 A 与 B 必须同时在一个句子中，次序可随意变化，且 A、B 两个检索词间可间隔任意个词。

不同的检索系统采用的检索符号可能不同，应注意参看检索系统的使用说明，例如，欧洲专利局数据库使用"♯"代表 1 个字符；美国专利商标局数据库中使用"＄"

作为截词符;中国国家知识产权局数据库中使用模糊字符"％"。注意,截词符具有OR运算符的功能,能够扩大检索范围,减少输入检索词的时间。但是,使用截词检索,有可能检出无关词汇,尤其应注意使用无限后截词时,所选词干不能太短,否则将造成大量误检。

(四)计算机检索编程技术

在计算机和手机的网络世界里,所有信息以电子数字形式被储存在网络或云端。这一技术革命引发传统文献检索途径、方法、手段的巨大变革:第一,网络信息量巨大,文献检索的时效性更强,但工作量也变得空前巨大;第二,由于网络信息并非属于自己的资料,随时有可能被他人删除或被限制访问,在这种数据量巨大而又无法掌控的情况下,运用计算机检索编程技术,通过计算机编程,做成网络"爬虫""生物探针"等小程序,实现智能化、自动化文献检索变得十分必要。

实现上述智能化自动化功能的计算机语言系统逐渐多了起来,比较著名的是Python 和 dotNET。其原理是采取网络抓图技术,把 HTML 文件转 PDF 文件,再通过取字技术和计算机学习技术,把检索到的文献加工成检索者所需要的文献资料及其文献报告。具体步骤如下:

1. 抓取网页到本地保存

我们知道,绝大多数网页都带有图片。现在很多网页不是静态网页,都是在浏览器加载过程中,随着浏览器滚动条的滚动,才加载对应的内容。使用代码控制浏览器,模拟浏览器的浏览操作,每浏览一帧,抓取一帧图片,并按程序存贮下来,这一过程称为"抓图"。在抓图时要用到 Selenium,一个用于 Web 应用程序测试的工具。Selenium 测试直接运行在浏览器中,就像真正的用户在操作一样。这个工具的主要功能包括:①测试与浏览器的兼容性;②测试应用程序是否能够在不同浏览器和操作系统上运行;③测试系统功能;④创建回归测试检验软件功能和用户需求。

2. 编辑 PDF 文件

在实现抓图以后,要将这些 HTML 图片转化为 PDF 文件。Python 检索技术功能强大,可以在图片、音像等媒体形式中提取文字和数据,并按照一定格式进行从简单到复杂的整理,从表层到深入的分析,并可根据不同需要形成各具特色的检索报告,构筑一幅智能化文献检索图景。

虽然使用 Word 也可以打开网页,但是许多特性无法还原。因此,更科学的方法是直接转为 PDF。几乎所有 PDF 阅读器都可以无差别地打开展示原效果。它可以将多个网页转成一个 PDF 文件,使阅读更连贯。通过 Python 或 dotNET 编程,可以将大批量 HTML 形式的网页内容转为 PDF 文件。再使用 Excel,实现 HTML 转PDF 的排版顺序问题。一般来说,我们都是按顺序下载网页的,简单用 Excel 的遍历文件功能,将文件信息遍历出来,在 Excel 上做排序处理(某些特殊的文件手动调整下顺序即可)。再通过自定义函数 stringjoin,快速将多个文件合并成一个字符串组合的新文件。通过 PowerShell ISE 软件,编程命令,可以完成多个 HTML 文件合并为一个 PDF 文件的操作。

这种方法可以用来实现文献记录自动化,并可以用记笔记的方法对文献进行初步整理,比直接用搜索引擎查询再整合更加系统全面,也更便捷有效。

3. 文字提取与信息转化

PDF 电子书文档可以比较轻松地转化成 Word 文件或 WPS 文件,以供我们进行文献整理、归纳和分析。而 Python、dotNET 等编程工具软件的强大之处,还在于这些软件不仅可以直接对 PDF 格式文件进行取字,还可以实现文献文字整理、归纳、分析的自动化。不仅如此,它还可以从音像资料、图片资料中把所需要的文字抠出来,进行初步整理、归纳和分析。在大数据环境下,运用分布式云计算自动实现文献的跟踪、加工、更新和储存。

在 Windows 环境下,Python 虽然有着较为全面的编程功能,但并不方便共享、交互;而 dotNET 的桌面端开发,更具生产力,具有一定的天然优势,在 Office 环境下做的 dotNET 开发优势更加明显。需要说明的是,有些运用 Python 或 dotNET 进行的检索功能,亦可完全搬到 Excel 环境中执行。

思考与练习

1. 文献与信息的含义是什么?
2. 信息资源的三大类型是什么?它们有何区别与联系?
3. 文献、信息在人们认识世界、改造世界中的作用是什么?
4. 文献分类方法及其分类对文献检索的意义是什么?
5. 文献检索的主要工具特别是网络环境下计算机检索技术的主要特征是什么?
6. 传统文献检索和计算机文献检索的主要途径与方法有何异同?
7. 请通过百度、谷歌等搜索引擎分别下载以下内容并记录检索步骤:
   (1) 中图法的 22 个一级大类及其名称;
   (2) 中国标准文献分类法的 24 个一级大类及其名称;
   (3) 杜威十进制图书分类法的 10 个一级大类及其名称。

第二章　文献数据库

学习目标

1. 掌握学术型文献数据库的概念，了解中英文主要学术型文献数据库。
2. 掌握事实型信息数据库的概念，熟悉专利、标准、商标数据库及其主要网站。
3. 理解数值型信息数据库的概念，熟悉中外主要数据型数据库及其权威网站。

一、网络数据库

（一）网络数据库的概念

当代电子技术形成了可以电子化检索的数据源，一般称之为电子数据库。电子数据库具有信息覆盖广、重复率低、关联性好、学术性强等特点，但检索不太方便，需要专门的检索工具和手段。随着网络技术的普及，在电子数据库基础上产生了网络数据库，大大方便了文献与信息检索，为我们检索这些信息提供了极大的帮助。

在网络时代，我们把可以通过网络手段进行检索的信息数据库称为网络数据库，内含电子文献、数据、事实、图像、声音等各媒体所载信息。网络搜索能够为用户提供某一特定领域全面的、快速的、高价值的学术信息，很好地满足检索人员搜索相关文献的需求。

（二）网络数据库的特点

与传统的电子数据库相比，网络数据库具有以下特点：

（1）扩大了数据资源共享范围。由于计算机网络的范围可以从局部到全球，网络数据库中的数据资源共享范围已扩大到全球。

（2）网络数据易于进行分布式处理。在计算机网络中，用户可根据情况合理选择资源，以便就近快速获取与处理信息。大型作业数据的处理可通过一定算法将其分解给不同计算机处理，以达到均衡使用网络资源，实现分布式处理的目的，大大提高了数据资源的处理速度。

（3）数据资源使用形式灵活。基于网络的数据库应用系统开发，既可以采用 C/S 结构（Client/Server，客户机/服务器）方式，也可以采用 B/S 结构（Browser/Server，浏览器/服务器），开发形式多样，数据使用形式灵活。

（4）便于数据传输交流。计算机网络可以方便地将网络数据库中的数据传送至网络覆盖的任何地方。

（5）网络数据库降低了系统的使用费用，提高了计算机可用性。由于网络数据库可供全网用户共享，使用数据资源的用户不一定拥有数据库，大大降低了对计算机系统的要求，也提高了每台计算机的可用性。

（6）数据的保密性、安全性降低。由于数据库的共享范围扩大，对数据库用户的管理难度加大，网络数据库遭受破坏、窃密的概率加大，降低了数据的保密性和安全性。

随着网络科技的迅速发展，文献数据库的三种类型——学术型、事实型、数值型都陆续实现了网络化，可以轻松地通过网络进行查询。网络数据库有利于科技查新，减少课题的重复研究，提高科研成功率。以下依次介绍网络化背景下文献信息的学术型、事实型、数值型数据库。

二、学术型文献数据库

（一）中文学术型文献数据库

1. 中国知识资源总库

中国知识资源总库是由清华大学、同方股份有限公司发起的中国知识基础设施（China National Knowledge Infrastructure，CNKI）工程的项目之一，内容涵盖我国自然科学、工程技术、人文与社会科学期刊、博硕士论文、会议论文等公共知识信息资源，并向外文资源扩展，可进行有关外文文献检索。CNKI 工程的网络平台，即中国知网，其主页如图 2-1 所示。

图 2-1　中国知网主页

中国知识资源总库包含中国知识源数据库、特色资源、国外资源、行业知识库、作品欣赏、指标索引等。中国知识源数据库包含期刊、学位论文、报纸、会议论文四类全文文献。其中,期刊库包含中国学术期刊网络出版总库、中国学术辑刊全文数据库、世纪期刊、哈佛商业评论数据库、麻省理工学院科技创业数据库、中国学术期刊网络出版总库特刊;学位论文库包括中国博士学位论文全书数据库、中国优秀硕士学位论文全书数据库等;报纸库包含中国重要报纸全文数据库;会议库包含中国重要会议论文全书数据库、国际会议论文全书数据库。中国知识源数据库分为十大专辑:理工 A(数学、物理、力学、天文、地理、生物)、理工 B(化学、化工、冶金、环境、矿业)、理工 C(机电、航空、交通、水利、建筑、能源)、农业科技、医药卫生科技、哲学与人文科学、政治军事与法律、教育与社会科学综合、电子技术及信息科学、经济与管理科学,共有 168 个专题文献数据库。

中国学术期刊网络出版总库是 CNKI 的最主要组成部分,收录了 1915 年至今多种综合期刊与专业特色期刊全文,并对部分重要刊物上溯至创刊,是世界上最大的连续更新的中国学术期刊全文数据库,内容覆盖自然科学、工程技术、农业、哲学、医学、人文社会科学等各个领域。截至 2021 年 7 月底,中国学术期刊网络出版总库收录国内学术期刊 8 595 种,全文文献 5 700 多万篇。

中国学术辑刊全文数据库是目前国内唯一的学术辑刊全文数据库。辑刊的编辑单位多为高等院校和科研院所,编者的学术素养高,论文质量好,专业特色强,辑刊具有较强的学术辐射力和带动效应。截至 2021 年 8 月,中国学术辑刊全文数据库共收录了 1979 年以来国内出版的重要学术辑刊 1 002 种,累积文献总量 34 万多篇,涵盖基础科学、工程科技Ⅰ、工程科技Ⅱ、农业科技、医药卫生科技、哲学与人文科学、社会科学Ⅰ、社会科学Ⅱ、信息科技、经济与管理科学等十大专辑 168 个专题。

中国重要报纸全文数据库是收录了 2000 年以来中国重要报纸刊载的学术性、资料性文献的数据库,收录了国内公开发行的 659 种重要报纸,累积报纸全文文献 1 000 多万篇,并进行连续动态更新。每一条报纸文献的浏览网页都链接了相关的报纸文献、学术期刊、学位论文、会议论文、年鉴等,帮助浏览者了解每条新闻的产生背景、最新发展动态和相关领域的发展趋势,对每一领域的发展动态提供了最完备的信息集成服务。

中国年鉴网络出版总库是目前中国最大的连续更新的动态年鉴资源全文数据库,内容覆盖基本国情、地理历史、政治军事外交、法律、经济、科学技术、教育、文化体育事业、医疗卫生、社会生活、人物、统计资料、文件标准与法律法规等各个领域。截至目前,中国年鉴网络出版总库收录了 1949 年以来的绝大部分年鉴,共 5 200 多种年鉴、42 000 多本、3 880 多万篇文献。

国家标准全文数据库共收录国家标准 6 万多条,超过国家标准总量的 90%,每月更新。内容源于中国标准出版社,文献、专利、成果等信息源于 CNKI 各大数据库。搜索人可以通过标准号、中文标准名称、起草单位、起草人、标准号、发布日期、中国标准分类号、国际标准分类号等检索项进行检索。国家标准全文书库实现了国家标准与学术期刊、学位论文、专利、科技成果等数据库在同一平台上的跨库检索,且在每一个标准条目的页面都链接了相关的国内外标准、学术期刊、学位论文、会议论文、报纸、年鉴、专利和科技成果等。

中国引文数据库收录了中国学术期刊(光盘版)电子杂志社出版的所有源数据库产品的参考文献,涉及期刊、学位论文、会议论文、图书、专利、标准、报纸等各类型超过千万次的被引文献。该库通过揭示各种类型文献之间的相互引证关系,不仅可以为科学研究提供新的交流模式,同时也可以作为一种有效的科学管理及评价工具。文献源于1912年以来中国学术期刊(光盘版)电子杂志社出版的所有源数据库产品的参考文献。源数据库包括:中国学术期刊全文数据库、中国博士学位论文全文数据库、中国优秀硕士学位论文全文数据库、中国重要会议论文全文数据库等。在真实、客观、公开、全面地反映学术文献生产、传播的理念下,本产品为各领域研究人员提供了引文检索平台和统计分析平台,从引文分析的角度为用户提供一个客观、规范、准确的综合评价分析工具,使得用户能够全面、系统地了解分析对象,能够从定量的角度综合判断分析对象的学术综合实力,从而促进期刊文献质量和科研绩效管理水平的提高。

2. 读秀知识库

读秀(http://www.duxiu.com),全称"读秀知识库"或"读秀学术搜索"。读秀学术搜索系统由北京世纪读秀技术有限公司自主研发,是全球最大的中文图书搜索及全文文献传递系统。读秀知识库的后台是一个海量全文数据及元数据组成的超大型数据库。它能够为读者提供图书、期刊、报纸、人物简介、词条解释等资源。同时,读秀知识库还能提供一站式检索馆藏纸质图书、电子图书、期刊等各种异构资源服务。读秀知识库几乎囊括了图书馆内的所有信息资源。不论是学习、研究,还是写论文、做课题,读秀都能够提供最全面、最准确的学术资料。

3. 超星数字图书馆

超星数字图书馆成立于1993年,是国内专业的数字图书馆解决方案提供商和数字图书资源供应商,是目前世界上最大的中文在线数字图书馆。超星数字图书馆提供大量的电子图书资源阅读,包括文学、经济、计算机等五十多个大类,数百万册电子图书,500万篇论文,超16万集的学术视频。

4. 方正Apabi电子图书平台

北京方正阿帕比技术有限公司(http://www.apabi.cn)是北大方正信息产业集团旗下专业的数字出版技术及服务提供商,自2001年起进入数字出版领域,在继承并发展传统出版印刷技术优势的基础上,自主研发了数字出版技术及其解决方案,已发展为全球领先的数字出版技术提供商。

Apabi分别代表着Author(作者)、Publisher(出版者)、Artery(流通渠道)、Buyer(读者,即购买者)以及Internet(网络)。Apabi是以互联网为纽带,将作者、出版社、发行商和读者四个传统出版产业的组成部分有机结合起来,实现完全数字化出版。

(二) 英文学术型文献数据库

1. Nature 电子期刊

NPG(Nature Publishing Group)诞生于1999年,它是通过兼并著名的科学出版公司——麦克米兰公司的科学期刊起家的。目前,网络版NPG电子全书系列期刊,包括 Nature 杂志、研究类期刊和综述类期刊。Nature 杂志是 NPG 的标志性出版物,以其清晰、引人注目和独创性的工作在科学出版行业享有盛誉,在科学出版业具有深刻而久远的影响。Nature 旨在推出科学领域内各个方面的原始创新和发现,内容涵盖生物学、医学、化学、地球科学、材料科学、物理等。Nature 杂志现在以周刊的形式出版,同时发行网络版。其主页如图 2-2 所示。

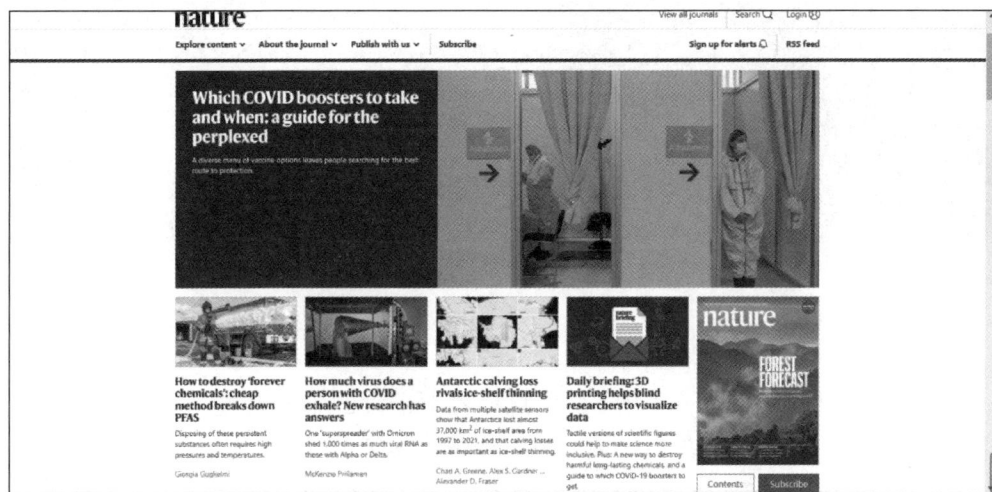

图 2-2　Nature 杂志主页

NPG 还出版研究类期刊。这些期刊通过发表高质量的原创性研究论文、卓越的发现和研究热点,成为各自领域最具声望的期刊;通过发表新闻、综述和其他资料,成为各自领域学术群体交流的媒介和平台。目前,NPG 开通了 8 种网络版研究类期刊,均为月刊。包括:Nature Biotechnology,生物技术;Nature Cell Biology,细胞生物学;Nature Genetics,遗传学;Nature Immunology,免疫学;Nature Materials,材料学;Nature Medicine,医学;Nature Neuroscience,神经科学;Nature Structural & Molecular Biology,结构和分子生物学。

除此以外,NPG 还出版了 7 种综述类期刊,涉及癌症、药物发现、遗传学、免疫学、分子细胞生物学、神经科学、微生物学等多个领域,均为月刊。NPG 综述类期刊充分利用印刷和网络出版的先进技术,为用户提供各自领域内研究分析和观点汇集的"一站式"服务,成为综述、评注和热点追踪类刊物的典范。

2. Elsevier ScienceDirect 全文数据库

Elsevier Science 是总部设在荷兰的跨国科学出版公司。公司历史悠久,出版的期刊是世界公认的高品质学术期刊。这些期刊大多数为核心期刊,被世界上许多著名的二次文献数据库收录。公司已将其出版的 1 800 种期刊全部数字化,建立了全文数据库,内容涵盖数学、物理、化学、天文学、医学、生命科学、商业及经济管理、计算机科学、工程技术、能源科学、环境科学、材料科学、社会科学等众多学科,并通过网络提供服务。Elsevier ScienceDirect 主页如图 2-3 所示。根据服务模式的不同,Elsevier ScienceDirect 全文数据库可分为 ScienceDirect Online(SDOL)和 ScienceDirect Onsite(SDOS)。

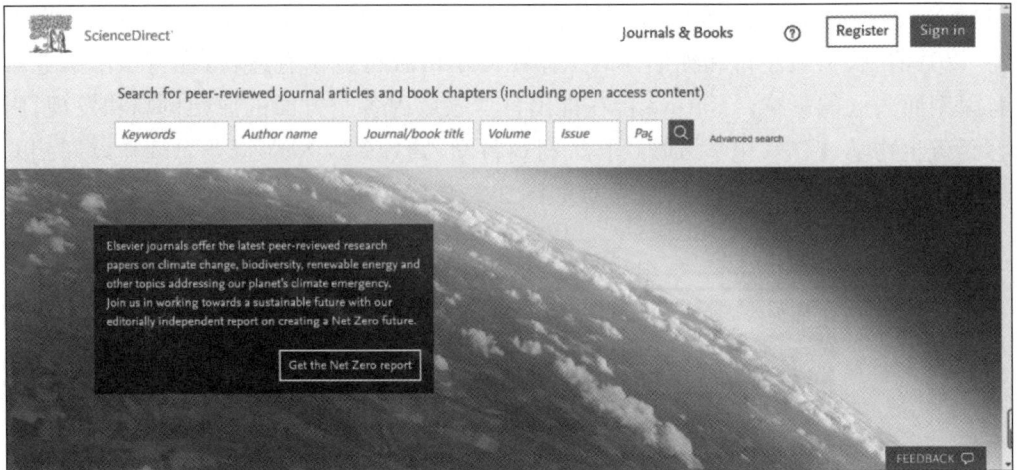

图 2-3　Elsevier ScienceDirect 主页

3. SpringerLink 全文数据库

德国施普林格(Springer)出版公司是世界上最大的私营科技出版公司,迄今已有 150 多年的历史。其总部设在德国的柏林和海德堡,分部设在纽约、伦敦、巴黎、东京、中国香港、巴塞罗那、布达佩斯和维也纳。其作者包括全世界众多著名科学家,其中许多是诺贝尔奖获得者和各学科的领军人物。2004 年,该公司与荷兰的 Kluwer 学术出版商(Kluwer Academic Publishers)合并,成立了新的 Springer 集团。

施普林格出版公司现有库存 17 000 种图书,其中 60% 为英文图书;目前每年出版 1 700 种新书,约 300 种科学期刊。公司将全部期刊和其他电子刊物放置于 MetaPress 平台并提供检索服务。目前,SpringerLink 全文数据库中约有 500 种科技、医学全文期刊,20 种世界知名科技丛书,30 多万篇文献,涉及医学、生命科学、化学、物理、计算机科学、数学、天文学、工程学、人文科学、地球科学、社会科学、经济、心理学、教育、法律等领域。SpringerLink 主页如图 2-4 所示。

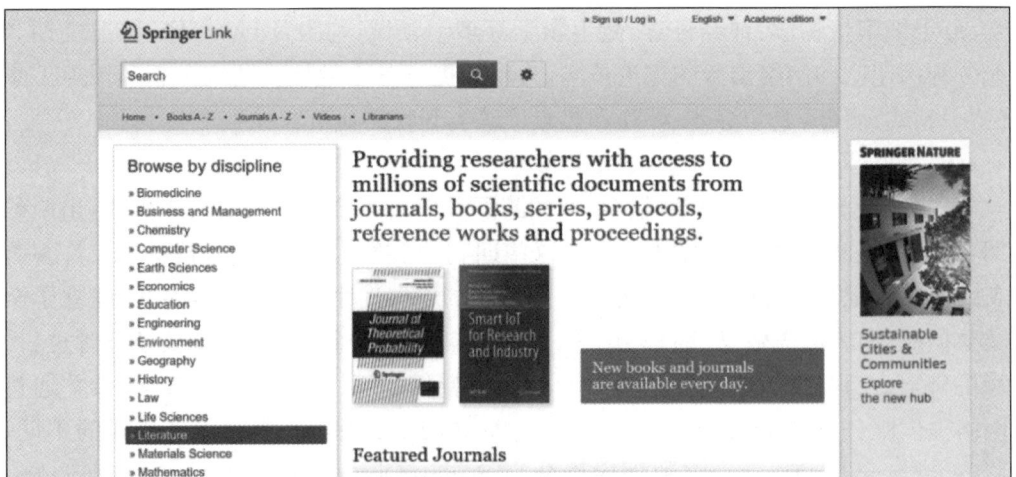

图 2-4　SpringerLink 主页

4. CALIS 全文数据库

中国高等教育文献保障系统(China Academic Library & Information System，CALIS)，与中国教育科研网(CERNET)同为国家"211 工程"的公共服务体系项目，其主要目标是为高等教育的教学、科研提供学术研究资源和服务。

CALIS 项目管理中心设在北京大学，迄今参加 CALIS 项目建设和获取 CALIS 服务的成员馆已超过 500 家。CALIS 全文数据库是中国公司开发的外文数据库，建设开始于 1998 年年底，迄今已完成的数据库有：高校学位论文库、联合目录数据库、会议论文库、中文现刊目次库。这些数据库同 CALIS 联合引进的国外数据库一起，构成了丰富的数字资源，并在此基础上提供了公共查询、馆际互借、文献传递等服务，形成了较为完整的高校文献资源服务体系。

三、事实型信息数据库

事实型信息数据库是以特定的事实为检索目标，通过文献档案或参考工具书直接或经分析综合得出事实或知识性信息。出于学术研究的需要，本节事实型数据库是指狭义的事实型数据库，专指那些最原始的客观事实和音像图谱等事实，而把数据型事实数据库归入数值型数据库，放在下一节详述。本节专门阐述最原始的客观事实和音像图谱等事实构成的事实型信息数据库，主要包括事实、专利、标准、商标等几个类别。

（一）事实数据库

狭义地，事实数据库是指将事件、人名、地名、机构、产品等事实信息按照一定的方法收集和编排起来所形成的数据库，这些信息一般在政府、企业、事业单位、民间机构等信息公开网发布，也包括专供事实信息和解释疑难的工具，如百科全书、字典、词典、年鉴、手册、表谱、图录、名录等工具性图书数据库。需要注意的是，在实际应用中，对于事实数据库，还应善于辨别真实事实和虚假事实，剔除混杂在真实世界里的虚假信息。

1. 政府企事业部门信息网站

世界各国，大到中央政府，小到街道村落，几乎都有自己的信息网络平台。各级政府及其相关机构，如食品药品监督管理局、建筑工程管理局、供电局、人力资源和社会保障局、气象局、税务局、学校、医院、公检法部门，都在自己的网站发布各类消息，新闻时事、政策法规、公共服务、国情地情、各种数据等，就形成了一个庞大的事实型数据群。中华人民共和国中央人民政府网站首页如图 2-5 所示。

国家对内政策，包括政治经济、文化教育、劳动、人事、军事、宗教、民族政策，以及国家的外交政策，政党和国家的各种会议决议，都是根据国内外政治、经济、文化等各方面形势及其变化制定的，是政党或国家在一定历史时期为实现一定的纲领和任务而做出的关于行动方向和准则的指导性、规范性政治路线和思想路线，都会在

图 2-5　中华人民共和国中央人民政府网站首页

各国中央政府和各级地方政府网站予以公布,以供世界各国和国际机构以及研究者、企业商人查阅。同时,政党和国家的各种政策还会通过事实报道的方式进入大众视野。这些方式包括消息、通讯、特写、调查报告、访问记、小故事等,以及广播、电视、公众号的某些特有形式,如录音报道、录像新闻等。

还有一大批国际和国内的非政府组织和民间机构,也拥有各自的信息数据库平台。例如,联合国及其附属机构、亚洲基础设施投资银行等均拥有各自的网站。亚洲基础设施投资银行网站主页如图 2-6 所示。

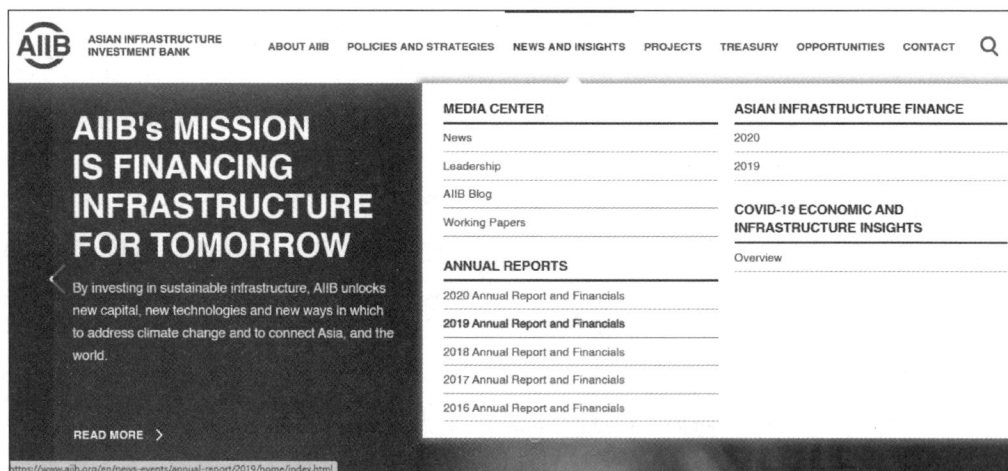

图 2-6　亚洲基础设施投资银行网站主页

2. 行业资讯网

在浩如烟海的资讯中,最引人注目的非行业资讯莫属,如金融银行业、专门制造业、贸易投资类、工程科技、旅游、房地产、招聘求职、教育、医疗、体育、家政服务、美容化妆等各类资讯,不一而足。资讯中心的主页如图 2-7 所示。作为一家权威商业新闻综合门户网站,资讯中心网站涵盖国内外财经、科技、房产、汽车、娱乐、旅游等各类商业信息。

图 2-7　资讯中心的主页

　　C114 网站是中国通信业的行业资讯网站，其主页如图 2-8 所示。C114 网成立于 1999 年，是第一家尝试网络与国内外实地展会相结合的通信专业网站。C114 网站与包括《通信产业报》《通讯世界》《电信科学》在内的多家通信专业的平面媒体、新浪、搜狐、天极网等网络媒体签有合作协议，并且拥有 In-Stat 等咨询机构伙伴，是 ITU 世界电信展、CeBIT 展览会、北京国际电信展等各大展会的指定的合作媒体。

图 2-8　C114 网站主页

（二）专利数据库

　　专利是世界上最大的技术信息源。专利信息作为集技术信息、法律信息、经济信息为一体的重要信息，越来越被人们重视。通过对专利信息的分析，可以跟踪最新技术动态、考察行业的技术走向和竞争对手的技术研发动态等。

专利信息以专利文献为主要内容或以专利文献为依据，经分解、加工、标引、统计、分析、整合和转化等处理手段，通过各种信息化方式传播而形成，一般分为技术、法律、经济、著录和战略五种信息。通过专利信息数据库，可以了解技术的最新进展，预测相关技术的发展趋势。专利信息可应用于企业开发新产品、科研人员申报科研项目、预测相关技术的发展前景等环节。企业及个人可以发现市场上的潜在突破口以及潜在的专利许可机会，减少重复研发；企业还可以通过专利数据库，跟踪竞争对手的科技研发活动，发现并避免专利侵权行为。

目前，商业性专利数据库主要来自两大公司，分别是科睿唯安（原汤森路透）公司和 ProQuest 公司。科睿唯安公司最有名的数据库是德温特创新索引（Derwent Innovations Index，DII）数据库。DII 数据库基于 Web of Science 平台，由德温特世界专利索引（Derwent World Patents Index，DWPI）和专利引文索引（Patents Citation Index，PCI）两部分组成，收录了来自全球 47 个专利机构（涵盖 100 多个国家）的专利信息，收录的数据可追溯至 1963 年，每周更新。DII 数据库的访问入口是 http://login.webof-knowledge.com，也可以从 Web of science 网站入口进入，如图 2-9 所示。

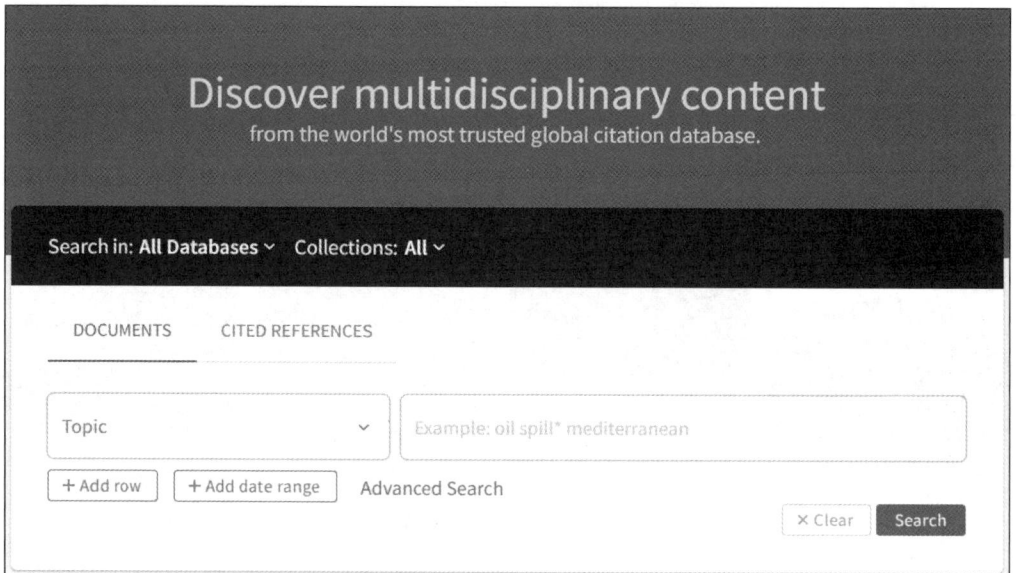

图 2-9　DII 数据库的 Web of science 入口

ProQuest 公司的 ProQuest Dialog 系统，包含了 31 个国家和组织的英文翻译专利全文数据库和 65 个国家和组织的摘要级别的数据库，覆盖广泛，其中专利数据库包括 Chinese Patent Abstracts English、CLALMS、Current Patent、Legal Status 和 Derwent World Patent Index 等。

此外，还有一些免费的专利数据库网站，如中国专利信息网（http://www.patent.com.cn）、中国知识产权网（http://www.sipo.gov.cn）、欧洲专利局专利检索系统（European Patent Organization）、美国专利与商标局（United States Patent and Trademark Office）、免费专利在线（Free Patents Online），供社会大众查询使用。我国可用的专利数据库有中国知网（CNKI）专利数据库和万方数据中外专利数据库。

（三）标准数据库

标准化作业是经济快速发展的制高点。标准文献（Standard Literature）是经权威机构或政府主管部门制定并发布的一套在一定范围内强制或推荐执行的关于规格、规则、技术要求等内容的规范性文献，简称标准。我国国家标准 GB/T 3935.1-1996《标准化和有关领域的通用术语》中对标准的定义是：为在一定范围内获得最佳秩序，对活动或其结果规定共同的和重复使用的规则、导则或特性的文件。该文件经协商一致制定并经一个公认机构批准，以科学、技术和实践经验的综合成果为基础，以促进最佳社会效益为目的予以推广使用。国际标准化组织（ISO）的标准化原理委员会（STACO）一直致力于标准化概念的研究，先后以指南的形式给标准统一定义为"一个公认机构制定和批准的文件"。它对活动或活动的结果规定了规则、导则或特殊值，供社会共同使用，以实现预定领域的最佳秩序效果。

《中华人民共和国标准化法》指出，标准（含标准样品）是指农业、工业、服务业以及社会事业等领域的统一技术要求，包括国家标准、行业标准、地方标准、团体标准和企业标准。国家标准分为强制性标准和推荐性标准。强制性标准具有法律约束力，对保障公民人身健康和生命财产安全、国家安全、生态环境安全和国民经济稳定发展起重要作用。

现代市场经济下，一个比较重要的标准就是技术意义上的标准。它是一种以文件形式发布的统一协定，包含可以用来为某一范围内的活动及其结果制定规则、导则或特性定义的技术规范或者其他精确准则。其目的是确保材料、产品、过程和服务能够符合社会需要。一般而言，标准文件的制定都要经过协商，并经一个公认机构批准。标准往往是针对应该严肃对待的方面（如机器和工具的安全、可靠性和效率）产生深远影响的规则。动态标准化过程体现了科技创新的演进，标准化与知识产权结合有助于推动自主创新，带动开放创新。标准化以及相关技术策略的实施，可以整合和引导社会资源，激活科技要素，推动自主创新与开放创新，加速技术积累、科技进步、成果推广、创新扩散和产业升级。

国内外有一大批标准化组织机构。世界各国和很多政府间国际机构都出版各种标准的纸质版，以供收藏和查询。我国的国家市场监督管理总局、国家标准化管理委员会、中国标准化协会等都出版有各种标准。互联网技术下，越来越多的政府机构、专业文献数据库和商业网站都建有可供查询的标准数据库，如全国标准信息公布服务平台（http://std.samr.gov.cn/）、国家标准全文公开系统（http://openstd.samr.gov.cn）、中国标准服务网（http://www.cssn.net.cn）、中国知网标准数据总库（https://kns.cnki.net/kns8?dbcode = CISD）等。全国标准信息公共服务平台主页如图 2-10 所示。

图 2-10　全国标准信息公共服务平台主页

国际标准化组织(International Organization for Standardization，ISO)，是标准化领域中的一个国际性非政府组织，成立于 1947 年，其最高权力机构是全体大会，重要决策机构是理事会，中国是 ISO 常任理事国。ISO 负责当今世界上绝大部分领域(包括军工、石油、船舶等垄断行业)的标准化活动，ISO 信息数据库网站主页如图 2-11 所示。

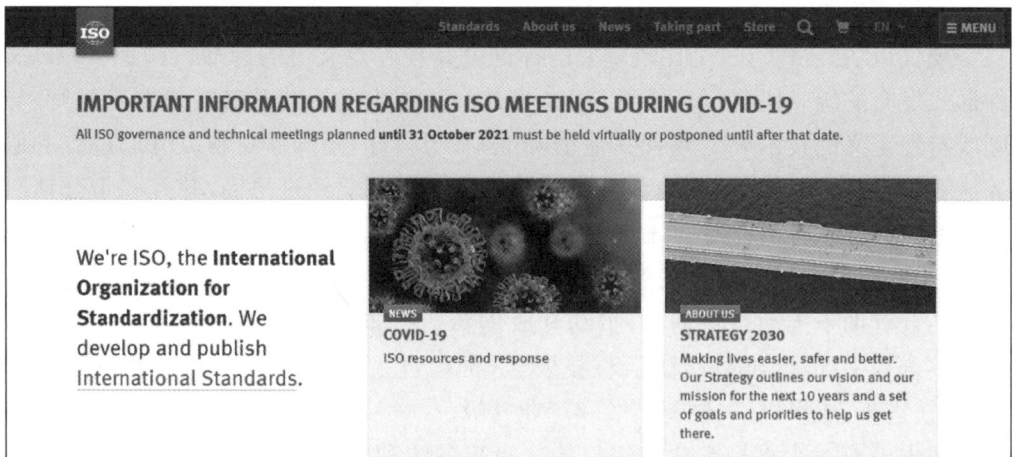

图 2-11　ISO 信息数据库网站主页

欧洲标准(EN)也是一个非常重要的国际标准，源自比利时的 CENELEC，1971年与法国的 CEN 联合办公，称为 CEN/ CENELEC，名为"共同的欧洲标准化组织"，成为欧洲最主要的标准制定机构。后来 CEN/CENELEC 通过了一个"标准化工作共同程序"，把 CEN/CENELEC 编制的标准出版物分为 EN(欧洲标准)、HD(协调文件)、ENV(欧洲预备标准)三类。

此外,国际标准还有国际电工标准(IEC)、德国标准(DIN)、英国标准(BS)、法国标准(NF)、日本工业标准(JIS)、美国标准(ANSI)、国际电信联盟(ITU)等。

(四)商标数据库

商标是区别商品或服务来源的一种标志。商标信息是指构成商标的文字、图形或二者的组合所表达的信息。广义的商标信息还包括与商标有关的信息,如商标申请注册人信息(如名称、地址)、核定使用的商品类型信息、使用该商标的商品名称、该商标权的许可使用信息、有关该商标的行政管理信息。

1. 中国商标网

中国商标网是国家知识产权局商标局主办的唯一在线查询商标注册信息的网站。公众可通过该网站免费进行商标近似查询、商标综合查询和商标状态查询。其主页如图 2-12 所示。

图 2-12　中国商标网主页

2. 美国专利与商标局数据库

美国专利与商标局数据库是美国专利商标局建立的政府性官方网站,该网站向公众提供全方位的专利与商标信息服务。该网站的商标电子检索系统(Trademark Electronic Search System)可以检索美国专利商标局数据库内的有关商标的注册、申请、所有者等信息。

3. Markify

Markify 是瑞典的一个提供商标、标识查询的搜索引擎网站,用户可以通过Markify 搜索特定的名词、商标或者标识,来查询该商标是否已被注册、标识形式的图样,或者与该商标、标识类似的词语的注册情况,以及商标所涉及的产品、公司等详细的相关信息。

四、数值型信息数据库

数值型数据库是事实型信息数据的一部分,它以数据、图表、参数、公式等信息为主要存在形式。数值数据库是含有数据的一种源数据库,存储的数字或用数字与某些特殊字符表示的数值信息,如各种科学数据、人口数据、管理数据、金融数据、财经数据、商业数据和各类统计数据库,是进行各种统计分析、定量研究、管理决策和预测的重要工具。

(一)中国经济社会大数据研究平台

中国经济社会大数据研究平台是目前国内最大的连续出版的以统计年鉴(资料)为主体的数值型数据库,收录了国民经济核算、固定资产投资、人口与人力资源、人民生活与物价、各类企事业单位、财政金融、自然资源、能源与环境、政法与公共管理、农民农业和农村、工业、建筑房产、交通邮电信息产业、国内贸易与对外经济、教育科技、文化体育、医药卫生等各个领域和国民经济各行业的各类统计年鉴(资料)和最新经济运行数据,其主页如图 2-13 所示。

图 2-13 中国经济社会大数据研究平台主页

该平台可以在中国知网"知识元搜索"的"统计数据"中查询数值型数据。中国经济社会大数据研究平台提供了基于 160 余万统计指标、超过 800 万个时间序列数据的数据挖掘分析平台和超过 2.2 亿笔数据的数值搜索平台,各类统计图表均提供 Excel 格式。

(二)中国经济信息网统计数据库

中国经济信息网(简称中经网)统计数据库是由国家信息中心中国经济信息网凭借与国家发改委、国家统计局、海关总署、各行业主管部门以及其他政府部门的良好合作关系,经过长期数据积累并依托自身技术、资源优势,通过专业化加工处理组织成的一个综合、有序的庞大经济统计数据库群,内容涵盖宏观经济、行业经济、区域经济以及世界经济等各个领域,是一个向社会各界用户提供全面、权威、及时、准确经济类统计数据信息的基础资料库。

中经网统计数据库目前有数百万个序列的经济数据,包括"中国经济统计数据库"和"世界经济数据库"两大系列共七个子库,以时间序列和图表的方式为用户提供最快、最新、最全的经济数据和良好服务,并可实现作图、Excel 导出等多项高级查询功能。中国经济信息网主页如图 2-14 所示。

图 2-14　中国经济信息网主页

(三) 中国科学院科学数据库

中国科学院科学数据库由中国科学院各学科领域几十个研究所的科研人员共同开发建设,已经成为国内信息量最大、学科专业最广、服务层次最高、综合性最强的科学信息服务系统,其内容涵盖化学、生物、天文、材料、腐蚀、光学机械、自然资源、能源、生态环境、湖泊、湿地、冰川、大气、古气候、动物、水生生物、遥感等学科。科学数据库基于中国科技网对国内外用户提供服务,在中国科技网上已建立了集中与分布的 Web 站点 19 个,数据量约 300 GB。多年来,科学数据库的研制者利用这批宝贵的数据资源进行了大量的专业咨询服务、专业应用服务和网上综合科研信息服务,已在国家经济建设、国防建设、规划决策、科学研究、科技攻关、学科发展、国际合作等诸多领域得到广泛应用,取得了显著的社会效益和一定的经济效益,在国内外产生了一定影响。

同时,中国科学院推出了中国科学数据云,其主页如图 2-15 所示。

截至 2021 年 8 月,中国科学数据云已建成具有 PB 级数据管理能力的大数据管理平台、数据分析软件云服务平台、工具软件云服务(iJupyter、iWorkflow)、数据挖掘算法库。中国科学数据云拥有分布式数据汇聚与关联网络建设全部子系统、分布式数据资源传输汇聚子系统、数据资源管理与发布子系统、数据资源服务与关联化

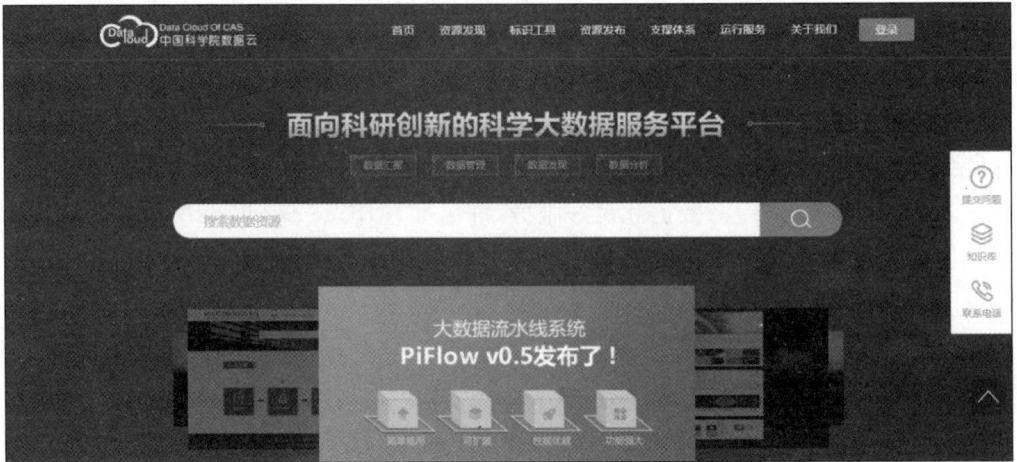

图 2-15　中国科学数据云主页

集成子系统(含服务监控统计),具备支撑亿级数据对象关联管理能力。同时,科学数据库建设了 7 个学科领域重点数据库及 20 个特色数据库,采用"绩效评估、运行补贴"的模式,完善了科学数据资源体系建设。

(四) IMF 统计类数据库

国际货币基金组织门户网站,是国际货币基金组织(International Monetary Fund,IMF)创办的网络平台。IMF eLibrary 是国际货币基金组织出版的各种资料,如图书、期刊、工作报告、国家报告的网络平台,实时为广大用户提供在线访问服务,其主页如图 2-16 所示。

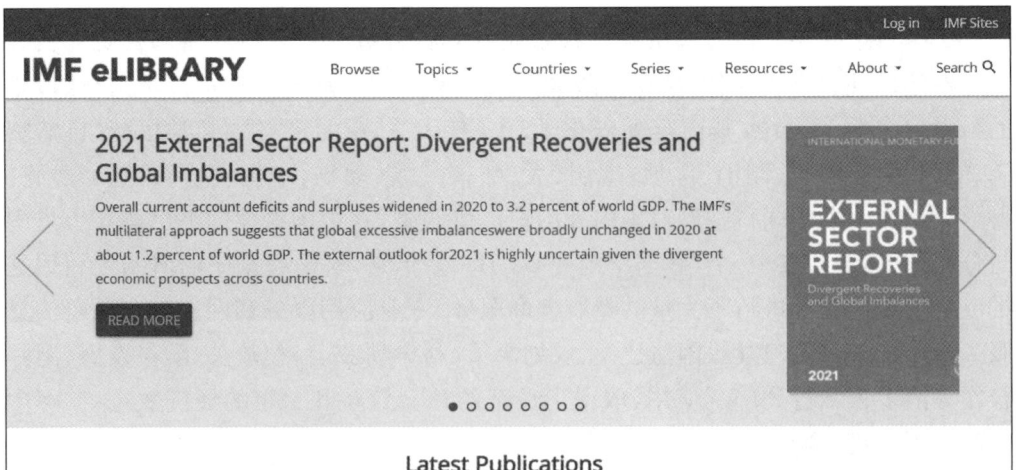

图 2-16　IMF eLibrary 数据库主页

IMF eLibrary 包含 4 种统计类数据库、8 种期刊及 12 000 余种拥有国际书号的图书及分析报告等,出版时间始自 1946 年。IMF eLibrary 的统计类数据库包括国际金融统计数据库(International Financial Statistics,IFS)、国际收支统计数据库

（Balance of Payments Statistics，BOPS）、贸易方向统计数据库（Direction of Trade Statistics，DOTS）、政府财政统计数据库（Government Fiance Statistics，GFS），现已全部免费对外开放。

（五）世界银行统计数据库

世界银行统计数据库主要有三个子库：世界发展指数数据库、全球经济监控数据库、全球金融发展数据库。世界银行统计数据库的公开数据如图 2-17 所示。

图 2-17　世界银行统计数据库的公开数据

世界发展指数数据库收录了从 1960 年以来全球社会、经济、金融、自然资源和环境指标等多方面的数据资料，包括 220 个国家及 18 个地区与收入群的 737 种发展指标的统计数据，每年 4 月份更新。全球经济监控数据库是世界银行数据库将几个早期的"内部"银行产品整合为一个能够分析当前经济趋势以及经济与金融指数的"站式"平台。数据库包括每月摘要、指标体系、区域指标等几个部分。全球金融发展数据库始建于 1970 年年底，包括 135 个国家向"世界银行债务申报系统"申报的该国国家债券和国家保证债券的统计数据，涉及 217 种参数，每年 1 月份更新数据。

思考与练习

1. 学术型文献数据库的含义是什么？
2. 什么是数值型信息？数值型数据库的权威网站主要有哪些？
3. 请在中国国家统计局网和中国知网里分别查询"中国统计年鉴 2021"，把检索步骤记录下来。

4. 专利、标准、商标的含义分别是什么？试通过国内外主要专利网站，查询 5G 技术方面的专利情况，并比较中美等主要国家 5G 专利的排名情况，把检索步骤记录下来。

5. 请尝试登录 IMF、WB 和美国经济研究局的官方网站，查询 G20 国家的主要经济数据，并记录下主要步骤。

第三章 网络信息检索途径

```
≡
```

学习目标

1. 熟悉网络信息检索平台的概念、网络信息检索和搜索引擎的基本原理。
2. 掌握常用文献信息检索引擎的使用方法。
3. 熟悉引文索引检索和引文索引检索引擎的概念和类型。

一、网络信息检索平台

信息检索平台的选择有很多种，可以通过图书馆、数字图书馆、网络数据库等平台来检索所需文献。互联网时代，几乎各种文献资料都能通过网络检索并下载使用，图书馆也设有计算机终端，供读者进行网络信息检索。这里主要介绍数字图书馆和网络检索平台。

（一）数字图书馆

数字图书馆，又称电子图书馆，是随着电子出版、互联网以及现代电子通信技术的发展应运而生的一种新的图书形式，以数字化电子文件形式存储各种磁性或电子介质中，需使用联网计算机或便携式阅读终端进行下载或在线阅读。常用的电子图书信息资源有：

（1）电子图书数据库，分为付费型和免费型两种。付费型电子图书数据库的图书阅读通常需要专用阅读器，机构团体购买或读者个人付费后才能使用，如超星电子图书等。免费型电子图书，一般注册后就能使用，如古腾堡工程（Project Gutenberg），有的也可直接使用。

（2）便携式电子图书，可使用电子书阅读器、PAD、Kindle、手机等工具阅读浏览。

网络数据库种类繁多，不同功能的数据库从界面到内容、从功能到结果输出都不同，而且同一数据库的界面和功能也会不断发展和变化，但用户只要认真总结规律，还是可以找到数据库的一些不变的通用检索技术。电子文献数据库的检索需要通过具体的检索平台（系统）来实现。目前，国内广泛使用的文献检索平台主要有中国知网、万方数据、维普网等。

（二）网络数据库

1. 网络数据库的概念

网络数据库是指把数据库技术引入计算机网络系统中，借助网络技术将存储于数据库中的大量信息及时发布出去；而计算机网络借助成熟的数据库技术对网络中的各种数据进行有效管理，并实现用户与网络中的数据库实时动态交互。网络数据库目前有大量的应用，从最初的网站留言簿、自由论坛到今天的远程教育和复杂的电子商务等。这些系统几乎都是采用网络数据库来实现的。网络数据库系统的组成元素为：客户端、服务器端、连接客户端及服务器端的网络。这些元素是网络数据库系统的基础。

网络数据库的最大优势是，用户只需要通过 Web 浏览器便可完成对数据库数据的检索、下载等常用操作，不必再去学习复杂的数据库知识和数据库软件使用的方法，只需要掌握基本的网络操作，如填写、提交表单等，就可以从任何一台连接网络的计算机访问数据库。

2. 网络数据库的搜索引擎

搜索引擎（Search Engine）起源于传统的信息全文检索理论，即计算机程序通过扫描每一篇文章中的每一个词，建立以词为单位的排序文件，检索程序根据检索词在每一篇文章中出现的频率和每一个检索词出现的概率，对包含这些检索词的文章进行排序，最后输出排序的结果。网络数据库搜索引擎工作原理如图 3-1 所示。

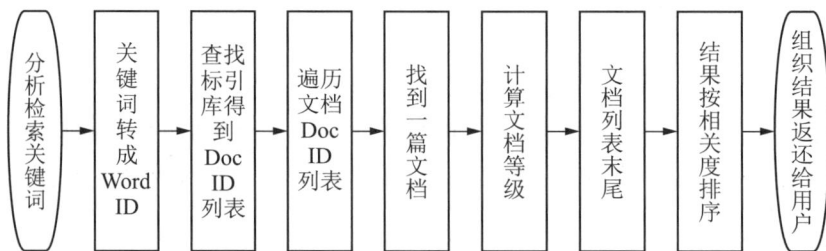

图 3-1　网络数据库搜索引擎工作原理

根据不同的分类标准，搜索引擎可以分为不同的类型。

根据搜索的内容范围划分，搜索引擎可分为综合搜索引擎和专业搜索引擎。综合搜索引擎是一种查询多学科、多类信息的搜索引擎，如百度、搜狗。专业搜索引擎也称专题搜索引擎，指查询某一专题（如 Newsgroup、机票、购物、学术资源）或某一领域（如政治、经济、文化、体育）信息的搜索引擎，如百度图片搜索引擎、百度学术搜索引擎。

根据搜索引擎的集成程度，搜索引擎可分为全文搜索引擎、目录搜索引擎和元搜索引擎。全文搜索引擎是名副其实的搜索引擎，如百度搜索、谷歌搜索。它们从互联网提取各个网站的信息（以网页文字为主）建立数据库，并能检索与用户查询条件相匹配的记录，按一定的排列顺序返回结果。根据搜索结果来源不同，全文搜索引擎可分为两类,一类拥有自己的检索程序(Indexer),俗称"蜘蛛(Spider)"程序或"机器人(Robot)"程序,能自建网页数据库,搜索结果直接从自身的数据库中调用,谷歌和百度就属于此类;另一类则是租用其他搜索引擎的数据库,并按自定的格式排列搜索结果,如 LYCOS 搜索引擎,其界面如图 3-2 所示。

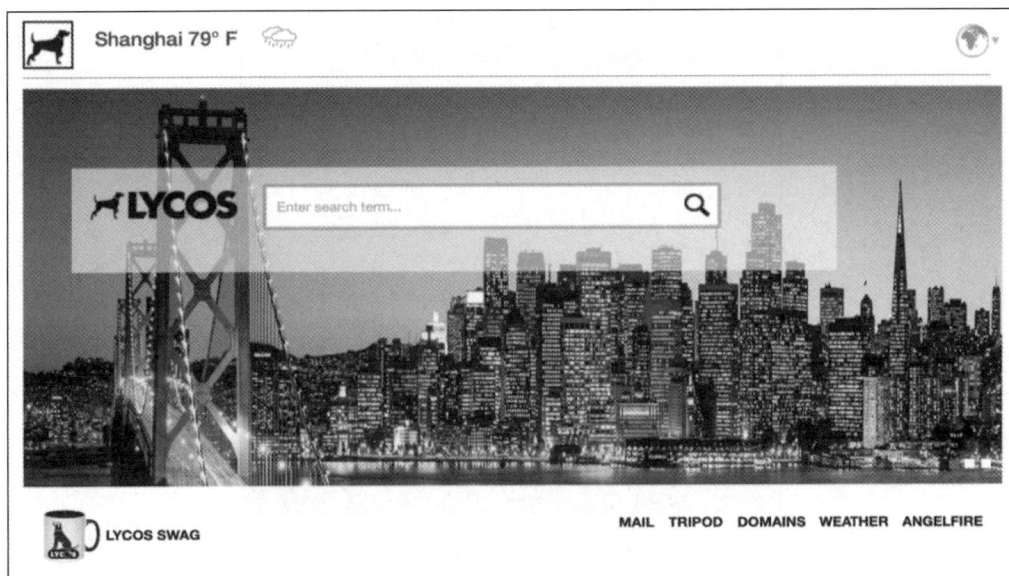

图 3-2　LYCOS 搜索引擎界面

目录搜索引擎虽然有搜索功能,但严格意义上不能称为真正的搜索引擎,只是按目录分类的网站链接列表而已。用户完全可以按照分类目录找到所需要的信息,不依靠关键词查询。目录搜索引擎中最具代表性的是雅虎、新浪分类目录搜索。雅虎的目录搜索界面如图 3-3 所示。

图 3-3　雅虎的目录搜索界面

元搜索引擎(META Search Engine)在接收用户查询请求后,同时可在多个搜索引擎上搜索,并将结果返还给用户。著名的元搜索引擎有 InfoSpace、Dogpile、Vivismo 等。中文元搜索引擎中最具代表性的是搜星网。在搜索结果排列方面,有的直接按来源排列搜索结果;有的则按自定的规则将结果重新排列组合。Dogpile搜索引擎界面如图 3-4 所示。

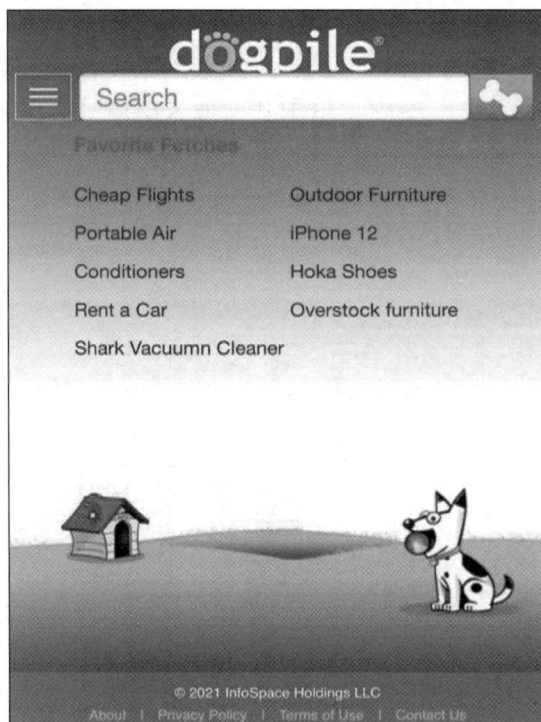

图 3-4　Dogpile 搜索引擎界面

搜索引擎系统虽然能在万维网信息资源范围内自动发现新的信息,对其所覆盖的资料进行自动更新,并根据检索规则和从其他服务器上得到的数据类型对其进行加工处理,自动建立索引,并通过检索接口为用户提供信息查询服务和根据用户的请求返回相应的结果;但是由于系统需要将 HTML 文件传送至本地计算机分析,占用大量昂贵的网络宽带和 CPU 资源,资源消耗过大,增加被搜索节点的负担,又由于链路效率太低,对一些连接代价很大的索引,难免不能及时加入新的网络地址。

由于各搜索引擎标引方式没有统一的规范,有的对网页全文进行标引,有的仅标引网页的标题、URL、关键段落的前几个单词或文本的前 100 个词。各搜索引擎生成关键词的技术也不一样,有的支持 Meta Tags,接收网页制作者自定义关键词和摘要;有的则不支持 Meta Tags,仅仅以网页的前几行字为摘要。另外,搜索引擎大多采用自然语言标引和检索,没有受控词表,同义词和近义词得不到控制,词间的关系得不到揭示。因此,搜索引擎的信息组织与标引缺乏控制,导致信息查询的命中率、准确率、查全率差强人意,往往是输入一个检索式,得到一大堆网页地址,但其中大部分是冗余信息。

不难发现,相比搜索结果专业且精确的数据库检索,搜索引擎搜索的结果更加宽泛,很多真正有用的数据都是被加密而不会被搜索引擎搜索到的。因而,为了解决搜索引擎在专门领域搜索结果不尽如人意的这一问题,接下来的几节将详细介绍学术型文献搜索引擎、事实型数据库检索、数值型数据库检索,以及主要学科门户网站和其他重要搜索引擎的使用方法。

二、常用的学术搜索引擎

（一）百度学术搜索引擎

百度是目前全球最大的中文搜索引擎和重要的中文信息检索与传递技术供应商。百度提供的搜索服务包含网页、视频、音乐、地图、文库、地图、资讯、新闻、图片、词典等常用搜索。

百度支持布尔逻辑检索、字段限制检索、短语检索、在检索结果中精炼检索、相关检索、拼音提示、中文繁简体查询等，提供丰富的专项搜索，包括图书搜索、百度国学、专利搜索、会议论文、学术期刊、法律搜索等学术资源搜索，还专门针对特定对象开发了少儿搜索和爸妈搜索、MP3 搜索、视频搜索、图片搜索等多类型资源检索。

百度搜索引擎提供基本搜索和高级搜索。在使用基本检索功能时，可以在输入框内输入任意关键字，还可以使用语法来限定查询内容。关键词前加"intitle"，可将检索范围限定在网页标题内，例如输"出国留学 intitle：美国"，检索到出国留学网页的标题内就会包含美国。注意"intitle："与后面的关键词之间不加空格。语法"site"可将搜索范围限定在特定站点中，如"亚马逊 site：www.amazon.cn"。注意"site："后面跟的站点名不加"http：//"。语法"inurl"将搜索范围限定在 url 连接中，如"photoshop 视频教程 inurl：video"。在检索时，关键词加上双引号表示关键词不能被拆分，以便对关键词进行精确匹配。关键词加上书名号有两种语法功能，一是书名号会出现在搜索结果中，二是书名号里的内容不会被拆分。以关键词"手机"为例，如果不加书名号，在很多情况下出来的是通信工具手机，而加上书名号后，搜索结果就变成了一部以《手机》为名的电影了。关键词如加号"＋"语法可以在搜索结果中包含特定的关键词网页，如电影优酷、电影＋优酷，关键词如减号"－"语法可以在搜索结果中排除包含特定的关键词网页；语法 filetype 将搜索范围限定在指定文档格式中，支持的文档格式有 pdf、doc、xls、ppt、rtf、all（所有上面的文档格式），如"Photoshop 教程 filetype：doc"。

除使用语法来进行精确检索外，也可以直接利用百度学术的高级检索（其界面如图 3-5 所示），可以更精准地定位。百度高级检索功能有两种使用方法：其一是在搜索框中输入网址 http：//www.baidu.com/gaoji/advanced.html，即进入百度高级检索页面；其二是在百度检索页面右上角的"设置"中点击"高级检索"，便可使用百度的高级检索功能。

进入百度高级检索页面后，即可在限定时间、标题、关键字、摘要、文献类型、被引次数、关键词、文档位置等基础上进行检索了。百度高级检索页面拥有全部高级语法集成，不需要用户记忆语法，只需要填写查询词和选择相关选项就能完成复杂的语法搜索。

图 3-5　百度学术高级检索界面

(二) 谷歌学术搜索引擎

作为谷歌公司专门为科研人员开发的搜索引擎,谷歌学术搜索(Google Scholar)为全球用户提供丰富的学术资源搜索服务,包括来自学术出版商、专业学会、高等院校、图书馆以及其他学术机构,其检索内容涉及各学科领域的图书、同行评议的期刊论文、学位论文、论文预印本、技术报告等学术资源。

1. Google Scholar 专业检索

Google Scholar 专业搜索的应用范围较广。多数学者主要应用谷歌学术查找与研究项目相关的文献,获取项目的最新研究进展,为科研项目的基本思路及实验方法提供了参考。学者应重点强调布尔逻辑运算在关键词检索中的应用技巧,这些技巧包括精确检索、逻辑或组配检索、逻辑与组配检索。

(1) 精确检索。以"外来入侵植物对土壤微生物群落影响"为例,在搜索栏中输入"外来入侵物种"("Exotic invasive plants"),检索到相关文献 630 项,耗时 0.06(0.09)秒。如果对关键词"外来入侵植物(Exotic invasive plants)"不加双引号,则可以分开检索字段,相当于检索"外来 AND 入侵 AND 植物"("exotic AND invasive AND plants"),检索结果急剧增加到 3 456(78 366)项,耗时 6.86(6.96)s。因此,当检索关键词为固定词语且 Google 学术搜索结果过多时,应尽量使用精确检索。

(2) 逻辑或组配检索。在检索时,应根据关键词是否存在同义词或近义词,对关键词进行扩展和补充,避免遗漏相关研究文献。例如,在一些外文文献中,"alien invasive plants"也翻译为外来入侵植物。因此,在搜索栏中输入检索提问式"外来入侵植物"(或"exotic invasive plants" OR "alien invasive plants"),检索到 559(2 000)项相关文献。假设检索结果还是太少,可以继续修正检索式,在检索框中同时输入"外来植物"OR"入侵植物"("invasive plants" OR "exotic plants"),检索结果为1 780(17 100)项相关文献,耗时 0.08(0.11)s。

(3) 逻辑与组配检索。如果 Google 学术搜索检索出的结果太多,且含有很多与研究课题不相关的文献,就在检索框中输入:("外来植物"OR"入侵植物")AND"微生物群落"("invasive plants" OR "exotic plants") AND "microbial community",检索到 54(675)项,耗时 0.08(0.02)s。然后,从检索结果中挑选与科研课题相关的文献。如果检索结果较多,读者可按需要再次进行逻辑与组配检索。

2. Google Scholar 高级检索

Google 学术搜索除关键词检索外,科研工作者也可以根据作者姓名、出版物与出版日期进行检索。这种检索方法称为 Google 学术高级搜索。

(1) 作者检索。国外文献作者姓名多用简称,姓氏用全称、作者名用首字母简称。在查找外文文献时,输入作者名时要注意使用名的首字母。例如,如果要检索物理学家史蒂芬·威廉·霍金(Stephen William Hawking)的文献,应输入"SWHawking",而不是"Stephen William Hawking"。如果输入后者,会漏检很多文献。

(2) 出版物与出版日期检索。一本杂志名称可能会用多种方式拼写,例如 Journal of Biological Chemistry,经常被简写为"JBiolChem"。仅使用一种拼写方式很容易造成检索结果遗漏。为了得到全面的搜索信息,需要尝试用几种不同拼写方法检索。以 Knowledge and Information Systems 一刊为例,除输入全称外,还需输入"knowl.inf.syst."。在寻找某一特定领域的最新刊物时,用日期限制搜索可能会比较实用。如有些网站资源没有标注出版日期,Google 学术搜索就不能检索出这些资源。因此,如果通过日期限制搜索没能找到,可尝试不加日期限制进行搜索。

3. Google Scholar 检索结果

Google 学术搜索系统按相关性对搜索结果排序,并将最相关的参考信息显示在页面顶部,结果排名会综合考虑每篇文章的完整性、作者、刊登出版物及他引频率。另外,搜索结果也包括以下链接:一是标题,链接到文章摘要或整篇文章;二是引用者,提供引用该组文章的其他论文,但与专业引文数据库相比,提供的引文信息不够完整、不够准确;三是相关文章,查找与本组文章类似的其他论文;四是在线图书馆链接,通过已建立连属关系的图书馆资源找到该项成果的电子版本,登录后将自动显示这些链接;五是同组文章,查找可能看到的同属这组学术研究成果的其他文章,可能是初始版本,包括预印本、摘要、会议论文或其他改写本。

综上所述,Google Scholar 可以帮助研究人员了解各个领域的研究成果与最新进展。Google Scholar 作为一个面向多学科的学术资源引擎,继承了 Google 简单实用的风格和搜索技术,将互联网搜索工具专门用于学术研究领域,而且完全免费,在检索专业文献方面有独特的优势。

(三) 微软学术搜索引擎

微软学术搜索(Microsoft Academic Search)引擎是微软研究院开发的免费学术搜索引擎。目前正在使用的微软学术搜索在旧版的基础上进行了一定程度的优化和整合,例如,高级检索功能被整合到了自动建议功能中;一些功能被删除,如反映作者学术水平的 H 指数和 G 指数以及学术研究发展趋势图等被删除。在检索范围上,微软学术搜索以英文文献为主,中文文献正在不断丰富中。

1. 语义搜索

微软学术搜索采用全新的语义搜索技术,主要通过自动提示来获取更加精准的检索结果。例如：当我们在检索框中输入"data"时，在下拉列表中会出现 data mining、data analysis、data center、data type 等词组。所获取的检索结果可以通过检索界面左侧的标签栏进行进一步的筛选，可以从时间、作者、机构、领域、期刊和会议等方面进行筛选。

2. 高级检索

微软学术搜索没有单独的高级检索框，但依然拥有高级检索功能。用户要想使用高级检索功能，只需要利用检索语法在检索框中输入"papers + 介词 + 搜索内容"即可。例如，我们可以在检索框中输入："papers by Wan Shu""papers about public finance""papers in nature""papers at Nanjing Audit University""papers from 2018"等。上述语法还可一次性综合使用，如"papers by Wan Shu about public finance from 2018"。

3. 检索结果的排序和显示

该学术搜索对检索结果的排序基于两个因素：一是检索词的相关度，二是检索对象在世界范围内的影响力。检索词的相关度通过属性计算得出，检索对象在世界范围内的影响力根据它与其他对象的相关度计算得出。用户也可以自己选择"时间"或者"被引次数"进行排序。对于每条检索结果的显示还可以通过检索界面左上方的"高级"选项选择压缩、常规和扩展三种方式进行显示。压缩显示只显示文献的发表日期、期刊和作者。常规显示在压缩显示的基础上还会提供文献所在期刊的期、卷和页码以及文献的关键词；扩展显示相比常规显示则会提供更多的作者信息和关键词。在检索界面的右侧则会显示检索词所在领域的出版物数量、引文数量、核心期刊、子学科等。

在检索结果列表界面中，每条检索结果的右下方都会有获取该文献的途径。大部分检索结果都可以通过 PDF 格式直接浏览全文，并可免费下载。对于没有全文的文献，微软学术搜索引擎会提供全文获取链接。

三、专业文献搜索引擎

常见的专业文献搜索引擎有中国知网、中国科学院知识服务平台、国务院发展研究中心信息网、美国经济研究局网等。中国知网已在前文详细介绍，不再赘述。

（一）中国科学院知识服务平台

中国科学院知识服务平台①属于中国科学院文献情报中心，立足中国科学院、面向全国，主要为自然科学、边缘交叉科学和高技术领域的科技自主创新提供文献信息保障、战略情报研究服务、公共信息服务平台支撑和科学交流与传播服务，同时通过国家科技文献平台和开展共建共享为国家创新体系其他领域的科研机构提供信

---

① 本节参考中国科学院文献情报中心官方网站（https://www.las.ac.cn/）信息编写。

息服务。其检索界面如图 3-6 所示。

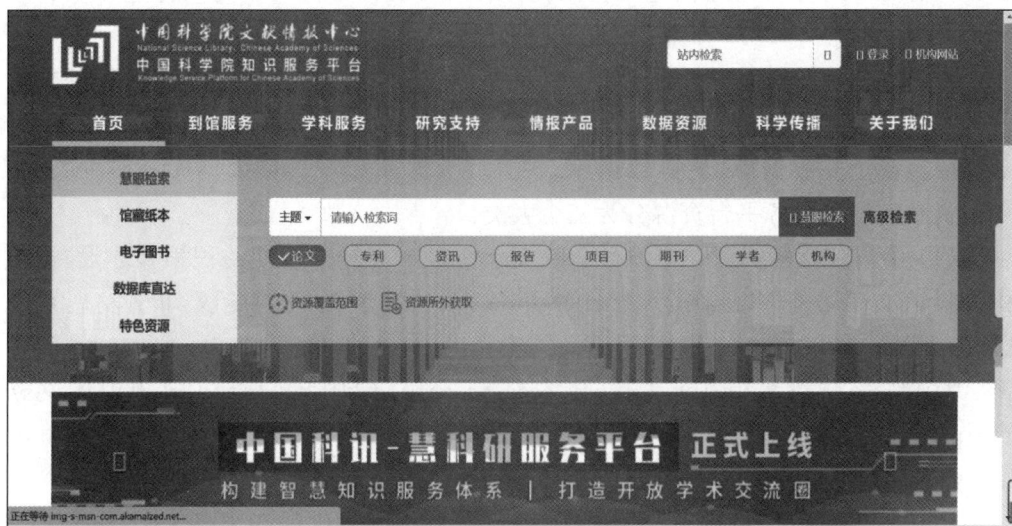

图 3-6　中国科学院知识服务平台检索界面

中国科学院文献情报中心现馆藏图书 1 145 余万册（件）。近年来，围绕国家科技发展需求及中科院"率先行动"计划，积极建设大数据科技知识资源体系，开展普惠的文献信息服务和覆盖研究所创新价值链的情报服务。在分布式大数据知识资源体系建设以及覆盖创新价值链的科技情报研究与服务体系方面获得了重大突破，成为了支持我国科技发展的权威的国家科技知识服务中心。

中国科学院文献情报中心是国际图书馆协会与机构联合会（IFLA）的重要成员。近年来，中心积极组织、参与高层次专门化国际学术交流活动，目前已经与美国、德国、韩国、俄罗斯等多个国家的文献情报机构建立了稳定的合作关系。

中国科学院文献情报中心在长期的科研活动、数据加工、情报服务及网络数据抓取中产生和积累了大量多科技服务领域、多层次的大数据信息，以及与科睿唯安、Springer、Elsevier、维普等数据库商在元数据层面进行合作，实现对其中的科技创新要素进行采集汇聚、知识抽取与知识计算，从基础数据库、领域知识库与知识图谱三大层次创建了支撑科技创新的"科技大数据知识资源中心"（https://scholareye.cn/），为精准服务、知识图谱、智能计算、智能情报提供不同阶段及不同层次的数据支撑。截至 2020 年 8 月，覆盖各类实体数据超过 4 亿条，建成领域专题 200 多个，人才数据超过 9 000 万条，机构数据超过 1 100 万条，重要国家地区项目数据超过 600 万条，知识图谱关系数据超过 60.5 亿条。

从科研主体、科研活动、科研成果、科研装置与科学数据五大维度设计了基础数据资源建设模型，已经建成了拥有专家学者、科研机构、学术期刊、资助机构、科研项目、学术会议、情报资讯、科技政策、论文、专利、报告、获奖、专著、标准、软著等 10 多种基础数据资源。同时该基础数据资源库也集成了 NSTL 研制的 STKOS（科技知识组织体系），其中规范概念 65 万多条，规范术语 230 万多条，覆盖理工农医。建成的基础数据资源,从学科分类、产业分类、主题分类、STKOS 范畴分类进行深度标引,对于知识分类计算提供了基础高质量数据;对机构名称及学者名称进行了自动规范。

中国科学院知识服务平台引进开通网络数据库 170 余个,涵盖 1.9 万种外文电子期刊,1.8 万种中文电子期刊,18.4 万卷/册外文电子图书,35 万种中文电子图书。数据库包含全文数据库、文摘数据库、数值型数据库和工具型数据库等多种类型。中国科学院知识服务平台资源分为三个大类:

(1)中科院特色资源。中国科学院文献情报中心经过长期的积累和建设,提供中国科学文献数据库(http://sciencechina.cn/)、中科院学位论文知识发现系统(http://dpaper.las.ac.cn/homeNew)、院士文库(https://yswk.csdl.ac.cn/)、古籍资源、中国科学院档案(https://www.acas.ac.cn/)、中国科学院机构知识库网格(http://www.irgrid.ac.cn/)、全球科学基金数据(http://infomonitor.las.ac.cn/skd/analyze)等特色资源服务。

(2)基于用户 ID 的文献数据库资源。中国科技云认证联盟(CSTCloud)基于 Shibboleth/OAuth2 双认证体系,实现中国科技云通行证(中国科学院用户即邮箱账号)统一登录认证,访问出版商数据服务平台,中国科学院文献情报中心基于该认证联盟推出文献获取服务,有效支撑了中国科学院科研人员居家科研办公。截至目前,中国科技云认证联盟已经成功接入了包括中国知网、Web of Science、Elsevier、Springer 等多家国内外主要数据库资源,有效支持中科院以及其他接入联盟的科研用户突破时间与空间的限制,在居家、差旅等非指定 IP 范围内,通过 ID 身份认证方式随时、随地访问本机构订购开通的各类型国内外数据库资源。

(3)领域专题数据资源。中科院文献情报中心通过"领域科技情报监测服务云平台",在领域情报专家的参与下,建成了面向纳米科技、集成电路、重大疾病、水污染、生物安全、先进制造等 200 多个领域专题门户(http://stmcloud.las.ac.cn/),有效支撑了市场研究人员、一线科研团队、研究所图书馆员及战略情报分析人员快速了解领域最新重要科技动态,掌握同行或竞争对手的科技活动动向,发现领域重点及热点主题,把握领域发展概貌,辅助科技决策。该领域专题数据资源来自国内外相关机构网站,自动搜集、遴选、描述、组织和揭示各机构发布的重大新闻、研究报告、预算、资助信息、科研活动、热点事件、多领域活动等。

(二)国务院发展研究中心信息网

国务院发展研究中心信息网,简称国研网,是中国著名的大型经济类专业网站,主要向领导者和投资者提供经济决策支持。针对不同的用户群,国研网有综合版、教育版、党政版、简体版、繁体版、世界经济专版、金融版、高校版等多种版式。国研网综合版首页见图 3-7 所示。

国研网(http://www.drcnet.com.cn)以国务院发展研究中心丰富的信息资源和强大的专家阵容为依托,与海内外众多著名的经济研究机构和经济资讯提供商紧密合作,全面整合中国宏观经济、金融研究和行业经济领域的研究成果。国研网的主

图 3-7　国研网综合版首页

要栏目有国研视点、宏观经济、金融中国、财经数据、行业经济、企业胜经、区域经济、世经评论、对外贸易、高校参考、基础教育等多个专题栏目及专项数据文库。

　　用户登录国研网首页后,可直接在首页面的检索区进行站内检索。站内检索提供标题、作者、关键词等检索入口。综合版和教育版用户可在"检索中心"进行一站式查询。例如,在检索框内输入"个人所得税",选择"标题",时间设定选择为 60 天,检索结果如图 3-8 所示。

图 3-8　国研网"个人所得税"检索结果

（三）美国经济研究局网

　　美国经济研究局（National Bureau of Economic Research，NBER），其网站首页如图 3-9 所示,是由著名经济学家韦斯利·米切尔（Wesley Clair Mitchel）成立于1920 年的一个私人的、非营利的、中立的经济预测组织。它追求用科学的无偏见的方法研究经济现象,但并不提供经济政策建议。

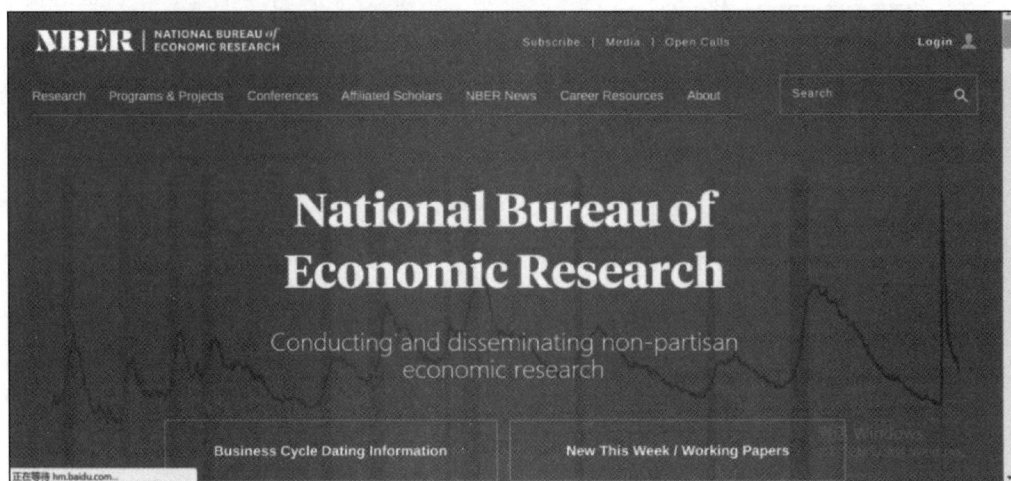

图 3-9　美国经济研究局网首页

　　美国经济研究局工作论文产生于各个项目和工作组,用于学术讨论和评论。这些工作论文都可以免费获得,该网站可以直接下载 PDF 格式的工作论文。

四、引文索引检索引擎

(一) 中国科学文献数据库

　　中国科学文献数据库(Chinese Science Citation Database,CSCD)隶属于中国科学院文献情报中心,创建于 1989 年,是我国第一个引文数据库。它收录了我国数学、物理、化学、天文学、地理学、生物学、农林科学、医药卫生、工程技术、环境科学和管理科学等领域出版的中英文科技核心期刊和优秀期刊 1 000 余种。

　　中国科学文献数据库来源期刊每两年遴选一次。每次遴选均采用定量与定性相结合的方法,定量数据来自中国科学引文数据库,定性评价则通过聘请国内专家对期刊进行评审。中国科学文献数据库网站名为中国科学文献服务系统,其首页如图 3-10 所示。

　　CSCD 分为核心库和扩展库。核心库是各学科领域中具有权威性和代表性的核心期刊。扩展库是核心库的扩展版,也是我国各学科领域比较具有影响力的期刊。根据中国科学院文献情报中心中国科学文献数据库来源期刊遴选报告(2021—2022 年度),2021—2022 年度中国科学引文数据库收录来源期刊 1 262种,其中,核心库 926 种,扩展库 336 种,中国出版的英文期刊 245 种,中文期刊 1 017 种。

　　目前,CSCD 发行网络版、光盘版和印刷版 3 种版本。其中,网络版依托中国科

图 3-10　中国科学文献服务系统首页

学文献服务系统(Science China),供因特网用户使用。用户可从数百万条引文中查询到某篇科技文献被引用的详细情况,还可以从一篇早期的重要文献或者著者姓名入手,检索到一批近期发表的相关文献,对交叉学科和新学科的发展研究具有十分重要的价值。CSCD 还提供了数据链接机制,支持用户获取全文。

(二) 中文社会科学引文索引

中文社会科学引文索引(Chinese Social Sciences Citation Index,CSSCI)是由南京大学中国社会科学研究评价中心开发研制的数据库,用来检索中文社会科学领域的论文收录和文献被引用情况,现已成为我国社会科学最重要的文献引文统计信息查询与评价工具之一。它通过来源期刊文献的各类重要数据及其相互逻辑关联的统计与分析,为社会科学研究与管理提供科学、客观、公正的第一手资料。

CSSCI 遵循文献计量学规律,采取定量与定性评价相结合的方法,从 2 700 余种中文人文社会科学学术性期刊中精选出学术性强、编辑规范的期刊作为来源期刊。目前,CSSCI 收录包括法学、管理学、经济学、历史学、政治学等在内的 25 大类 600 多种学术期刊。CSSCI 的来源期刊或来源文献,不仅包括中国,而且将包括欧美等国出版的中文人文社会科学学术期刊。中文社会科学引文索引(CSSCI)来源期刊目录(2021—2022)共收录 615 种期刊,其中,大陆期刊 583 种,台港澳期刊 30 种,报纸理论版 2 种;另外还收录 CSSCI 扩展版的 229 种期刊。CSSCI 来源期刊按引文量、影响因素、专家意见等标准评定。

CSSCI 提供来源文献和被引文献两种检索途径,均设有高级检索模式,并附有来源期刊导航功能。被引文献的高级检索可按检索需要设置被引作者、被引文献篇名、被引文献期刊、被引文献细节、被引文献年代等多个窗口,还提供了从 1999 年至今的被引年份,被引文献类型包括期刊论文、图书、报纸、会议文献、学位论文、信件、汇编、报告、标准、法规、电子文献等 12 种,检索者还可以设置被引次数、篇名(词)、年代、被引作者进行升序或降序,按需要查看原文或导出检索结果。CSSCI 高级检索窗口如图 3-11 所示。

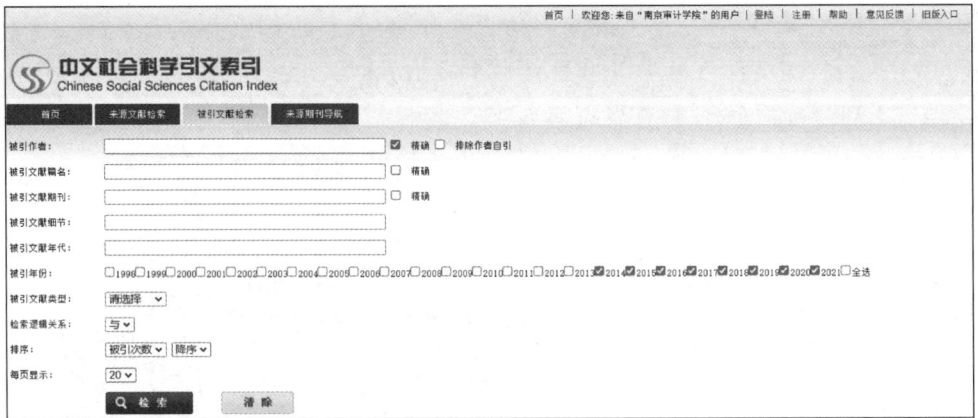

图 3-11　CSSCI 高级检索窗口

（三）科学引文索引

科学引文索引（Science Citation Index，SCI）是由美国科学信息研究所（Institute for Scientific Information，ISI[①]）于 1961 年创办出版的一部世界著名的期刊文献检索工具，其出版形式包括印刷版、光盘版和联机数据库。现在互联网 Web 版数据库也已发行，称为 SCI-E（Science Citation Index-Expanded）。它收录了全球 5 600 多种权威性科学与技术类期刊，每周更新。ISI 通过它严格的选刊标准和评估程序挑选刊源，且每年略有增减，从而做到收录的文献能全面覆盖全世界最重要和最有影响力的研究成果。SCI 创刊以来，其数据库不断发展，已经成为当代世界最为重要的大型数据库，被列在世界六大著名检索系统（SCI、EI、CA、SA、AJ/PЖ、JST）和三大检索工具（SCI、EI、ISTP）之首。它不仅是一部重要的检索工具书，也是科学研究成果评价的重要依据。

SCI 数据库是收费的网络平台。SCI 数据库收录期刊近 4 000 种，SCI-E 数据库收录期刊 8 000 多种，可以通过 Web of science 网站检索，其主界面如图 3-12 所示。

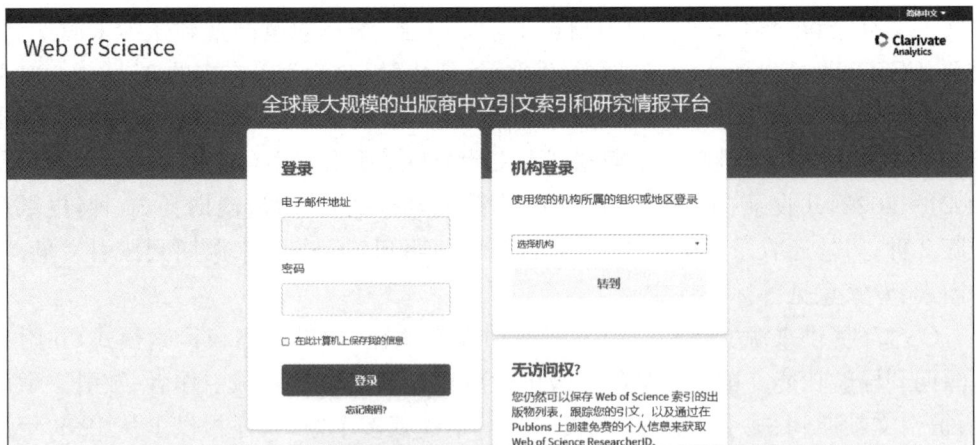

图 3-12　Web of Science 主界面

---

① ISI 几经周折，现在归入汤森路透（Thomson Reuters），旗下的 Thomson Scientific 提供 SCI 相关产品，包括 ISI web of knowledge、Master Journal List、Journal Citation Reports 三部分。

（四）工程索引

工程索引（The Engineering Index，EI）创刊于 1884 年，由美国工程信息公司（Engineering Information Inc.）编辑出版，是目前全球最全面的工程检索二次文献数据库，收录了美、英、加、德、日、法等 50 多个国家 26 种文字有关工程技术方面的文献，涉及 5 000 多种工程类期刊、会议论文集、技术报告、科技图书、年鉴和标准等出版物，年报道量约 10 万篇。数据库涵盖工程和应用科学领域的各学科，涉及核技术、生物工程、交通运输、化学和工艺工程、照明和光学技术、农业工程和食品技术、计算机和数据处理、应用物理、电子和通信、控制工程、土木工程、机械工程、材料工程、石油、宇航、汽车工程以及这些领域的子学科与其他主要的工程领域。

EI 网络版 Compendex Web 数据库可以检索到 1969 年至今发表的文献，数据库每年增加超过 175 个学科和工程专业的大约 50 万条新记录。Compendex Web 数据库每周更新数据，以确保用户可以跟踪其所在领域的最新进展。EI 网络版 Compendex Web 运行在 Engineering Village 平台上，其首页如图 3-13 所示。EngineeringVillage 是一个综合性的检索平台，目前运行在该平台上的数据库除了 Compendex，还有英国《科学文摘》（INSPEC）、《美国政府报告》（NTIS）、《美国专利》（USPTO）、《欧洲专利》（Espacenet）、《工程领域专著数据库》（Referex）等数据库。由于订购情况不同，出现在平台上的数据库也不相同，检索时可根据需要选择相应的数据库。

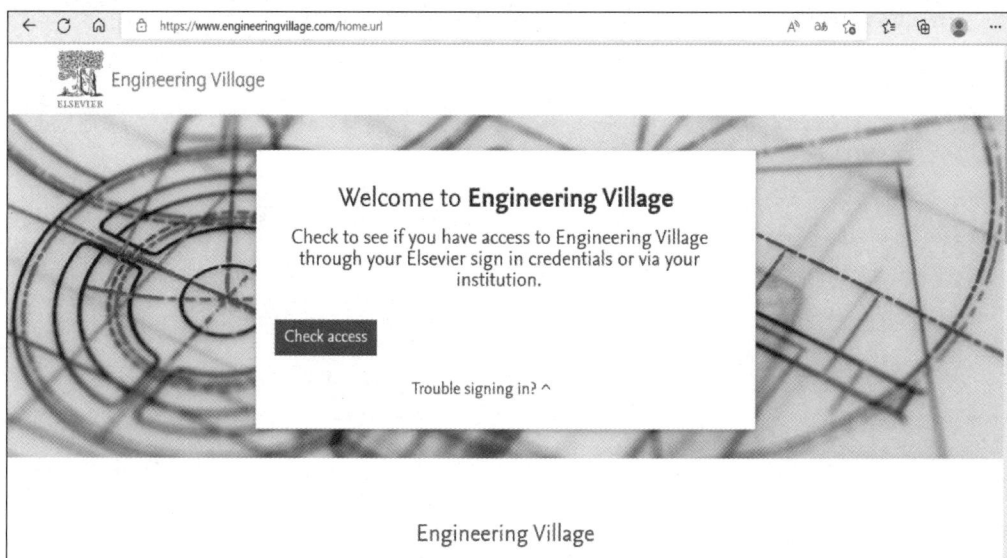

图 3-13　Engineering Village 首页

（五）社会科学引文索引

社会科学引文索引（Social Science Citation Index，SSCI）也是由 ISI 出版的。SSCI 收录了全球 1 800 种主要的社会科学期刊论文，同时也收录了 SCI Expanded

所收录的期刊当中涉及社会科学研究的论文,共涉及 50 个学科领域,具体包括:社会科学及行为科学、人类学、考古学、商业、财政、经济、教育、地理历史、图书馆学与情报学、法律、语言、政治、行销、统计、都市发展等。数据库每周更新,年平均增加 12.5 万条记录,目前所收录数据的最早回溯年为 1956 年。SSCI 除了能检索文章被引用的情况外,还可以显示原文的所有参考文献,并据此获得一批相关文献,成为人文及社会科学研究领域最有效并最具权威性的参考工具。

思考与练习

1. 什么是网络信息检索平台? 信息检索和搜索引擎的基本原理是什么?
2. 中外主要专业性文献与信息检索引擎的使用规则有何异同?
3. 什么是引文索引检索? 什么是引文索引检索引擎? 主要引文索引检索引擎有哪些?
4. 请登录中国科学院知识服务平台,检索 2017 年以来元宇宙领域研究的论文,查询近三年内每年发表的有关论文数量,以及元宇宙、虚拟现实、区块链、数字孪生等研究主题下的成果数量,记录检索步骤和检索结果。
5. 请登录中国科学文献服务系统,查询并下载该系统四大板块的名称及其主要内容,并在 CSCD 最新来源期刊目录中,查询 CSCD 收集的期刊总数、英文期刊总数、中文期刊总数,以 N、S、W 字母开头中文期刊数,以及以 A、J、V 字母开头英文期刊数,分别记录检索步骤和检索结果。

第四章 文献检索策略

学习目标

1. 掌握文献检索策略的三个环节。
2. 掌握文献与信息检索范围的甄别与确认方法。
3. 初步了解文献检索工具及其检索途径的选择策略。
4. 掌握文献检索语言的设计策略与设计方法。
5. 了解文献检索的评价及其筛选策略与筛选方法。

一、文献检索策略的环节与类型

（一）文献检索策略的环节

要在浩如烟海的文献中迅速准确地检索出自己需要的文献,就必须讲究检索策略。检索策略是为了实现检索目标而制定的全盘计划或方案。文献检索策略包括检索前的思考、检索中的决断、检索后的分析三个主要环节。

1. 检索前的思考

文献检索前,要思考并弄清楚以下问题:明确待查文献的目的是什么? 准备做什么? 是否已经掌握一些线索? 在什么样的范围内查找? 查找何类文献? 用什么工具? 什么途径? 什么方法? 文献检索前,需要对上述问题摸排清楚,才能在接下来的文献检索中胸有成竹,有的放矢。

2. 检索中的决断

在检索过程中,要具备决断能力。检索时应该做到:选择熟悉的检索工具,仔细记录和保存检索结果,查不到的信息也要记录下来,查清原文收藏单位以便索要原文。

3. 检索后的分析

文献检索后,要适时展开分析。对搜集到的文献初步筛选,鉴别分类排序;对筛选出的重要文献进行研读,判断其使用价值;在判断出不同使用价值的基础上进一步摘取有价值的内容;对获取的文献做出综述与评论。

除了掌握以上三个环节,还要养成调阅文献的习惯。需要结合自己的工作,经常注意文献动态并且时常查阅与浏览自己所需要的文献。

（二）检索策略的类型

1.目标课题分析策略

目标课题分析是指在着手查找文献前对课题进行分析,弄清楚检索的真正意图及实质。分析研究课题的主题内容、所属学科,从而分析出主题概念,然后确定课题所需查找文献的时间范围、国家范围和文献类型范围。首先,要明确研究的目的,弄清楚课题的学科性质和学科范围。其次,要了解课题的历史发展概况,以便确定检索年限,尽量减少盲目性。最后,要归纳和整理并确定检索标识,如专业名词、主题词、著者姓名、分类号和系统分类等级。

2. 检索工具选择策略

检索工具选择,就是确定具体采用何种检索手段和检索工具,要根据检索目的和课题内容、要求,馆藏情况,对检索手段的熟悉程度,对检索工具、检索系统、数据库的了解以及检索经费预算等确定。检索工具的选择根据因课题内容及具体要求而有所不同。

3. 权威准确信息获取策略

在文献检索中,获取权威准确信息,可以借助查全率和查准率两项指标。这两项指标是评价检索系统检索性能的重要指标,主要反映数据库系统的有效性和合理性。查全率是用来描述系统检出文献能力的一种尺度,指系统在进行某一检索时,检出的相关文献量与系统中的相关文献总量的比率。计算公式如下:

$$查全率 = \frac{检出的相关文献量}{系统中的相关文献总量}$$

查准率是用来描述系统拒绝不相关文献的能力或检索精确度的一种尺度,指系统在进行某一检索时,检出的相关文献量与检出的文献总量的比率。计算公式如下:

$$查准率 = \frac{检出的相关文献量}{检出的文献总量}$$

文献检索中的查全率和查准率结合起来可定量描述系统的检索成功率,两者互逆相关,即任何提高查全率的措施,都难免会降低查准率,查全率和查准率同时提高是很难做到的。只能根据不同的检索要求,合理调节查全率和查准率。

4. 引文检索利用策略

引文检索是指对文章的参考文献进行的检索,是从学术论文引证关系入手进行检索的一种方法。引文就是通常所说的参考文献。文献的相互引证直接反映学术研究之间的交流与联系,通过引文检索可查找相关研究课题早期、当时和最近的学术文献,可以了解文献之间的内在联系,进而可以有效地揭示过去、现在、将来的科学研究之间的内在联系,揭示科学研究中所涉及的各个学科领域的交叉联系,帮助研究人员迅速地掌握科学研究的历史、发展和动态。

二、文献检索范围的甄别

（一）甄别信息类型

根据不同研究视角和层面的需要，文献可分为一次文献、二次文献和三次文献，如图 4-1 所示。研究工作者应根据不同的研究目的，根据研究课题的需要，合理选择文献层级，即选用一次、二次还是三次文献。

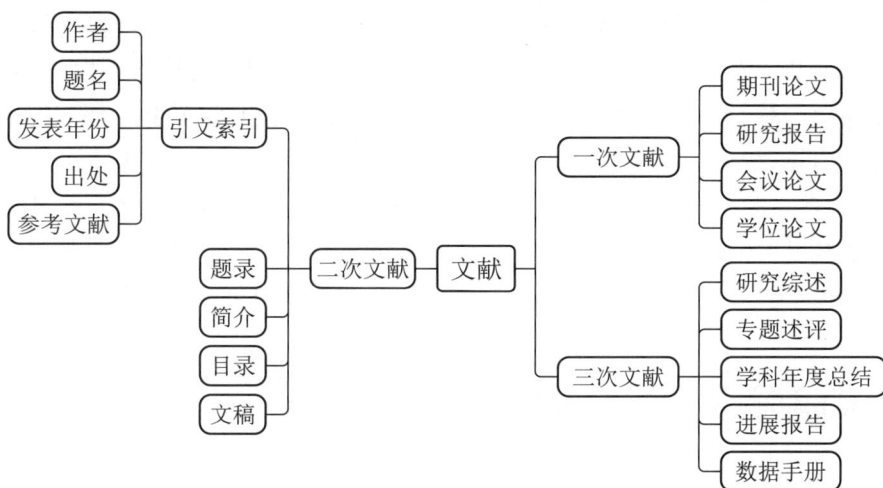

图 4-1　文献的分类

（二）甄别信息范围

为了策略分析得科学顺畅，这里把数据事实重新归入事实型信息。无论是学术研究还是商业活动，都需要基于事实才能开展，对事实的认知和检索必定会提上日程。具体做法是：首先利用检索工具、参考工具书、数据库或其他途径查出有关的原始数据、事实或文献，如法律法规、政策文件、会议决议、专利标准、行业动态、企业经营情况。然后进行分析比较，去粗取精，去伪存真。最后把得到的"事实"提炼出来，以供科学研究或商业活动使用。

每天的各种网站都有许多关于上述事实的新闻报道。但这些新闻报道就像二次文献或三次文献一样，只能提供线索。这些线索也许有利于我们做出判断，也许会误导我们，妨碍我们找到真正的事实。因此新闻报道不足以让我们下结论。要获取事实的真相，还需要登录官方机构网站做进一步的资料查询检索或者直接登门索取。比如，检索我国碳中和产业政策措施，应登录中国政府网检索相关的会议决议和政策文件，在行业动态网站获取的信息不是第一手资料；实现碳中和在节能减排方面的新技术、新标准等信息，在政府网站又很难找到，应登录专利网站和标准网站检索。企业在新产品研发中,所研发的新产品必须达到节能减排的要求和相关标准,否则研发投入就会打水漂。因此,研究行业发展动态和竞争对手动态,还应考察宏观政策环境、环保标准、产品标准等。

在检索完官方法律法规、技术标准和发明专利方面的事实信息以后,还应登录各种数据库网站,寻求数据方面的支撑资料,如自然科学数据、宏观统计数据、微观商业数据。还以上面碳中和背景下产品研发为例,在产品的生产材料方面,要考察材料节能指标如何,生产过程中的能耗指标、碳排放指标又是怎样的,产品运行能耗和碳排放是否达到了节能减排标准,这些不仅需要登录政府网站检索产品生产标准,还应调研考察市场,以确定本公司研发的新产品的竞争对手产品专利与研发水平,得到准确的信息需要大量检索统计数据和商业数据,获取准确、及时、系统和可靠的数据,包括未经统计整理的原始数据和经过统计整理的次级数据,进行统计分析和统计推断,并尽可能降低误差对分析推断的负面影响。在具体研发实施层面,还要考察新产品的市场获利空间,考察新产品在其价值链上各个重要环节的历史信息和即时信息,包括商业企业内部数据、分销渠道数据、消费市场数据等。这些信息很重要,但往往囿于商业机密受到法律保护和各企业的保密措施,就需要进行产业内的横向和纵向数据挖掘与比较,或进行专业的大数据分析,监控各产业的即时发展情况,对大量的公众信息资料进行挖掘分析,才能把正确的信息提炼出来。

三、文献检索工具与途径的选择策略 ————————•

(一) 文献检索工具的选择策略

对检索主题进行分析后,在正式检索之前,还需要选择合适的检索工具。检索工具的选择一般依据四种方法来确定:检索手段、物质载体形式和种类、学科范围和载体形式。

在计算机网络出现之前,只能运用手工检索工具;但在网络技术普及和具有网络信号覆盖的地方,运用计算机或手机进行网络检索,速度则更快,但从信息准确性而言,手工检索则更真实更靠谱。

当已知想要检索文献的期刊或者附录时,可以运用书本式检索工具;当对文献的要求是需要随时增减款目时,建议最好使用卡片式检索工具,但是这种工具需要占有较大储藏空间,成本也较高,制作费用昂贵,使用前必须慎重考虑。如今最受欢迎的是机读式检索工具,只需要输入文献的代码或者特定的格式信息,就可以迅速准确地查询到想要的文献。

如果学科范围限于某一学科或者专业就可以使用专业性检索工具;如果收录文献只限于某一特定类型的特定范围,例如对新技术的发明进行检索,这时就需要运用单一性检索工具中的专利文献目录索引。

在从事科研、教学、生产等相关领域的研究时,为了方便随时查阅文献、数据和特殊语言等,需要运用工具书检索;对于与追溯检索、定题和专题追溯检索相关的服务,需要用到光盘检索;联机检索也能做到光盘检索的服务,除此以外它还能做到联机订购原始文献服务、电子邮件服务;网络检索最突出的特点就是能够在很短的时间内检索全球性文献资料。

(二) 文献检索途径的选择策略

文献检索途径有很多种,一般我们会通过传统图书馆、数字图书馆、网络信息资源库和门户网站等途径来检索所需文献。数字图书馆是在传统图书馆的基础上发展起来的,能将传统图书馆的优点继续扩大,让我们能够不受时空的限制更加快速便捷地找到文献资料。

当通过传统图书馆查询文献时,首先需要了解不同图书馆的功能。传统图书馆分为国家图书馆、地方图书馆、高校图书馆、科学与专业(行业)图书馆,当文献的专业性、科学性、时代性不同时,应根据文献的不同特点选择适合的图书馆查询文献。

网络信息资源库是目前比较受欢迎的检索途径,其中比较常用的是中国知网数据库、万方数据库、维普信息资源系统和人大复印报刊资料数据库这四种中文全文数据库。这四种检索途径所需的检索方法类似,分为简单检索、高级检索和专业检索三种类型。

简单搜索即用户只需在检索框中直接输入检索词,选择检索字段,即可检索。一些普通文献检索,通过这种方式就能实现,也可以打开门户网站,进行简单的文献检索,如百度、搜狐、谷歌等商业性搜索引擎,也可通过综合性门户网站、地方性门户网站或个人门户网站进行检索。商业搜索引擎覆盖范围较广,搜索引擎能够快速寻找到所需信息,而综合网站一般是以新闻和娱乐为主,将新闻、信息呈现出来,供用户阅读。因此,当用户目的性比较明确时,引擎搜索是最好的方式。地方性门户网站内容以本地资讯为主,但网页信息服务更加全面,涉及当地生活的方方面面。个人门户网站仅提供某些个性化功能,对于某些特定人群来说,能够比较便捷地获取特定信息。

为了增强检索的精准性和专业性,就需要用到高级检索。很多数据库检索平台基本都设置有高级检索功能。在高级检索界面只需要输入已知的文献检索信息,例如主题、作者、文献来源以及发表年份,就可以搜索到相关的文献。对于进行学术研究和技术研究的专门人士来说,运用专业检索手段更能收到事半功倍的效果。打开专业检索页面,用户输入检索式实现文献搜索。它要求用户熟知自己想要的文献资料,做到检索语法格式正确。

四、文献检索语言的设计策略

检索语言是信息储存与检索过程中用于描述信息特征和表达用户信息提问的一种专门语言。它把文献的存储与检索联系起来,使文献的标引者和检索者取得共同理解,从而实现检索。检索的运算匹配就是通过检索语言的匹配来实现的。检索语言是人与检索系统对话的基础。

检索语言有多种分类方式。检索语言按照是否受控,可分为人工语言和自然语言;按照检索时的组配实施状况,检索语言可分为先组式和后组式语言;按照描述文献特征的不同,检索语言可分为描述文献外部特征的语言和描述文献内容特征的语言。

(一)根据文献外部特征设计检索语言

文献外部特征本身就是一种文献检索语言,如篇名(题名)、作者姓名、出版者、报告号、专利号。数据库在信息存储时也用它们来描述信息的内容和外部特征编制信号检索标识。

题名包括书名、刊名、篇名、特种文献名等,检索者可以根据这些题名的不同,选择不同的检索途径。若是书名,就到图书资料里找;若是刊名,就到期刊目录里检索。著者信息包括著者索引和团著者索引,有作者、编者、译者等。我们应根据不同的著者,选择不同的数据库,是中文的还是英文等。文献编号包括专利号、报告号、合同号、标准号、国际标准书号和刊号等信息。我们可以根据这些不同的外部信息选择适宜的数据库或图书馆,进行文献检索。另外,文献中往往还有人名索引、参考文献、引用文献等外部信息,我们也可以据此判断著者身份、年代、国籍等其他外部信息,顺藤摸瓜,找到相应的相关、有序、一致的文献。

(二)根据文献语言特征设计检索语言

文献语言可分为分类语言和主题语言,这是区分文献内容的最明显特征。分类语言是用分类号来表述科学体系的各种概念,将各种概念按学科性质进行分类和系统排列,如中国图书馆分类法、中国科学院图书馆分类法、中国人民大学图书馆分类法、国际十进分类法、杜威分类法等。分类法根据学科之间的逻辑关系,采用层次型或树型结构,列举所有知识类别,并对每一知识分别标以相对固定的类码,从而形成分类表。文献资料分类大体可以分为图书/资源分类法、网络信息分类法、专利分类法和标准分类法。在检索文献时,应根据具体文献的内容分类法,选择适当的分类法工具检索文献。

如进行专利分类法查询时,要熟悉世界各国的专利分类法。根据不同的编排形式,判断待查文献属于何种专利分类法,再登录与其相适应的网站或专利工具书进行检索查询。例如:"A43D95/16"为国际专利分类法(IPC)"制鞋用的擦亮工具"专利号;"ZL95115608.X""ZL92100257.2"为中国专利号。再如,在电动车电池领域,"B60L3/0046"为欧洲和美国的专利号,"B60L58/18"为欧洲专利号,"H04L9/3271"则为美国专利号;"2021SR0783410"是中国国家知识产权局认定的计算机软件著作权登记号。在检索时就要根据不同的编码规则,选择不同的专利数据库检索。另外,各国各时期都有不同的专利号编码,伴随着世界各国的全球化进程,越来越多的国家都在陆续使用国际专利分类号,为专利的检索带来了便利。

主题语言是直接以代表信息内容特征和科学概念的概念词为检索标识，并按其外部形式组织起来的一种检索语言。检索者可以运用规范主题语言与非规范主题语言进行检索。规范主题语言以自然语言为基础，经过标准化、规范化处理，具有概念性、规范性、组配性、语义性和动态性，包括单元词语言、标题词语言和叙词语言三种。单元词语言是一种最基本、不能再分割的单元语言，也称为词，如天气、汽车。标题词语言是一种先组式规范词语言，可分为主标题词（表示事物、概念）和副标题词（限定修饰主标题词），标题词语言有较好的通用性、直接性和专指性，但灵活性较差。叙词语言以概念为基础，经规范化后具有组配功能并可以显示词间关系的动态性词或词组，如大学应该写成高等学校。

科学的概念确定，一般有以下五个步骤：

第一步是分析课题，即分析出课题所涉及的主要概念和辅助概念，并找出能代表这些概念的若干个词或词组。主要概念，或称核心概念，是指课题研究的主要对象。课题研究的主要对象包括课题归属的专业学科名称，还包括课题涉及的具体原理、研究方法、材料工艺、应用领域等。辅助概念，又称普通概念，是指一些没有专业意义的概念。

第二步是概念切分。切分是对课题的语句以关键词为单位进行拆分转换为检索的最小单元。关键词切分仅适用于自然语言检索。例如要检索黄曲霉毒素对肝癌的影响因素的相关文献，可直接将概念切分成黄曲霉毒素、肝癌、影响因素几个小单元。

第三步是去除概念中的无用信息。去除自然语言中以下内容：①不具有实际检索意义的虚词；②使用频率较低的词；③高频词；④专指性较高的词；⑤宽泛的词；⑥过分具体的限定词；⑦禁用词；⑧存在蕴含关系可以合并的词。

第四步是概念替补。替补就是在进行概念切分、去除无用信息后，对检索词进行规范词汇替换和同义词补充，特别是一些具有分词语且比较口语化的词汇需要使用标准化的术语，如乙肝应替换为乙型肝炎、乙型病毒；第三世界应替换为发展中国家。

第五步是扩充，主要是挖掘隐含词，提取潜在的检索词，扩充同义词、近义词、上位词和下位词。例如，学校活动这个概念可以用具体的班级活动、课外活动、学生活动等检索词来表示；智力测试隐含着能力测试、态度测试、创造力测试等概念。

非规范主题语言是相对于规范主题语言而言的，以自然语言的词语为检索标识，其所用词汇未经规范化处理。非规范化语言包括关键词语言和纯自然语言。关键词语言是直接从文献的篇名、文摘或者全文中摘取出的词汇构成的。关键词语言没有经过处理，也不需要编制关键词表，凡是有意义的信息单元都可以用作关键词。纯自然语言即是对一条完整的信息中任何词汇都可以进行检索，多用全文匹配法检索，但其最大的问题就是误检率极高，一般不用为宜。

（三）根据合适的检索词设计检索语言

检索词是表达信息需求或检索课题内容的基本元素，也是信息检索系统中有关数据进行匹配运算的基本单元。检索词选择正确与否,直接影响检索结果精确与否。在全面了解检索课题的问题后,应提炼主要概念与隐含概念,确定检索词。

1. 检索词应满足的需求

检索词应满足内容匹配与形式匹配两方面的要求。内容匹配要求由主题概念转化而成的检索词应能准确、完整地表达检索课题的内容,这是由信息需求决定的。形式匹配要求检索时使用的语言和检索工具使用的语言一致,这样,检索词才能被系统识别。

如何选择最能代表主题概念的检索词呢?正确的主题分析是制定检索策略的保证,它决定了检索策略的质量和检索效果的好坏。因此,务必要在分析课题的主题概念中掌握课题的内容实质,概括出能最恰当地代表主题概念的检索词。在进行主题概念分析时,一般先从熟悉的已知文献入手,分析检索课题的内容实质。

2. 选择检索词时的注意事项

在选择检索词时,应考虑将课题内容分解或综合成某些概念,提炼核心概念、发掘隐含概念,排除非核心与宽泛概念,力求检索词能反映用户信息需求和检索主题内容。

一是优先选用主题词。当所选的数据库具有规范化词表时,优先选用该数据库词表中与检索课题相关的规范化主题词,以获得最佳的检索效果。主题词可通过主题词表查找。

二是选用常用的专业术语。不同学科有不同的专业术语,例如金融学领域有风险备用金、等额本息还款;图书情报学领域有信息检索、搜索引擎、信息素养;法学领域有正当防卫、避险过当等。

三是避免选用高频词或低频词以及禁用词。检索时避免使用频率较低或专指性太高的词,尽量少用或不用不能表达课题实质的高频词,如分析、研究、应用、方法、发展、设计等词。如果确实必须用这些词,应与能表达主要检索特征的词进行组配,或增加一些限制条件。

四是不使用含义不确定的词,如厚、薄、强、弱、高温等,一般使用具体的数字。五是尽可能多选用同义词、多义词与相关词(上位词或下位词)。

另外,一般不使用禁用词。英文禁用词有 a、an、by、for、from、of、the、to、with 等,不同的检索系统禁用词不一定完全相同,可以参看该检索系统的帮助信息。

3. 检索词的选择方法

在选择检索词时,可以遵循以下方法进行选择:①选择表示事物名称的名词术语,如电脑、自行车、小麦、地图;②选择事物的状态或现象的名词术语,如富营养化、刚度、强度、冰冻;③选择科学分类的名词术语,如医学、数学、物理学、水利工程、测绘学、电子工程;④选择研究方法、技术方法的名词术语,如访谈法、调查法、萃取法;⑤选择工艺方法、加工技术的名词术语,如失蜡浇铸、冲压、电镀、切割;⑥选择化学元素、化合物、金属材料与合金的名词术语,如氢原子、氯化钠、盐酸、竹节钢、青铜;

⑦选择国家名称、地名、组织机构名称和人名的专有名词及文献类型、文献载体的名词术语,如西班牙、大洋洲、世界卫生组织、迈克尔·杰克逊、图书、期刊、会议。

(四)根据主题语言设计检索语言

根据主题语言设计检索语言从标题、单元词和关键词三个角度展开。

1. 标题检索设计技巧

标题是主题标识经过规范化的语词或事物的"名"。一般检索系统是按照"物以类聚"的原则集中文献的。标题检索的设计技巧如下:

(1)多用复词标题或带说明语的单级标题来增加专指度。如:"肠梗阻"比单级标题"肠"更准确;"液压传动,用于机卡的""期刊,情报价值"等相当于一个复词标题检索,可以达到较高的专指度。

(2)运用多级标题细化检索目标。例如:肿瘤—治疗。横线后的标题为子标题,用于表示该标题所表事物的某一方面。需要注意的是,子标题、次子标题都必须是规范化语词,这是区别于说明语的地方。子标题、次子标题的形式比较简明,有明确的排列位置。

(3)对标题加以限定。限定标题有两种方法——倒置标题法和加限定词法。倒置标题法即将复词标题中起限定作用的词倒置于被限定的词之后。例如:将"低速飞机"转变成"飞机,低速",将"高超音速飞机"转变成"飞机,高超音速"。加限定词法一般是在词语后面加括弧予以限定,如"橘(树)""橘(水果)"。

在标题检索中,常同时采用上述几种标题形式中的若干种,成为混合标题系统。其优点是可以提高检索效率、查找比较方便,缺点是结构复杂,编制标题表和检索工具都比较困难。

2. 单元词规范化处理技巧

由于单元词语言是一种全组配语言,词汇控制具有特殊的重要性。单元词的规范化处理是避免文献资料分散、保证检索效率的重要环节。规范化处理方式比较多。主要包括:①同义词、近义词、反义词、多义词的处理;②复合词、复合概念词、专有名词、专指词汇的处理;③接头词、派生词、限定词的处理;④对语义模糊词、低频词的处理。

(1)同义词、近义词、反义词、多义词的处理。在学名与俗称之间、新称与旧称之间、全称与简称之间、不同译名之间、不同写法之间的同义词需进行优选。多选用单元词,不选用非单元词。近义词和反义词应尽可能合并,选用其中较有代表性的一个作单元词,其余作为非单元词保留。例如,在人员、工人、职员、职工四个近义词中选用人员一词作单元词,在教育、培养、训练、培训四个近义词中选用教育一词作单元词,则职工教育、人员培训、工人训练、职员教育等均可用人员和教育两个词组搭配表述。在合并反义词时,选用其中一个(一般是正面词)作单元词,其余作为非单元词保留。例如,在腐蚀、防腐蚀、抗腐蚀、耐腐蚀四词中可选用腐蚀一词作单元词。多义的单元词若使用频率较高,且在检索中可单独使用的,应加限定词予以区分,此时限定词为单元词不可分离的组成部分,如线路(电)、线路(铁道)。若多义词使用频率不高,或虽然使用频率较高,但在检索中不能单独使用,则不必区分。

（2）复合词、复合概念词、专有名词、专指词汇的处理。这类词语以复合词为特征,不能简单地拆词,而应当用概念组配原理进行解析。如磷化锌一词应分解为锌化物、磷化物两个单元词;银铜一词应分解为银、铜和合金三个单元词;三层法铝精炼电解槽这一词组可解析为三层法、铝、精炼、电解槽四个单元词。专有名词如地名、人名、机构名、书刊名、商品牌号等都不能分解。过于专指而检索意义不大的词可以进行合并或转为泛指词。例如,可以将色觉并入视觉。

（3）接头词、派生词、限定词的处理。接头词的接头部分可单独作单元词。如"超-""耐-"。派生词应先恢复原生词,再作解析,如将变频还原成"频率 + 变换",将采煤还原成"煤矿 + 开采"。某些只具有定语性质的词,在使用上也不一定很严格,所以应尽量合并,选择比较概括、泛指的形容词为单元词。如大吨位、大跨度、大比例尺、大号码等,均用大型一词表示。其余的词可作非单元词保留。

（4）语义模糊词、低频词的处理。对于某些词义含糊的词和使用频率很低但又有一定检索意义的词,应视具体情况,采用别的恰当的词来表达。如海事一词可用船舶、航行等词代替;足针可用针灸和足部两词表达。原词可作非单元词保留,以便引出所采用的词。

3. 关键词设计技巧

关键词可以是主题词,也可以是自由词。字、词、短语、词组都可作为关键词检索。要想提高关键词检索效率,应选择能够准确描述信息的词,提高数据库信息的命中率。一般来说,首先应选择能准确反映自己信息需求的关键词,最好选择专业性强的关键词或常用词。因为检索系统的标引是按规范词来进行的,所以输入使计算机能识别的关键词能使计算机能最大限度地匹配出准确信息。其次,要注意关键词的转化。由于关键词的多义性,同一主题的文献常常因词义的不同而被分散,为了能全面检索文献内容,用户有必要将同一主题概念的所有同义词都作为检索词,一一进行检索。转化的词义不改变课题基本内容。利用主题词的同义词、相关词、上位词、下位词进行查找,在同一数据库中,可以检索到同一内容的信息,避免漏检掉有价值的信息。还可利用系统提供的同义词库的同义词链,选取其中任何一个关键词进行检索,系统能将链上的其余同义词的文献命中。再次,科技发展速度很快,新学科不断涌现,会派生出更多的新词汇,系统不一定及时收录,这种情况下采用自由词检索,可以达到一定的检索效果。最后,不要选择介词、副词、连词、助词等作关键词。

在选择了关键词后,还需注意关键词的组配。一个关键词只能检索出信息的一部分或某个知识点,一般不能满足需要。用户要根据自己的具体信息需求,尤其是研究型用户,为了完整描述所检课题的内涵和外延,需要设计和编制关键词检索式,将几个概念进行组合,以便能系统、全面地检索出自己所需的信息。组配关键词,可以综合运用布尔逻辑检索、截词检索的方法,灵活运用逻辑"与"、逻辑"或"、逻辑"非"和"?"或"＊"等符号,以达到快速检索的效果。

构造检索式时要注意:对于同类或并列概念的词,用逻辑"或"进行组配。采用自由词检索时,要尽量选同义词、近义词。例如要检索"乙肝病毒的研究"这样的课题,为了防止漏检,需要考虑同义词,如检索式可以写成"乙肝 OR 乙型肝炎 OR 乙型病毒性肝炎 OR HBV"。对于有交叉关系的概念,用逻辑"与"进行组配,但应注意去掉与课题无关的概念组配,以防止限制过严而漏检。还应考虑综合利用各种算符,可提高检索效率,使检索结果更理想。如哪些词可用截词算符,哪些地方要用位置算符,是否需用字段算符加以限制。最后还应使用多种检索算符,如检索网络信息挖掘方面的相关文献,如果要在题名字段进行检索,可以写成"TI =(web $*$ OR internet OR net $*$)AND information AND min"这样的检索式。

五、文献检索结果的评价、筛选与调整

(一)文献检索结果的评价

查全率与查准率是衡量检索效果的两个常用指标。对应于衡量检索效果指标查全率和查准率,有相应的漏检率和误检率。漏检率与查全率是一对互逆的检索指标,查全率高,漏检率必然低。误检率与查准率是一对互逆的检索指标,查准率高,误检率必然低。

理论上,每一次信息检索都可计算出其查全率和查准率。对检索效率做出定量化的评价。但是,如果进一步分析,就会发现查准率的计算没有问题,而查全率的计算存在明显的问题。对于小型的试验系统,在进行检索效率评价时,只要把系统中所有的文献都浏览一遍,就能准确地获得漏检文献的数量。然而,在实际运行的检索系统中,由于系统文献总量通常数以百万计,在评价检索效率时,根本不可能浏览系统中的所有文献,因此,也就无法知道漏检文献数量。

因此,在实际的检索评价中,对于漏检文献数据量,一般采用近似的估计值。获得漏检文献数量估计值的方法有两种:其一是利用其他的同类检索系统,进行相同的检索,然后通过对命中结果的分析和比较,推断哪些文献被漏检;其二是利用原有的检索系统,放大检索范围进行查找,然后对命中结果进行分析,看是否有原先未被检出的相关文献,从而得到漏检文献的近似值。

提高查全率的主要方法是:扩大检索课题的目标,使用主要概念,排除次要概念,逐步扩大检索途径的检索范围,甚至跨库检索、取消限定条件或降低检索词的专指度,外文单词可使用截词检索,中文则使用更简短的检索词。选择专业性检索工具,多使用专业词汇,并设定使用限定条件,逐步缩小检索途径的检索范围。当然,也要避免操作错误。

(二)文献检索结果的筛选

当检索到的结果数量达几十、几百甚至更多时,怎样进行文献筛选,获取最相关的文献呢? 实际上,判定文章重要性,可以通过以下几个步骤进行综合判断:

首先，进行相关性筛选。检索出文献后，很多检索系统均会进行相关性排序，将系统认为最相关的文献排在最前面，这是一个判断标准。另外，检索后，一般会显示该文献的载体类型，如图书、期刊、会议、专利、学位论文。这些载体类型各有各的特点。图书往往系统性比较强，期刊、会议、学位论文则展示该学科较新的文献，专利则与技术相关性较大。据此可初步判断内容的层次与相关性，看是否符合检索者当前的检索需要。此外，还可看信息来源是否权威，是否是权威的出版集团或核心期刊文章。

其次，进行时效性筛选。对于检索时效性的要求，不同的检索学科往往有所不同。时效性需根据不同的学科和检索要求来筛选。理工科在开发新技术时，需要了解最新的科研动态和科学技术，因此文献越新越好。有的学科，如历史、哲学等社会学科，则需要挖掘过去的文献。

再次，进行标题和摘要的筛选。标题和摘要是较直观判断文献是否对课题有价值的基本方法。标题是一篇文章的浓缩和精华，要直接反映该文章的主旨。所以，最直接的判断方法就是看标题。有些时候我们查文献并不是为了了解作者的思路意图及结果，而是想查询某种方法。这个时候标题就不一定能够反映出来，但摘要却可以反映。摘要是以提供文献内容梗概为目的，其基本要素包括研究目的、方法、结果和结论。具体地讲，就是研究工作的主要对象和范围，采用的手段和方法，得出的结果和重要的结论，有时也包括具有情报价值的其他重要信息。

最后，进行作者和被引次数的筛选。在某些研究领域，往往会集结一些核心作者群，如果某篇文章的作者或通讯作者在该领域的核心作者群里，则可以仔细留意一下。同时，大多数情况下，被引次数越多的文章越有阅读价值。目前很多数据库能查看被引次数，如中文的 CNKI 数据库、外文的 WOS 检索系统。

通过以上几个条件预判，就可以对检索结果进行初步筛选，并最终选择出检索者最需要的文献，如形成帮助，则可获取全文，仔细研读。

（三）文献检索策略的调整

在检索过程中，应及时分析检索结果是否与检索要求一致，根据信息来判断价值。检索结果的数量如果太多或太少，则都不符合要求。不一致时要对检索词和检索式做相应的调整与修改，调整检索策略，直到获得满意的结果。

有时候，检索结果过多，往往不相关或冗余信息太多，这时的策略就是要进一步限定检索，提高准确率。比如：更加准确地描述检索需求，更加严格地限定检索范围，如限定学科领域、时间、文章类型，选择与检索主题密切相关的词和专业术语，或者利用有些数据库提供的主题词查找功能，如 EI、EBSCOhost 等数据库的词表检索功能。还可以在检索结果的基础上进行二次检索或精炼检索，甚至再使用词组检索或位置检索，逻辑与、逻辑或、逻辑非等都能派上用场。

在检索时，也常常会出现检索结果太少甚至检索结果为零的情况。这种情况下，首先检查检索词拼法是否正确，如果没有问题，就需要扩大检索，尽量能获得一些相关联的结果。检索结果过少时的调整方法正好与检索结果过多时的调整方法相反。这些方法包括:去掉某个方面的检索要求;放宽检索范围,在学科领域、时间、文章类型等均不作限制;改变检索字段,将题名字段改为关键词字段、主题字段、摘要字段,甚至全文字段;更全面地考虑检索主题,增加选用上位词、同义词、近义词及缩写形式;采用截词检索法,可以检索到大多数单词单数、复数和所有格,不规则单词除外;减少用"AND""NOT"算符联结的概念;增加"OR"联结检索词。

思考与练习

1. 文献检索策略的概念是什么? 文献检索策略的三个主要环节是什么?

2. 文献与信息检索范围的甄别与确认方法主要有哪些?

3. 文献检索语言的设计方法和主要设计策略有哪些?

4. 文献检索的评价及其筛选策略与筛选方法是什么?

5. 某同学有个校园快递无人机配送的小发明,欲申请发明专利,请帮助他进行检索策略分析,以科学选择文献检索工具与检索方法。

6. 某课外学习兴趣小组准备开展中国乡村振兴的暑期社会调研活动,这方面的信息检索途径及其选择策略有哪些?请结合你所学的知识进行检索途径与检索策略分析,并对你的初步设想在网络检索验证的基础上进行改进,提供一套切实可行的检索方案。

2

第二篇

文献检索实验

第五章　文献检索实验概述

学习目标

1. 掌握文献检索实验的概念，熟悉网络文献检索的目标、要求与基本方法。

2. 学会实验背景分析、实验内容设计的概念与基本方法，能够独立完成实验准备。

3. 了解实验步骤、善于抓住实验要点与关键步骤，科学设计合适的实验方法。

4. 掌握实验报告撰写和实验日志的填写方法。

一、实验目的与要求

（一）实验目的

文献检索课程实验的目的是通过实验，帮助学生将所学理论知识与实践锻炼紧密结合，提高动手能力与操作能力，加强对专业课程的理解；学会使用国内外各类常用的专业搜索引擎，掌握国内外重要数据库的使用方法；学会选择不同的检索工具和检索途径，比较全面地获取关于某一专题的文献与数据资料，并将获取的信息按照一定的方式进行有机组织与加工，利用信息检索的各种技巧解决实际问题。

（二）实验要求

文献检索实验要求读者在实验开始前能够熟练掌握有关专业知识和文献检索相关知识，做好充分的知识准备。在文献检索方面，需要了解中外各种文献分类方法、文献检索数据库及检索途径与方法。

按照每个实验的要求与步骤独立完成实验设计与操作，具备初步的实验判断、实验分析和实验论证能力，具备基本的检索数据整理和处理能力，通过数据整合和数据分析，正确分析实验结论。为了顺利完成实验，还要求读者具备一定的发现问题、分析问题、解决问题的能力。

在实验过程中，还要展现一定的灵活性和协作性。网络检索与线下检索有所不同，它受制于网络信息库的各种变数，如信息加密、信息收费、信息屏蔽、信息删除等各种不可预知的情况。这要求我们在完成实验时灵活应对，适时变通。条条大路通罗马，善于发挥主观能动性，才能顺利完成实验，达到预期效果。另外，有些实验是分组完成的。这就对我们的组织协同能力提出了新的要求，合作精神的培养也是本课程重点关注的事项之一。

每一个实验结束时，需要撰写实验报告，填写实验日志。

（三）实验类型与安排

本书一共安排了 10 个实验，包括：中文文献检索实验；英文文献检索实验；中文数据信息检索实验；英文数据信息检索实验；中文引文索引检索实验；英文引文索引检索实验；特殊文献检索实验；学术研究进展检索实验；产业发展动态检索实验；科技发展动态检索实验。每个实验安排 3 个学时。设计性实验属于实验专项，仅就某些单一的课题内容进行专项设计，其中有些环节为验证性的，有些环节是在验证的基础上进一步设计实验内容。综合性实验则以专项设计实验为基础进行综合设计，就某一个专门课题进行分析、提出解决方案，动脑设计实验，动手实际操作，开展实验，并对自己的实验设计进行总结，为深入开展学术研究和信息挖掘打下基础。

通过上述 10 个实验，由浅入深，循序渐进，从中文到英文，从一般到特殊，从验证到设计，从简单到综合，逐步熟悉中英文文献检索和引文索引检索的基本方法，专利、标准与商标等特殊文献检索的基本知识与方法，以及基于学术研究、创新创业、科技发明等目的的信息检索与查询方法等，并为后续实训的开展打下基础。完成这些实验，需要使用国内外各种重要搜索引擎，有大众化网站如百度、谷歌，也有专业性网站如 CNKI、WOS、IPC 的数据库；有政府门户网站，也有行业门户网站。

熟悉并逐步掌握搜索引擎的使用，除了熟练掌握综合性搜索引擎的使用，还要学会使用专门用途、专门学科以及各类搜索引擎，学会利用网络文献与信息检索解决实际问题。熟悉权威性的官方数据库和信息数据发布网站，并能从中挖掘出所需的信息数据，对检索出的数据进行简单整理和处理。熟悉中文引文索引检索网站与引检索流程，可以通过搜索引擎得知主题、论文等被引情况，并通过此方法了解文章被引用的相关研究角度。

二、实验准备

（一）理论准备

实验主体的专业背景和专业知识不同。各专业的学生，无论是本科生还是研究生，需具有一定的专业基础知识和文献检索知识。首先，对于专业文献有一定的辨别与考查能力，并在本学科具备一定的提出假说的能力，即一定的发现问题、分析问题、解决问题的能力。其次，能够紧跟社会发展进程，具有信息意识，拥有一定的文献搜集、整理、加工、利用的基础知识，能够依靠互联网与计算机基础知识准确地获悉和掌握最新信息与知识。最后，实验主体还需具有较强的实践能力和思维能力，能通过理论、方法指导自身实践，学习过一定的分析、综合、概括、抽象和比较的科学研究技能与方法。

（二）工具准备

熟悉利用各类综合性搜索引擎和专业性检索数据库，掌握必要的检索语言、检索工具、检索途径、检索策略。这些工具虽然在本教程的原理篇都进行了系统介绍，但这些工具的使用还需要通过实际的实验过程加以领会和掌握。

实验需要用到的信息数据库和搜索引擎主要包括：

（1）中国知网数据库（https：//www.cnki.net）；

（2）中国经济信息网（https：//www.cei.cn）；

（3）读秀网（http：//www.duxiu.com）；

（4）超星数字图书馆（http：//www.sslibrary.com）；

（5）中国科学院科学数据库（http：//www.csdb.cn）；

（6）中国社会科学评价研究中心（https：//cssrac.nju.edu.cn）；

（7）国家统计局统计数据库（http：//www.stats.gov.cn/tjsj/）；

（8）中国人民大学复印报刊资料（http：//ipub.exuezhe.com）；

（9）资讯中心网（http：//www.zhgnews.com）；

（10）中国专利信息网（http：//www.patent.com.cn）；

（11）全国标准信息公布服务平台（http：//std.samr.gov.cn）；

（12）国家标准全文公开系统（http：//openstd.samr.gov.cn）；

（13）中国标准服务网（http：//www.cssn.net.cn）；

（14）中国知网标准数据总库（https：//kns.cnki.net/kns8?dbcode＝CISD）；

（15）中国商标局（http：//sbj.cnipa.gov.cn）；

（16）CALIS 规范数据库（http：//opac.calis.edu.cn）；

（17）Derwent World Patents Index（http：//login.webofknowledge.com）；

（18）Free Patents Online（https：//www.freepatentsonline.com）；

（19）Markify（https：//www.markify.com）；

（20）Nature Publishing Group（https：//www.nature.com）；

（21）Elsevier ScienceDirect（https：//www.sciencedirect.com）；

（22）SpringerLink 全文数据库（https：//link.springer.com）；

（23）Web of Science（https：//www.webofscience.com）；

（24）国际货币基金组织官网（https：//www.imf.org）；

（25）世界银行官网（https：//www.worldbank.org）；

（26）美国经济研究局官网（https：//www.nber.org）。

（三）环境准备

计算机实验室应配有相应的软件运行环境，如办公软件 Office。计算机数量以学生人数为准，做到每人 1 台。所有计算机应接入互联网，以便信息检索和数据传输。实验室应保持干净整洁，禁止饮食。

三、实验步骤与要点

（一）实验步骤

（1）根据实验目标分析检索课题，按实验设计去了解信息检索的相关需求，得到一组主题词（关键词）和一些限定要求。

（2）了解检索系统，包括数据库的基本情况、检索功能、检索途径等。

（3）基于上述两步做到具体问题具体分析，落实实验步骤，根据不同的文献种类来选定合理的检索方法并实施检索。

（4）浏览初步结果，判断检索结果是否符合实验要求，匹配实验所设计的结论。若与设计结论存在出入，则需要调整检索策略，直至获取准确的数据信息。

（5）将检索出的数据进行整合与计算分析，得出最终的实验结论。

各实验中，均已给出关键步骤。这些关键步骤具有引导性和指示性，确保学生能够顺利完成实验。但在实际的实验过程中，由于网络信号和数据库本身的某些因素，可能导致无法登录的情形发生，这些关键步骤指示具有参考价值，实验者需要根据当时的上机环境和网络情况适时调整，方能顺利完成实验。

（二）实验要点

实验要点包括：选择合适的检索工具，确定检索途径，根据实验要求登入检索网站；实施合理的检索策略，国内外同种类数据库所需要的登入窗口等。在设计实验和运行实验时，尽量选取免费的检索数据库和检索路径，或利用高校和科研院所图书馆等途径检索专业信息。对于根据要求难以获取的信息，要结合具体条件，灵活变通，广泛选取其他检索工具。再根据检索出的数据进行分析比较，并进行相应的计算和转化。

四、实验报告与日志

（一）实验报告的撰写

实验报告是把实验的目的、方法、过程、结果等记录下来，经过整理，写成的书面汇报。各高校基本都有各自的实验报告模板。实验以后应客观、真实、准确地撰写实验报告，不能有编造、抄袭等行为。实验报告还应据实填写实验项目名称与实验者个人信息。

实验目的填写要明确，可以从理论与实践两方面描述：在理论上，验证实验原理或算法，并能通过该实验获得深刻和系统的理解；在实践上，掌握实验软件或实验设备的技能技巧。如实记录实验环境，填写实验所需的软硬件环境设施和设备。

记录实验内容与步骤,填写依据何种原理、算法或操作方法来进行实验,并且根据自己实际完成情况,真实、准确、详尽填写,做到条理清晰、重点突出。在实验中,如果实验检索信息和数据与事先的文献数据不符,甚至相差过大,需要找出原因,是原来的数据库错误,还是检索工具有问题,不能不了了之,否则只能算作未完成本次实验。实验报告不是简单的实验数据记录,应有实验情况分析,要把通过实验所检索的数据与文件检索内容的相关度加以比较,如果误差能控制在 10% 以内,可以认定为基本吻合。如果检索到文献与实验要求大相径庭,甚至出现学科门类不符的较大误差,还需要进行误差分析,找出原因,必要时重新进行实验,获取正确数据。

实验结果及分析,准确描述实验现象、实验数据的处理结果等,并对实验数据或现象进行分析。对于实验结果的表述,可采用文字叙述、图表说明、统计分析等方法。文字叙述就是根据实验目的将实验结果系统化、条理化,用准确的专业术语客观地描述实验现象和结果。图表说明是用表格或坐标图的方式使实验结果突出、清晰,便于相互比较;制作图表时应有图表标题和计量单位。统计分析应准确简练,言之有据。

在实验报告上还要进行实验总结,概括实验的基本结论、心得体会,阐述实验过程中遇到的问题及解决问题所采取的措施。实验的基本结论要通过具体实验内容和实验检索数据分析做出结论,还要对文献检索过程进行说明。必要时绘出文献索引树状图、引证索引图。这是锻炼实验能力和实验分析与总结能力的重要环节。实验总结及分析篇幅较长的,也可以另行附页,放在实验报告后面。

需要注意的是,实验时获取的数据要适时记录,并保存在自己的云文档或云盘里,必要时也可以保存在自己的邮箱或手机文档里。最好不要保存在实验室的计算机桌面或硬盘里,以免计算机重启后的数据丢失。

(二)实验日志的填写

根据实验要求,在实验时间内到实验室进行的实验,需要填写实验日志,如实记录每次实验的基本内容及完成情况。在整个实验日志结束即实验课程结束时,要填写实验总结和心得体会,并用黑色、蓝色钢笔或签字笔签名,为实验课程画上完美的句号。

思考与练习

1. 什么是文献检索实验?
2. 什么是网络文献检索?网络文献检索的目标、要求与基本方法是什么?
3. 进行实验背景分析的主要思路是什么?
4. 实验内容设计的含义及基本方法是什么?
5. 如何抓住文献检索实验的要点并科学选择实验方法、设计实验步骤?
6. 实验报告的基本撰写规则和技巧是什么?
7. 实验日志的目的和作用是什么?如何准确填写实验日志?

第六章　中文文献检索实验

学习目标

1. 熟悉中文文献检索实验的目标、要求，领会实验说明。

2. 能够根据实验背景，科学运用 CSCD、CSSCI 来源期刊目录网站，设计中文文献检索实验的内容，并做好相关实验准备。

3. 参考关键实验步骤，适当调整实验思路与方法，顺利开展并完成中文文献检索实验。

一、实验目标

（一）实验目的

（1）熟悉中国图书馆图书分类法，利用其解决一定的实际问题，帮助检索有关信息与文献。

（2）了解中文核心期刊 CSCD、CSSCI 来源期刊目录，掌握基本的查找及检索方法，学会利用该目录检索不同种类的文献。

（3）熟悉掌握主要搜索引擎，并用来搜索基本文献信息，学会选择不同的检索工具和检索途径比较全面地获取某一专题的文献资料。

（二）实验要求

（1）掌握中国图书馆图书分类法分类标准。

（2）了解中文核心期刊 CSCD、CSSCI 来源期刊目录，熟悉你所在专业"一级学科"的 CSCD、CSSCI 期刊目录。

（3）熟悉论文标识相关知识，如：责任人、文献名称、出处、年代、期第、页码、被引用量等。

（4）把实验检索结果通过 Excel 表格的方式清晰明了地呈现出来。

（5）撰写实验报告，填写实验日志，并按要求及时提交。

二、实验内容

（一）实验背景

某大学生创业项目组的课题研究已基本完成,他们撰写了研究报告和研究论文。指导老师高度认可他们的研究成果,建议他们将成果投稿到核心期刊发表。但他们在接下来的投稿过程中,遇到一些困难。一是不知道中图分类号怎么填;二是不知道哪些期刊是核心期刊。他们在网上查了很久,对怎么投稿到核心期刊还是一头雾水,一筹莫展。请你帮助他们了解中图分类法和有关核心期刊,查询到合适的核心期刊目录,以帮助项目组顺利且精准投稿。

（二）实验设计内容

1. 查找中国图书馆图书分类法 Word 版或 PDF 版

（1）下载并整理中图法一级、二级分类号下各项内容。

（2）下载并整理你所在专业学科的一级学科下第一层次的中图分类号下各项内容。

2. 通过百度、谷歌或你在机构图书馆网站搜索引擎查找

（1）《中文核心期刊 CSCD 来源期刊目录（2021—2022 年）》最新版工程类期刊目录（理工科专业学生选做）。

（2）《中文核心期刊 CSSCI 来源期刊目录（2021—2022 年）》（南大版）最新版经济学类期刊目录（文科专业学生选做）。

3. 通过官方专业网站搜索引擎查找

（1）登录中国科学引文数据库（http://sciencechina.cn）,然后下载整理《中文核心期刊 CSCD 来源期刊目录（2021—2022 年）》最新版目录的工程类期刊目录（理工科选做）。

（2）登录南京大学中国社会科学研究评价中心（http://cssrac.nju.edu.cn）,然后下载整理《中文核心期刊 CSSCI 来源期刊目录（2021—2022 年）》（南大版）最新版经济学类期刊目录（文科选做）。

4. 设定研究主题词或关键词

分别利用百度学术搜索引擎的高级检索和 CSCD 或 CSSCI 搜索引擎的高级检索搜索 2 年来该主题 CSCD 或 CSSCI 来源期刊研究文献,把在两种方式下检索排名前 20 的相同论文导出并列示,记录责任人(作者)、文献名称、出处(含期刊名称、年份、期号、页码)、被引用量,以及其在百度学术检索和 C 刊索引检索中的排名序号。

（三）实验设计说明

本实验为入门实验。实验中,教师可根据学生专业对检索内容做适当调整。

实验设计内容1,意在使同学们熟悉中图法,掌握中图分类号的分类规则、使用方法和灵活运用。

实验设计内容2和3,用两种搜索引擎查找同一内容,意在从同学们平时非常熟悉的检索引擎开始,熟悉专业搜索引擎,并将两者予以对比,据此了解专业检索的优势,加深同学们对专业检索重要性的认知。

从文、理、工科口径出发,设计了对CSCD和CSSCI来源期刊目录的检索。文、理、工科同学可根据具体的专业作适当调整,比如对于文学专业同学来说,可以将CSSCI来源期刊类别调整为搜索语言文学类的最新CSSCI来源期刊目录。

实验设计内容4,目的在于熟悉并辨别商业门户网站与学术门户网站在文献检索中的异同。

(四)实验准备

(1)了解分类检索语言和图书分类法。中图法的基本结构是按知识门类的逻辑次序,从点到面、从一般到具体、从简单到复杂、从低级到高级,层层划分,逐级展开分门别类的层次制号码检索体系。

(2)熟悉中图法。中图法是目前我国最有影响力的大型综合性图书分类法,是当今国内图书馆使用最广泛的分类法体系,共有5个基本部类,22个基本大类。

(3)熟悉综合性搜索引擎。百度搜索引擎是全球最大的中文搜索引擎。百度搜索引擎由四部分组成:蜘蛛程序、监控程序、索引数据库和检索程序。高性能的网络蜘蛛程序可以在互联网中自动搜索信息,可订制、具备高扩展性的调度算法使得搜索器能在极短的时间内收集到最大数量的互联网信息。其索引数据库经信息整理、分类、索引,日趋完善。目前的百度提供基于搜索引擎的各种服务,包括以网页、新闻、音乐、图片、视频、地图、文库等内容搜索为主的功能性搜索,以贴吧、知道、百科、空间为主的社区搜索,针对各区域、行业所需的垂直搜索,以及门户频道、IM(百度Hi)等,基本全面覆盖了中文网站世界所有的搜索需求。

本实验要求比较随和,只要具有网络链接或在高校(机构)内网的计算机实验室,都能进行实验,也可通过高校图书馆网入口访问CSSCI数据库或CSCD数据库。实验前,请确认计算机网络已连接正常,或与高校或机构内图书馆网络连接正常。如果不能顺利连接,可选择其他方式。

三、实验操作

(一)实验步骤

【步骤1】根据自身条件选择在搜索引擎,在百度或所在机构图书馆网站搜索栏里输入"中国图书馆图书分类法第五版.doc"或"中国图书馆图书分类法第五版.pdf",

找出中国图书馆图书分类法第五版的分类表，如图 6-1 所示。

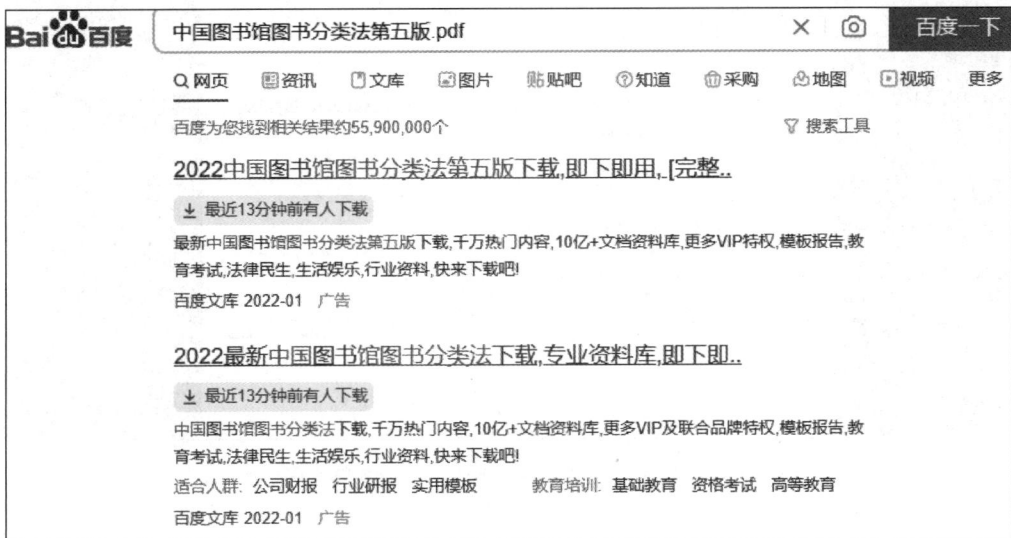

图 6-1　"中国图书馆图书分类法第五版.pdf"搜索结果

使用高校或所在机构图书馆网站进行搜索，本实验以南京审计大学图书馆为例，搜索"中国图书馆图书分类法"，结果如图 6-2 所示。搜索前请注意高校或机构内图书馆网络须正常连接，如无法连接可使用 VPN 或咨询你所在高校或机构的图书馆相关人员。

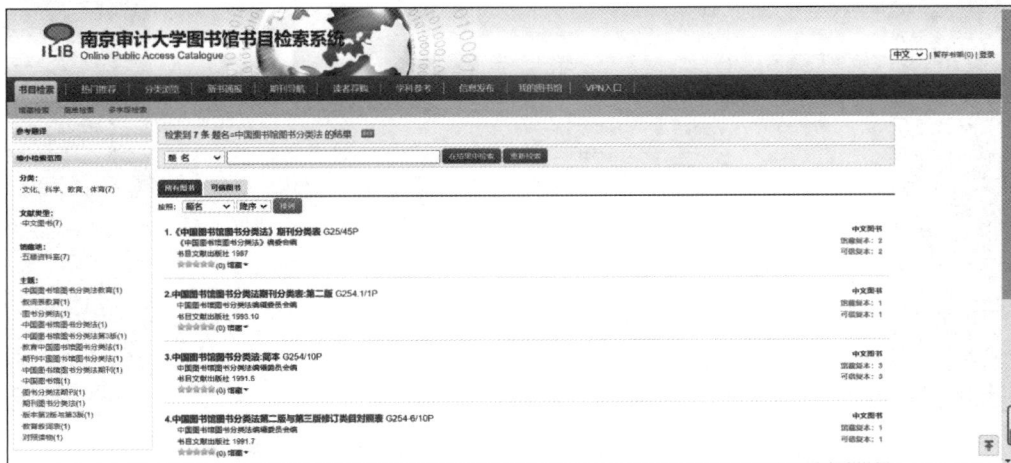

图 6-2　南京审计大学图书馆"中国图书馆图书分类法"搜索结果

还可以登入 http://clc5.nlc.cn/ztfdzbweb.jsp，进入"《中国图书馆分类法》"网站，点击"关于《中图法》"，在下拉选项中选择"Web 版简介及链接"，点击"《中图法》（第五版）Web 版链接"，结果如图 6-3 所示。然后登录中国国家图书馆，阅读中国图书馆图书分类法第五版电子版。

图 6-3　《中国法》(第五版) Web 版链接页面

【**步骤 2**】从中国图书馆图书分类法中找到你所在专业学科的一级学科下第一层次分类号,如图 6-4 所示。

图 6-4　中国图书馆图书分类法一级学科下第一层次分类号

【**步骤 3**】登入南京大学中国社会科学研究评价中心(cssrac.nju.edu.cn),在"产品中心"栏的下拉菜单中选择"中文社会科学引文索引",如图 6-5 所示。

CSSCI 来源期刊目录隔年更新一次,一般在逢单年份的 4 月份更新,如 2019—2020、2021—2022。如图 6-6 所示,从目录列表中选择"CSSCI 来源期刊目录(2021—2022)",然后从中找到经济学类期刊目录。整理得经济学学科拟收录来源期刊目录,如表 6-1 所示。

图 6-5　南京大学中国社会科学研究评价中心"产品中心"

图 6-6　中国社会科学研究评价中心中文社会科学引文索引历年目录

表 6-1　经济学学科拟收录来源期刊目录

序号	期刊名称	CN 号/ISSN	序号	期刊名称	CN 号/ISSN
1	保险研究	11-1632/F	12	当代财经	36-1030/F
2	北京工商大学学报（社会科学版）	11-4509/C	13	当代经济科学	61-1400/F
3	财经科学	51-1104/F	14	改革	50-1012/F
4	财经理论与实践	43-1057/F	15	广东财经大学学报	44-1711/F
5	财经论丛	33-1388/F	16	贵州财经大学学报	52-1156/F
6	财经问题研究	21-1096/F	17	国际金融研究	11-1132/F
7	财经研究	31-1012/F	18	国际经济评论	11-3799/F
8	财贸经济	11-1166/F	19	国际经贸探索	44-1302/F
9	财贸研究	34-1093/F	20	国际贸易	11-1600/F
10	财政研究	11-1077/F	21	国际贸易问题	11-1692/F
11	产业经济研究	32-1683/F	22	国际商务	11-3645/F

序号	期刊名称	CN 号/ISSN	序号	期刊名称	CN 号/ISSN
23	宏观经济研究	11-3952/F	48	农业经济问题	11-1323/F
24	江西财经大学学报	36-1224/F	49	山西财经大学学报	14-1221/F
25	金融经济学研究	44-1696/F	50	商业经济与管理	33-1336/F
26	金融论坛	11-4613/F	51	商业研究	23-1364/F
27	金融评论	11-5865/F	52	上海财经大学学报	31-1817/C
28	金融研究	11-1268/F	53	上海经济研究	31-1163/F
29	经济经纬	41-1421/F	54	世界经济	11-1138/F
30	经济科学	11-1564/F	55	世界经济文汇	31-1139/F
31	经济理论与经济管理	11-1517/F	56	世界经济研究	31-1048/F
32	经济评论	42-1348/F	57	世界经济与政治论坛	32-1544/F
33	经济社会体制比较	11-1591/F	58	数量经济技术经济研究	11-1087/F
34	经济问题	14-1058/F	59	税务研究	11-1011/F
35	经济问题探索	53-1006/F	60	现代财经	12-1387/F
36	经济学(季刊)	11-6010/F	61	现代经济探讨	32-1566/F
37	经济学报	10-1175/F	62	现代日本经济	22-1065/F
38	经济学动态	11-1057/F	63	亚太经济	35-1014/F
39	经济学家	51-1312/F	64	证券市场导报	44-1343/F
40	经济研究	11-1081/F	65	政治经济学评论	11-5859/F
41	经济与管理研究	11-1384/F	66	中国工业经济	11-3536/F
42	经济纵横	22-1054/F	67	中国经济问题	35-1020/F
43	劳动经济研究	10-1128/F	68	中国农村观察	11-3586/F
44	南方经济	44-1068/F	69	中国农村经济	11-1262/F
45	南开经济研究	12-1028/F	70	中南财经政法大学学报	42-1663/F
46	农村经济	51-1029/F	71	中央财经大学学报	11-3846/F
47	农业技术经济	11-1883/S			

【步骤4】通过百度学术搜索引擎的高级检索功能进行检索:首先打开百度学术搜索页面,接着点击"高级检索",在搜索词栏输入"共享经济",在"出现检索词的位置"中选择"位于文章标题",在"出版物"栏选择"期刊",在"发表时间"栏选择"2020 年以来",默认按照相关性进行排序显示,导出排名前 20 的检索项,如图 6-7所示。

图 6-7　百度学术检索 2020 年以来题目含有"共享经济"的 CSSCI 来源期刊论文（节选）

经整理，文献列示如下：

[1] 杨帅等：共享住宿定价策略的跨国差异：国家文化价值观在共享经济中的调节作用，《南开管理评论》，2021 年。

[2] 肖倩冰等：智慧城市之共享经济与环境治理——以共享单车低碳出行为例，《中国软科学》，2021 年。

[3] 丁元竹：推动共享经济发展的几点思考——基于对国内外互联网"专车"的调研与反思，2021 年。

[4] 范晓明等：共享经济环境下共享单车消费与不道德行为——基于液态消费流动性特征视角，《财经论丛（浙江财经大学学报）》，2020 年。

[5] 杨浩楠：共享经济背景下我国劳动关系认定标准的路径选择，《法学评论》，2022 年。

[6] 马双等：共享经济背景下顾客公民行为和不当行为：基于社会困境理论的视角，《心理科学进展》，2021 年。

[7] 隋春花等：基于共享经济的短租住宿发展研究——以 Airbnb 为例，2021 年。

[8] 杨森等：互联网共享经济下的盈利模式分析——以共享健身仓为例，劳动保障研究会议，2020 年。

[9] 刘邦凡等：全流时代的共享经济平台运营模式构建，《中国人民大学学报》，2020 年。

[10] 李玉琪等，共享经济理念下智慧物流发展的动力及模式研究，《商业时代》，2021 年。

[11] 王昌燕：共享经济背景下休闲旅游开发研究，《当代旅游》，2020 年。

[12] 潘冬南：共享经济视角下旅游城市交通资源管理，《社会科学家》，2020 年。

[13] 童心：共享经济背景下企业人力资源管理创新，《经济学》，2021 年。

[14] 惠龙蛟：共享经济在企业经营管理的延伸探讨，《经济学》，2020 年。

[15] 朱国玮等：基于知识图谱的共享经济研究主题分析与展望，2020 年。

[16] 武孟冬：共享经济下我国劳动关系认定法律问题研究，《河北经贸大学》，2020 年。

[17] 桂云苗等:共享经济下车货匹配平台定价策略,《山东大学学报(理学版)》,2020 年。

[18] 马倩:财务共享经济形势下财务管理水平提升探究,《经济与社会发展研究》,2020 年。

[19] 贺仁龙:制度压力下共享经济商业模式合法性构建及差异化治理,《财经理论与实践》,2021 年。

[20] 郑本霞等:共享经济中评论的邻近效应——基于短租民宿的实证研究,《软科学》,2022 年。

【步骤 5】通过 CSSCI 进行检索:首先连接机构(高校、科研院所)内网,通过内网登录中文社会科学引文索引网站(如所在机构没有获得使用版权,可自行通过其他方式解决)。点击高级检索,选择主题进行搜索;发文年代选择从 2020 年至 202x 年;文献类型选择论文;排序方式按照默认的年代进行降序排序;最后在搜索栏输入"共享经济"进行检索。导出排名前 20 的检索项,如图 6-8 所示。

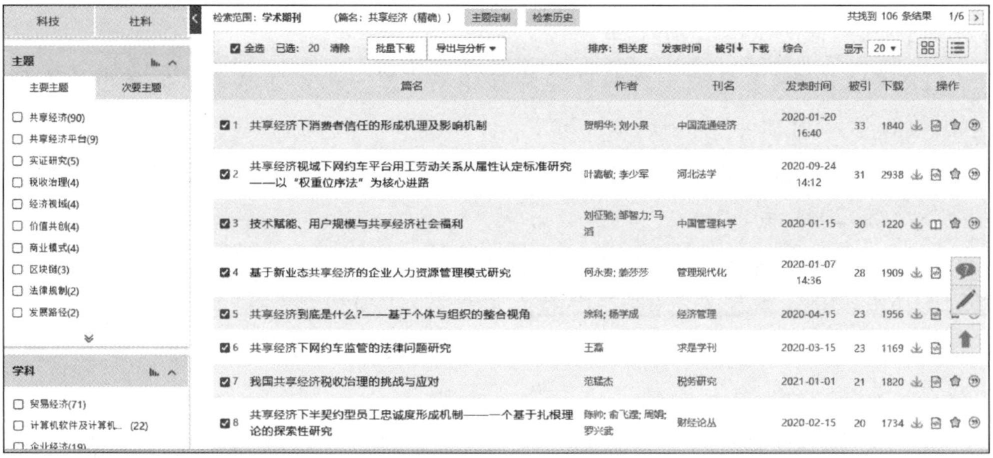

图 6-8 知网检索 2020 年以来题目含有"共享经济"的 CSSCI 来源期刊论文(节选)

导出前 20 篇文献信息如下:

[1] 孙正,杨素,梁展硕.第三方共享经济平台税收治理研究[J].税务研究,2021(08):65-70. DOI:10.19376/j.cnki.cn11-1011/f. 2021.08.011.

[2] 张凌寒.共享经济平台用工中的性别不平等及其法律应对[J].苏州大学学报(哲学社会科学版),2021,42(01):84-94. DOI:10.19563/j.cnki.sdzs. 2021.01.010.

[3] 范锰杰.我国共享经济税收治理的挑战与应对[J].税务研究,2021(01):139-143. DOI:10.19376/j.cnki.cn11-1011/f. 2021.01.023.

[4] 涂科,杨学成,苏欣,欧贤才.共享经济中供应用户角色压力对持续价值共创行为的影响[J].南开管理评论,2020,23(06):88-98.

[5] 孟韬,关钰桥,董政,王维.共享经济平台用户价值独创机制研究——以 Airbnb 与闲鱼为例[J].科学学与科学技术管理,2020,41(08):111-130.

[6] 朱晗.O2O 背景下的共享经济研究[J].系统工程理论与实践,2021,41(02):

411-420.

[7] 叶嘉敏,李少军.共享经济视域下网约车平台用工劳动关系从属性认定标准研究——以"权重位序法"为核心进路[J].河北法学,2020,38(11):184-200.DOI:10.16494/j.cnki.1002-3933.2020.11.012.

[8] 梁若莲.共享经济涉税信息报告与交换的国外进展及我国应对[J].国际税收,2020(09):9-15.DOI:10.19376/j.cnki.cn10-1142/f.2020.09.002.

[9] 刘源,张芳芳,宋志刚,肖楠.共享经济下货运平台与用户价值共创机理——基于冷链马甲的案例研究[J].管理学刊,2020,33(03):61-72.DOI:10.19808/j.cnki.41-1408/F.2020.03.006.

[10] 伍世安,傅伟.共享经济研究新进展:一个文献综述[J].江淮论坛,2020(03):44-54.DOI:10.16064/j.cnki.cn34-1003/g0.2020.03.006.

[11] 邱玉霞,袁方玉.共享经济理论研究框架与展望[J].管理现代化,2020,40(03):123-126.DOI:10.19634/j.cnki.11-1403/c.2020.03.031.

[12] 樊自甫,郎璐米,万晓榆.共享经济评价指标体系的构建[J].统计与决策,2020,36(05):47-50.DOI:10.13546/j.cnki.tjyjc.2020.05.010.

[13] 涂科,杨学成.共享经济到底是什么?——基于个体与组织的整合视角[J].经济管理,2020,42(04):192-208.DOI:10.19616/j.cnki.bmj.2020.04.012.

[14] 王磊.共享经济下网约车监管的法律问题研究[J].求是学刊,2020,47(02):120-131.DOI:10.19667/j.cnki.cn23-1070/c.2020.02.013.

[15] 刘福珍,陈远,吴江.共享经济实证研究的系统综述:内容框架、研究热点及前沿创新[J].信息资源管理学报,2020,10(03):49-59.DOI:10.13365/j.jirm.2020.03.049.

[16] 陈帅,俞飞滢,周娟,罗兴武.共享经济下半契约型员工忠诚度形成机制——一个基于扎根理论的探索性研究[J].财经论丛,2020(02):94-103.DOI:10.13762/j.cnki.cjlc.2020.02.008.

[17] 贺明华,刘小泉.共享经济下消费者信任的形成机理及影响机制[J].中国流通经济,2020,34(02):69-82.DOI:10.14089/j.cnki.cn11-3664/f.2020.02.007.

[18] 刘征驰,邹智力,马滔.技术赋能、用户规模与共享经济社会福利[J].中国管理科学,2020,28(01):222-230.DOI:10.16381/j.cnki.issn1003-207x.2020.01.019.

[19] 何永贵,姜莎莎.基于新业态共享经济的企业人力资源管理模式研究[J].管理现代化,2020,40(01):56-59.DOI:10.19634/j.cnki.11-1403/c.2020.01.014.

[20] 严振亚.基于区块链技术的共享经济新模式[J].社会科学研究,2020(01):94-101.

【步骤6】把【步骤4】和【步骤5】两种方式下检索排名前20的论文中相同论文导出列示,记录责任人(作者)、文献名称、出处(含期刊名称、年份、卷号、期号、页码),以及在百度学术检索和CSSCI来源期刊索引检索中的排名序号,并考查其序号的一致性。经查看,在两种检索方式下,前20篇检索文献中,没有一致的。因此,表6-2为空表。

表 6-2　CSSCI 与 CNKI 前 20 篇检索文献相同论文

序号	相同文献名称	CSSCI 序号	CNKI 序号
1			
2			
3			
...			

【步骤 7】根据实验步骤及各环节检索内容撰写并提交实验报告。

【步骤 8】填写实验日志。

（二）实验要点

1. 把搜索范围规定在特定的站点中

有时需要找一些特殊的文档,特别是针对专业性比较强的网站,就可以把搜索范围限定在这个站点中,提高查询效率。在查询内容的后面加上"site:站点域名"即可使用。

2. 把搜索范围限定在标题中

一般情况下,标题是整篇文章的纲,把查询内容范围限定在网页标题中,有利于快速找到所需文章。把查询内容中特别关键的部分,用"intitle:"作为前缀,即可实现检索。

3. 把搜索范围限定在 URL 链接中

网页 URL 中的某些信息常常有某种有价值的含义,对搜索结果的 URL 做某种限定,就可以获得良好的检索效果。"inurl:"后接需要在 URL 中出现的关键词,如inurl:数字经济。

4. 一些查询时的特殊符号

如果输入的查询词很长,百度在经过分析后,给出的搜索结果可能是拆分的,若不希望拆分查询词,可以给查询词加上双引号("")。书名号(《》)是百度独有的一种特殊查询语法,加上书名号查询,有两层特殊功能:一是书名号出现在搜索结果中;二是书名号里的内容不会被拆分。

5. 要求搜索结果中不含特定查询词

顾名思义,不含特定查询词,就是不希望查询到的内容,用"－"连接。例如,"简历模板-毕业生简历",表示希望查询到除毕业生简历以外的简历模板。注意,前一个关键词和减号之间必须有空格,否则,减号会被当成连字符处理,进而失去减号语法功能。

6. 专业文档搜索

百度支持对 Office 文档(包括 Word、Excel、Powerpoint)、Adobe PDF 文档、TRF 文档进行全文搜索,可以在查询词后面添加"file type:"进行文档类型的限定。

（三）注意事项

（1）在进行【步骤 1】时，可在百度搜索栏里输入"中国图书馆图书分类法第五版 file type：doc"。我们需要的是中国图书馆图书分类法 Word 版，这样搜索出来的相关结果都是 Word 版本的，便于我们筛选。如果只是输入"中国图书馆图书分类法第五版"，相关结果中会出现一些不是 Word 版本的中国图书馆图书分类法。

（2）在进行【步骤 2】的百度搜索引擎进行搜索时，要在百度搜索栏里输入"CSSCI 来源期刊目录（2021—2022）"，因为最新版本就是 2021—2022 年版的。如果是直接登录南京大学中国社会科学研究评价中心搜索下载，要在中国社会科学研究评价中心首页中的站内搜索中输入"CSSCI 来源期刊目录（2021—2022）"，在站内搜索中输入的关键词很重要，如果不准确，很可能检索不出来理想的结果。

（3）通过百度搜索引擎搜索出来的网页非常多，并不是精确的结果，有些甚至与我们所需的内容相差较远，这与我们输入的关键词密切相关，也有可能是因为插进广告的缘故。我们需要对百度搜索引擎搜索出来的内容进行筛选和辨别。而通过直接登录南京大学中国社会科学研究评价中心网址，可以又快又准确地查找到最新版本的《中文核心期刊 CSSCI 来源期刊目录》（南大版）。

除此之外，通过百度搜索查找到的最新版本《中文核心期刊 CSSCI 来源期刊目录》（南大版），有的是以图片的形式出现在文章里面的，有的则以文档的形式出现在各个文库里，并且大多数都需要付费下载，比较适合在线浏览；而通过直接登录南京大学中国社会科学研究评价中心网址，可以免费下载 PDF 格式文件或 doc 格式文件。两种搜索方式要求关键词尽可能准确。因为越准确的关键词可以使得通过百度搜索引擎搜索出来的结果就越相关；但登录南京大学中国社会科学研究评价中心网址查找到的《中文核心期刊 CSSCI 来源期刊目录》（南大版），如果关键词不够准确，就会搜索不出来我们需要的文献。

（4）在进行【步骤 3】时，通过 CSCD、CSSCI 检索相关期刊前，要先连接学校内网，再通过学校内网进入 CSCD、CSSCI 界面进行相关搜索。如果不先连接内网，就没法使用免费窗口进行 CSCD 或 CSSCI 搜索。

（5）百度学术可以搜索 CSSCI 索引以外的其他索引，如 CSCD 索引、SCI 索引；而 CSSCI 搜索的只是 CSSCI 来源期刊目录里所包含的期刊；通过百度学术和 CSSCI 搜索出来的文献都是来源于维普、万方、中国知网以及爱学术等文献网站。在使用过程中，两个不同的搜索引擎搜索"共享经济"所得到文献资料，会有所不同。百度学术显示的搜索结果要多于中文社会科学引文索引网站的显示数据。在数据显示方面，百度学术提供站内功能及常用数据库导航入口，推送"高被引量论文""学术世界"等学术资讯，更具有开放性；中科网的显示方式有列表方式与视图方式，更加详细与可视化。对搜索数据进一步比对发现，二者的搜索结果可能只有数条重合数据，重合数据的排序也可能截然不同。查阅重合文献可以发现，百度学术的部分资源可免费下载，但仍有部分资源需要付费下载或者选择求助，且不支持在线阅读。CSSCI 支持在线阅读和直接下载，更加方便和准确；同时，专业检索网站得出的结论中专业型数据文献排列更加靠前。

综上，我们可以发现百度学术作为一个商业性门户网站，通过连接众多的学术网站，为用户查找文献提供服务，资源多但检索效率较低；CSSCI作为专业的学术门户网站，页面简洁，内容专业性强，但检索较麻烦。在中文检索过程中，可以二者结合使用。读者应学会选择不同的检索工具和检索途径，以便比较全面地获取关于某一专题的文献资料。

四、实验小结

本章为文献检索最基本的实验。根据实验背景，分析所需解决的问题，进行基本的实验设计，包括实验内容、网络资源的选择、实验步骤的分解、实验要点的把握、实验结果的分析与判定、实验结论的归纳等。

实验者应学会中文文献检索的基本方法，并且利用其解决一定的实际问题，帮助学习相关知识或撰写论文。实验者需要把自己在实验中的感悟和体会写下来，例如获取准确信息的快速查找方法以及选取何种检索工具和手段等。把自己在检索过程中遇到的困难和问题记录下来，并尝试提出解决这些问题和困难的思路和方法。

思考与练习

1. 中文文献检索实验的基本目标与要求是什么？
2. 如何科学运用CSCD、CSSCI来源期刊目录网站，设计中文文献检索实验的内容？
3. 顺利开展并完成中文文献检索实验，需要如何根据关键步骤调整实验思路与方法？
4. 登录中国科学文献服务系统，下载最近年度的《中国科学引文数据库（CSCD）来源期刊遴选报告》，查询来源期刊遴选对象、期刊学科覆盖范围、期刊遴选定量指标分别有哪些，并记录实验步骤。
5. 登录南京大学中国社会科学研究评价中心，查询并记录带有"经济研究"字样的CSSCI期刊名称；分别查询最新版的中文社会科学引文索引、中文社会科学引文索引（扩展版）、中文社会科学引文索引（港澳台及海外版）的来源期刊目录数量，记录你所在大学或研究机构的刊物入选上述引文索引的情况。最后记录实验检索步骤。

第七章　英文文献检索实验

┌─┐
│三│────── **学习目标** ──────────────
└─┘

1. 熟悉英文文献检索实验的目标、要求,领会实验说明。

2. 能够根据实验背景,科学运用 CALIS、Elsevier ScienceDirect、SpringerLink、SCI、SSCI 来源期刊目录等网站,设计英文文献检索实验的内容,并做好相关实验准备。

3. 参考关键实验步骤,适当调整实验思路与方法,顺利开展并完成英文文献检索实验。

4. 及时撰写并提交实验报告,填写实验日志。

一、实验目标

(一) 实验目的

1. 了解英文文献检索方式,利用其解决具体实际问题,学习相关知识并撰写论文。

2. 熟悉中国高等教育文献保障系统(China Academic Library and Information System,CALIS)、Elsevier ScienceDirect、SpringerLink。

3. 熟练使用搜索引擎基本信息,学会选择不同的英文检索工具和检索途径全面地获取某一专题的文献资料。

(二) 实验要求

1. 了解科学引文索引数据库(SCI)、社会科学引文索引数据库(SSCI)的目录及其文献的检索方式。

2. 熟悉英文论文标识相关知识,如:责任人、文献名称、出处、年代、期别、页码、被引用量等。

3. 撰写实验报告。

(三) 实验说明

1. 有条件的学校和机构,建议登录本机构图书馆英文文献检索或英文引文索引数据库平台完成本实验。某些英文引文索引数据库往往需要注册并付费才能检索，但如果在你所在机构获得授权的情况下，是可以免费进行检索的。

2. 本实验相当于一个闯关小游戏，只有闯过第一关才能进入下一关，闯到最后一关，也就熟悉了英文文献检索网站数据库及其基本的检索方法。

3. 尽量通过所在高校或机构的图书馆网站进行本实验，在实验过程中，也请多尝试几个浏览器，如谷歌、360、IE 等，以顺利完成实验。

二、实验内容

（一）实验背景

"财政学研究小组"微信群里 Lucy、Jerry、Tom 和 Jerry 的聊天记录如图 7-1 所示。

图 7-1 "财政学研究小组"微信群里的聊天记录

（二）实验设计

Tom、Jerry 和 Lucy 三人设计了一个检索过关小游戏，具体如下：

1. 在 CALIS 外文期刊网检索国际标准连续出版物 ISSN 号为 00014273 的期

刊名称。

2. 根据 00014273 检索到的期刊名称找出年卷期为 2021 年 64 卷 1 期且作者为 Trey Sutton；Richard A. Devine；Bruce T. Lamont；R. Michael Holmes 的文章篇名，并记录其收藏情况。

3. 在 Elsevier ScienceDirect 数据库中检索有关数学的杂志和教材，并记录下标题以 N 开头的三个结果（不同时间查询的结果可能略有不同）。

4. 在 Elsevier ScienceDirect 数据库中检索有关数学子域名为"logic"的文献，记录文献名称、文献类型，下载第一篇文献的内容摘要。

5. 在 SpringerLink 数据库中检索名为"Stability and Control of the Flow in a Porous Channel"的文献，并记录其作者、摘要和关键词。

6. 根据 5 中检索文献的第一个关键词进行检索，记录下检索出的前三篇文献的作者、年代等详细信息。

（三）实验准备

SCI 数据库每年出六期，每期有 A、B、C、D、E、F 六册。SCI 的引文索引（Citation Index）由著者引文索引、团体著者引文索引、匿名引文索引、专利引文索引四部分组成。

著者引文索引（Citation Index：Authors）。按引文著者姓名字顺编排，可查到某著者的文献被引用的情况。引文索引可查到某位著者的文章被何人引用，被多少人引用多少次，可统计出每篇文章被引用的频率。它可以用来评价科研人员的学术水平和某篇文章的质量。通过论文之间的引证关系，可以了解同行的研究动态和进展。通过引文索引还可做循环检索，即把所查到的引用著者当作被引用著者，这样就能查到更多更新的相关文献。

团体著者引文索引（Citation Index：Corporate Author Index）。这部分是自1996 年第 2 期起增设的索引，以当期收录的被引文献的第一团体机构名称为检索标目，提供从已知机构名入手，检索该机构曾于何时何处发表文章的被引用情况。

匿名引文索引（Citation Index：Anonymous）。有些文献，如编辑部文章、按语、校正、通讯、会议文献，也可作为引文被人引用。因无著者姓名，这些被引文献集中编成匿名引文索引。它按引文出版物名称的字顺排列，同名出版物按出版年、卷顺序排列。

专利引文索引（Patent Citation Index）。如果引文是专利文献，则编入专利引文索引。该索引按专利号数字大小排列，用于查找引用某项专利的文献，了解该专利有什么新的应用和改进。同时，可了解某项专利被引用的次数，从而可以评价专利的价值。

在可以连接到互联网和学校内网的计算机实验室里，可以比较顺利地访问 SCI 数据库。同样，也可以访问 SSCI 数据库的相应内容。

三、实验操作

（一）实验步骤

【步骤1】请从高校图书馆内网登录 CALIS 外文期刊网或者其他外文期刊网（由于各个学校或机构购买的网站版权有所不同），如图 7-2 所示。

图 7-2　外文期刊网入口

检索框前选择"按 ISSN"，在检索框中输入"00014273"，单击"查询"获得检索结果，如图 7-3 所示。

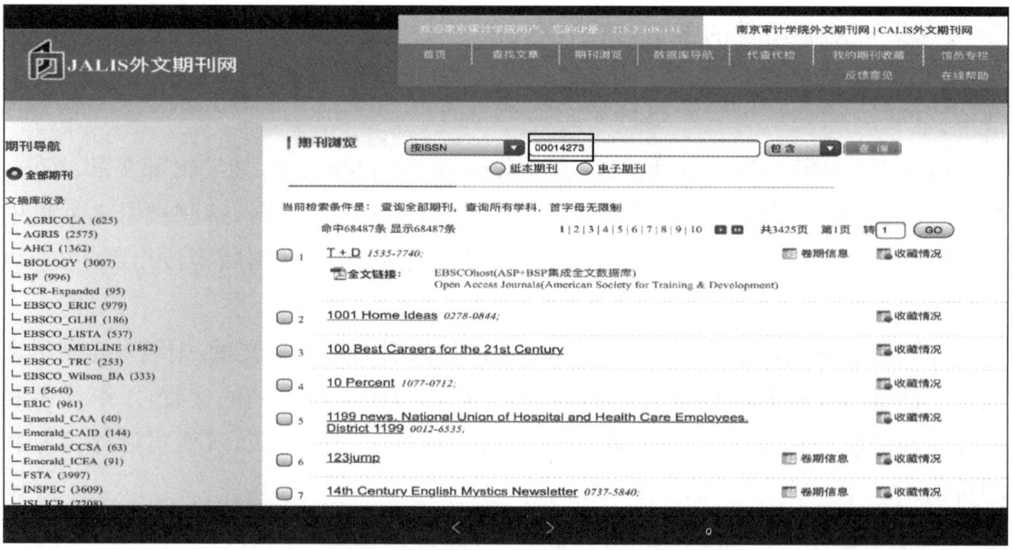

图 7-3　CALIS 外文期刊网检索结果

【步骤2】单击期刊名称，找到对应年、卷以及作者，并对其收藏情况进行记录，如图 7-4 所示。

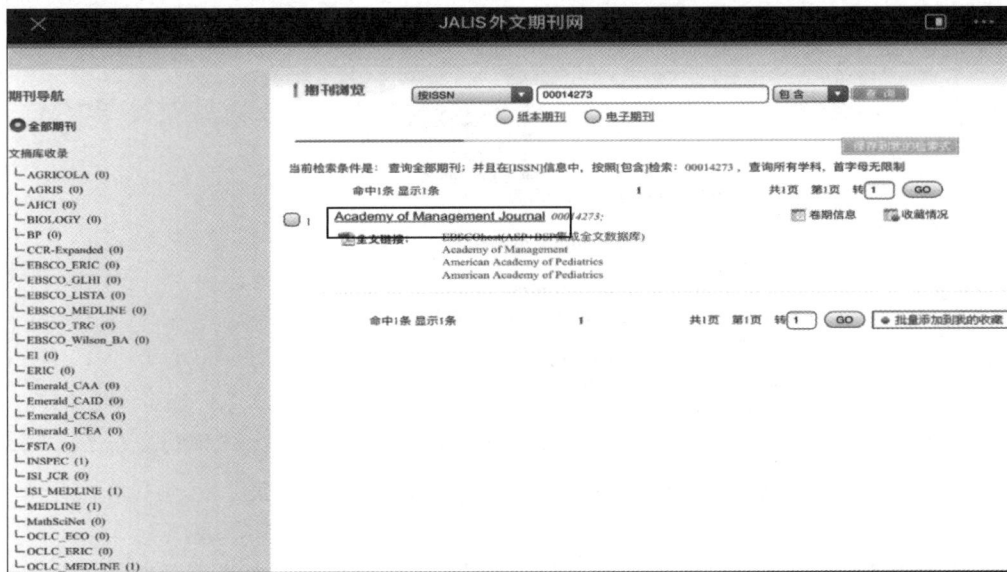

图 7-4　期刊名称查询结果

【步骤3】通过高校或所在机构 VPN，登录 Elsevier ScienceDirect 全文期刊库，勾选"Mathematics"，再勾选"Journals"和"Textbooks"，如图 7-5 所示。

图 7-5　Elsevier ScienceDirect 数据库检索结果

然后根据要求记录检索结果，如图 7-6 所示。

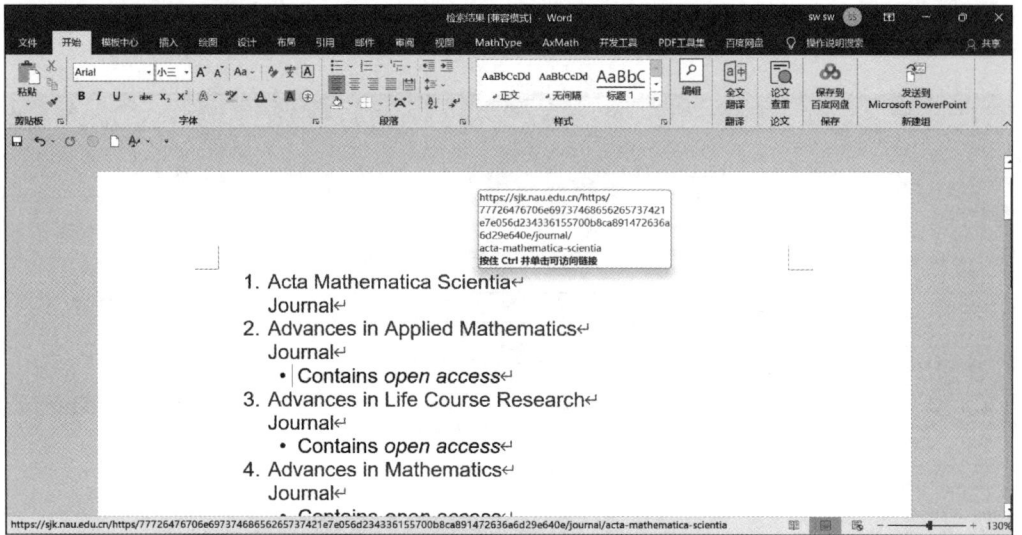

图 7-6　Elsevier ScienceDirect 数据库检索结果记录

【**步骤 4**】单击"Subdomain",选中"Logic"选取检索记录。如图 7-7 所示。

图 7-7　Elsevier ScienceDirect 数据库检索结果

因为增加了限制条件,检索结果数量减少但更加精准,如图 7-8 所示。

【**步骤 5**】登录 SpringerLink 数据库,完成相应检索内容。检索页面如图 7-9 所示。

然后根据要求记录检索结果,共获得 230 条记录,经整理得前 10 条记录,如表 7-1 所示。

A

Annals of Mathematical Logic
    Journal · Contains *open access*
Annals of Pure and Applied Logic
    Journal · Contains *open access*

J

Journal of Applied Logic
    Journal · Contains *open access*

M

A Mathematical Introduction to Logic (Second Edition)
    Textbook · 2001

图 7-8　增加限制条件的检索结果

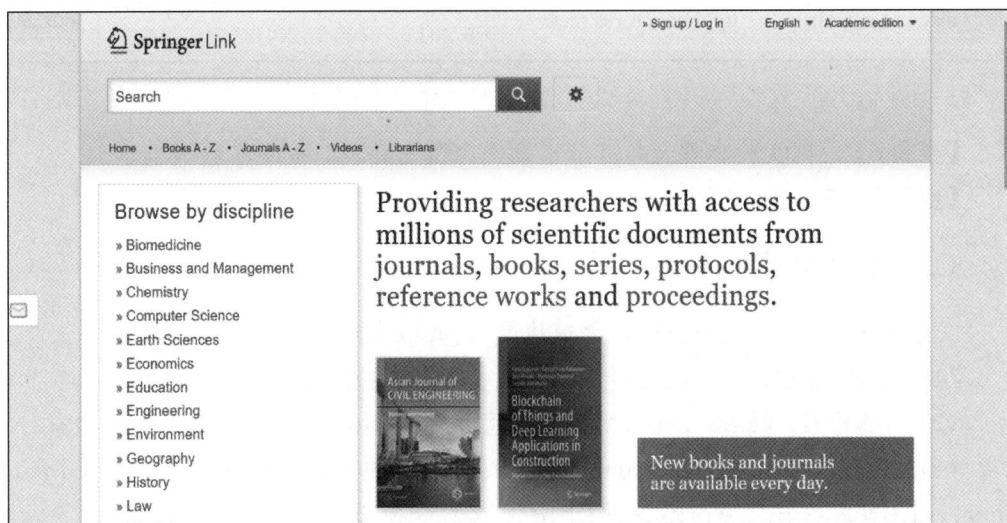

图 7-9　SpringerLink 数据库检索页面

表 7-1　SpringerLink 数据库检索前 10 条记录表

Item Title	Publication Title	Journal Volume	URL	Content Type
Journal of Dynamics and Differential Equations	Journal of Dynamics and Differential Equations	1/1989-34/2022	http://link.springer.com/journal/10884	Journal
Beiträge zur Algebra und Geometrie/Contributions to Algebra and Geometry	Beiträge zur Algebra und Geometrie/Contributions to Algebra and Geometry	52/2011-63/2022	http://link.springer.com/journal/13366	Journal

Item Title	Publication Title	Journal Volume	URL	Content Type
Afrika Matematika	Afrika Matematika	22/2011-33/2022	http://link.springer.com/journal/13370	Journal
Mathematical Notes	Mathematical Notes	1/1967-111/2022	http://link.springer.com/journal/11006	Journal
Algebra universalis	Algebra universalis	1/1971-83/2022	http://link.springer.com/journal/12	Journal
São Paulo Journal of Mathematical Sciences	São Paulo Journal of Mathematical Sciences	9/2015-16/2022	http://link.springer.com/journal/40863	Journal
Mathematics and Financial Economics	Mathematics and Financial Economics	1/2007-16/2022	http://link.springer.com/journal/11579	Journal
Acta Mathematica	Acta Mathematica	1/1882-217/2016	http://link.springer.com/journal/11511	Journal
Compositio Mathematica	Compositio Mathematica	105/1997-139/2003	http://link.springer.com/journal/10599	Journal
Information Geometry	Information Geometry	1/2018-5/2022	http://link.springer.com/journal/41884	Journal

注:SpringerLink 数据库检索结果记录(搜索结果共计 230 条数据,列表显示前 10 条数据)。

【步骤6】根据实验步骤及各环节检索内容撰写并及时提交实验报告。

【步骤7】按要求填写实验日志。

(二)实验要点

1. 检索途径可分为快速检索、普通检索、引文检索和高级检索

(1)快速检索(Quick Search):提供标题、文摘、关键词或短语检索。

(2)普通检索(General Search):提供主题、作者、团体作者、刊名、作者地址检索。

(3)引文检索(Cited Reference Search):是 SCI 的特色。从引用作者(Cited Author)、引用文献(Cited Work)、引用年份(Cited Year)进行检索。

(4)高级检索(Advanced Search):用于复杂检索,可用多字段组合检索。

2. 灵活的检索时间跨度

可选择检索最近一星期、两星期或四星期的内容,还可以对某一个年度以及全部订阅年份进行检索。利用"Cited Reference(引文)"能迅速浏览作者所引用的参考文献,追溯研究课题的基础、起源、相关实验方法等诸多方面。利用"Times Cited(被引用次数)"及时浏览该论文发表以来被引用的情况以及那些引用该论文的文献,从而掌握有关研究课题的发展、改进、应用及其最新动态。

3. 利用"Related Records(相关记录)"

可检索到引用了相同的参考文献的论文,揭示学术研究之间的内在逻辑联系,为

进一步拓展研究思路提供新的参考。依据机构、学科、作者、年代、期刊、语种等多种方式迅速分析检索结果,确定发展趋势和学科分布,以前所未有的方式洞察学术文献。

(三) 注意事项

(1) 检索基础。逻辑算符有 and、or、not,短语默认为词组,单词之间用空格符分隔即可。same 为位置算符,表示检索词必须在同一句子中,词序可以颠倒。当使用多个算符时,可用括号决定优先顺序。优先顺序依次为:( )、SAME、NOT、AND、OR。任意多个字母,不能用于字符的最前端,且至少位于 3 个字符之后。

(2) 通过浏览单篇文献,能够查看本篇文献的引文及其被引用次数,也可以查看引用本篇文献的文献记录。当有一篇或一篇以上共同引文的文献时,可查看所有与此篇文献有共同引文的文献。

(3) 善用引文检索(Cited Reference Search),检索途径有被引作者、被引著作、被引文献发表年代。

(4) 了解高级检索(Advanced Search),适合于对检索比较熟悉的读者。它用检索字段和组配符组合编制检索式,可用多字段组合检索。用 2 个字母表示的字段名用 AND、NOT、OR 或 SAME 连接。

四、实验小结

外文,尤其是英文文献检索在学术研究中居于非常重要的地位。实验时要根据具体的实验背景,分析所需解决的问题,进行基本的英文文献检索实验设计,包括实验内容、网络资源的选择、实验步骤的分解、实验要点的把握、实验结果的分析与判定、实验结论的归纳等。

本实验依托 CALIS 外文期刊网、Elsevier ScienceDirect 全文期刊库、SpringerLink 数据库,实验者通过关键词、类别、逻辑等方法,学会检索英文期刊名称,找到对应年、卷以及作者,下载所需文献。实验者应熟悉并学会英文文献检索的方式,解决一定的英文文献检索问题,检索、筛选并下载适合的英文文献。

通过本实验,把握英文文献检索的基本要求,获取准确英文文献相关信息的快速查找方法以及选取合适的检索工具和手段。在检索过程中,通过检索数据过程中所遇到困难和问题的克服与解决,熟悉英文文献检索的基本方法与技巧。

思考与练习

1. 英文文献检索实验的基本目标与要求是什么?
2. CALIS、Elsevier ScienceDirect、SpringerLink 等英文网站的主要特点和优势是什么?

3. 如何科学运用 SCI、SSCI 来源期刊目录等英文网站，设计英文文献检索实验的内容？

4. 顺利开展并完成中文文献检索实验，需要如何根据关键步骤调整实验思路与方法？

5. 运用 SpringerLink 的高级检索功能，检索有关数字经济的文献。具体要求如下：①题名中须有"Digital Economy"；②全文中要含有 China，不含有 IoT；③内容中具有准确的短语 AI；④文献年代从 2014 年至今年后 1 年；⑤作者或编者不限。检索符合上述条件的文献并记录：

   (1) 检索到的文献总数；

   (2) Content Type 和 Discipline 项目下的类别及各自数量；

   (3) Content Type 的 article 项下排名前 10 的文献，包括责任人、名称、出处、年代。

第八章　中文数据信息检索实验

学习目标

1. 熟悉中文数据信息检索实验的目标、要求,领会实验意义。

2. 能够根据实验背景,科学运用政府部门和专门机构数据库网站,设计中文数据信息检索实验的内容,并做好相关实验准备。

3. 根据关键实验步骤,适当调整实验思路与方法,正确进行有关数据的计算和调整,科学顺利开展并完成中文数据信息检索实验。

4. 及时撰写并提交实验报告,填写实验日志。

一、实验目标

(一) 实验目的

(1) 熟悉权威数据库网站,掌握计算机网络数据检索工具的运用,检索并挖掘信息数据。

(2) 掌握数据信息检索的实验判断、实验分析和实验论证能力,合理选择并运用适当的网络数据库进行数据信息检索和相应计算。

(3) 掌握基本数据检索的整理和处理能力,通过数据整合和数据分析,正确分析实验结果。

(二) 实验要求

(1) 了解国家统计局、中宏网、新浪财经、百度数据等专业性、综合性数据库的数据特点和网络信息检索方法,快速、准确检索数据信息。

(2) 能够根据实验目的与实验背景设计实验内容,按照实验步骤有序开展数据检索活动,下载或导出数据信息,计算和调整数据,并对数据进行分析。

(3) 通过实验,分析其实验设计是否顺利解决了实验背景中提到的实际问题。如有必要,请提出改进与优化实验的方法。

(4) 根据实验相关情况撰写实验报告,做到实验步骤清晰、实验分析得当、实验结果正确,最后归纳总结实验的主要收获与问题,正确填写实验日志。

(三) 实验说明

（1）辨别名义 GDP 和实际 GDP 概念，GDP 指数、人均国民总收入指数、CPI 指数、PPI 指数的含义及差别，掌握实际 GDP 的计算方法。

（2）对第一手检索的实验数据进行换算或调整，特别注意根据 1980 年不变价格倒推 1978 年和 1979 年按 1980 年不变价格的实际 GDP。

（3）检索和计算城镇居民和农村居民人均收入情况时，需要搞清楚城镇居民可支配收入和农村居民纯收入的概念，以及农村居民可支配收入的新概念与农村居民纯收入的统计学意义上的主要区别。必要时进行跨年度统计年鉴查询，以确保获得完整的数据信息。

（4）2035 年全国总人口规模、城镇化水平、人民币通货膨胀率、人民币对美元汇率、美元通货膨胀率、2035 年中等发达国家人均国内生产总值水平的标准等方面指标的科学预测是完成第四项实验的基础。如何检索到权威数据，对专业知识和学术敏感度是个考验，需要大家充分发挥主观能动性，积极调动专业知识储备，各显神通，完成任务。

（5）如何确定中等发达国家水平下人均收入的高、中、低三个标准，也是见仁见智的，同样可以加强学术思维的锻炼与培养。

二、实验内容

(一) 实验背景

请阅读以下聊天记录，分析他们关注的主要话题或问题，并根据他们设计的数据检索方案，开展实验。

在学习《宏观经济学》"国民经济核算"后，小明对一组 GDP 数据犯起了嘀咕。

小明：书上说我国 2020 年 GDP 比 1978 年增长 40 倍，怎么我算的是 276 倍？

小强：是不是按名义价格算的呢？

小明：哦，对。是我马虎了，没把名义 GDP 换算成实际 GDP。

小明（过了好一会）：不对啊，我计算了很多遍也不是 40 倍啊，哪里出了问题呢？

小虎：你用的什么指标计算实际 GDP？

小明：CPI。

小黑：我记得老师上课时说过，不是用 CPI 计算。你是不是搞错了？

小强：用的是平均物价指数，也就是 GDP 指数，有两种方法，具体方法你在书上找,一定有。

小明:哦哦,好的,不过我也知道 276 倍根本不可能,但 42 年时间增加 40 倍也不大可能吧?

小黑:我也觉得不太可能,几乎是 1 年 1 倍呢,是不是有什么东西没考虑进去,而且你们看统计年鉴上的数据显示人均 GDP 只增加了 27 倍,这明显不太符合常理嘛。

小明:是啊! 人均 GDP 怎么只增加 27 倍? 2035 年达到中等发达国家水平是什么概念?

小强:等一等,你说的 2035 年达到中等发达国家指的是 GDP 总量还是人均 GDP 啊,或者是其他什么数据呢?

小明:我也不大清楚,这儿肯定也有什么指标和变数吧?

小强:2035 年目标中,还有一个指标是城乡居民人均收入将再迈上新的大台阶,那时我们都是大富翁啦!

小虎:就是就是! 还有城乡区域发展差距和居民生活水平差距显著缩小,全体人民共同富裕取得更为明显的实质性进展。

小强(@小虎):你对 2035 年远景目标纲要掌握得很牢嘛。赞!

(二)实验设计

经过讨论,小组四人决定上网检索,并制定了网络数据检索方案如下:

(1)通过国家统计局网站,检索 1978 年以来我国各年 GDP 总量和人均 GDP 及其实际增长率;按 1978 年不变价格,计算我国 2020 年实际 GDP 总量和人均实际 GDP 分别是 1978 年的多少倍?

(2)为了充分验证数据的正确性,他们又以 1980 年不变价格对我国 1978—2020 年各年 GDP 总量重新换算一遍,并与按照 1978 年不变价格的换算结果进行了比较。

(3)检索 1978 年以来我国城镇居民和农村居民人均收入情况,计算各年城乡人均收入比。

(4)对我国 2035 年总人口规模、城镇化水平、人民币通货膨胀率、人民币对美元汇率、美元通货膨胀率、2035 年中等发达国家人均国内生产总值水平的标准等方面的指标预测值进行检索和假定,对我国 2035 年 GDP 总量和人均城乡居民收入进行初步预测。假定 2035 年我国城乡居民收入比缩小到 1.6∶1,城镇化率为 75%,人民币和美元通胀率取 2020 年前 15 年的平均值,假定人民币对美元汇率保持不变。

(三)实验准备

(1)学习过宏观经济学、统计学等相关课程,对各种宏观经济指标的含义及相关计算充分了解,例如 GDP、人均 GDP、GDP 指数、CPI 等;对数据统计分析方法有深入了解,例如可对数据进行建模分析。

(2)熟练掌握各种检索工具和手段的运用方法。

（3）熟悉国家统计局历年《中国统计年鉴》中各种经济数据、国际货币基金组织（IMF）数据库、世界银行数据库等。

（4）确保计算机连接互联网，并且可以进入国家统计局、国际货币基金组织和世界银行数据库等网站。

（5）掌握必要的 Excel 制表知识、熟练使用 Excel 函数，能够将整理出来的数据通过图形和表格的形式呈现出来。

三、实验操作

（一）实验步骤

【步骤1】登录国家统计数据库官方网站（http://www.stats.gov.cn/），在"统计数据"栏点击"统计出版物"，选择"中国统计年鉴"，进入中国统计年鉴数据库。在数据库中，我们可以看到自 1999 年至 2021 年出版发行的中国统计年鉴数据库，如图 8-1 所示。

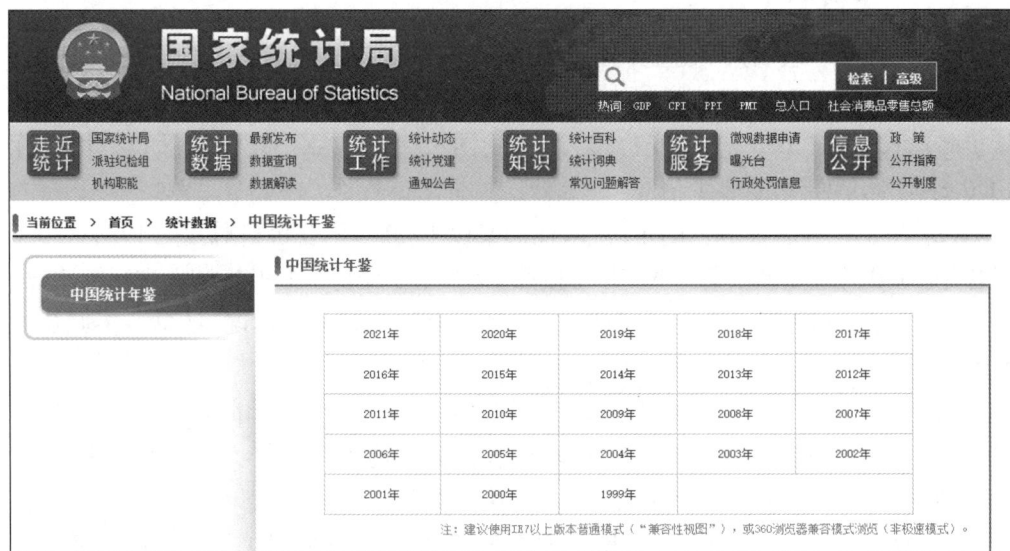

图 8-1　国家统计局中国统计年鉴数据界面

需要注意的是，图中"2021 年"指"2021 年出版的 2020 年度的统计数据"，而不是 2021 年度的统计数据。如果需要查找 2020 年的统计数据，就点击"2021 年"进入查找；要查找 2019 年的统计数据，点击"2020 年"进入查找；以此类推。

【步骤2】进入中国统计年鉴后选择"2021 年"数据库，看到"中国统计年鉴 2021"，即进入 2020 年中国统计年鉴数据库，查询数据。2021 年中国统计年鉴数据如图 8-2 所示。

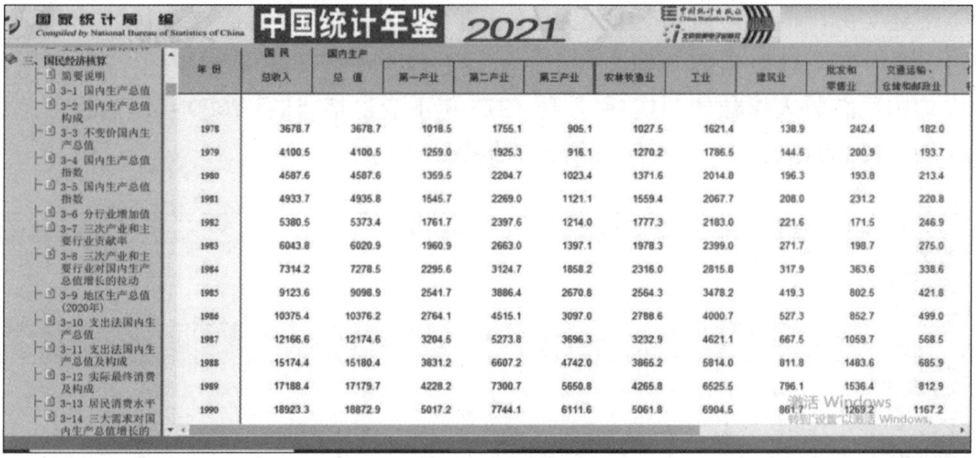

年份	国民总收入	国内生产总值	第一产业	第二产业	第三产业	农林牧渔业	工业	建筑业	批发和零售业	交通运输、仓储和邮政业
1978	3678.7	3678.7	1018.5	1755.1	905.1	1027.5	1621.4	138.9	242.4	182.0
1979	4100.5	4100.5	1259.0	1925.3	916.1	1270.2	1786.5	144.6	200.9	193.7
1980	4587.6	4587.6	1359.5	2204.7	1023.4	1371.6	2014.8	196.3	193.8	213.4
1981	4933.7	4935.8	1545.7	2269.0	1121.1	1559.4	2067.7	208.0	231.2	220.8
1982	5380.5	5373.4	1761.7	2397.6	1214.0	1777.3	2183.0	221.6	171.5	246.9
1983	6043.8	6020.9	1960.9	2663.0	1397.1	1978.3	2399.0	271.7	198.7	275.0
1984	7314.2	7278.5	2295.6	3124.7	1858.2	2316.0	2815.8	317.9	363.6	338.6
1985	9123.6	9098.9	2541.7	3886.4	2670.8	2564.3	3478.2	419.3	802.5	421.8
1986	10375.4	10376.2	2764.1	4515.1	3097.0	2788.6	4000.7	527.3	852.7	499.0
1987	12166.6	12174.6	3204.5	5273.8	3696.3	3232.9	4621.1	667.5	1059.7	568.5
1988	15174.4	15180.4	3831.2	6607.2	4742.0	3865.2	5814.0	811.8	1483.6	685.9
1989	17188.4	17179.7	4228.2	7300.7	5650.8	4265.8	6525.5	796.1	1536.4	812.9
1990	18923.3	18872.9	5017.2	7744.1	6111.6	5061.8	6904.5	861.7	1269.2	1167.2

图 8-2　2021 年中国统计年鉴数据

在相应章节检索 1978 年以来名义国内生产总值和人均名义 GDP 等具体数据。计算名义价格下，2020 年国内生产总值和人均国民总收入比 1978 年增长的倍数。在图中，可以查到 1978—2020 年的国民总收入、国内生产总值、各行各业生产总值、人均国民总收入、人均国内生产总值。易得 2020 年和 1978 年国内生产总值分别是 1 015 986.2 和 3 678.7 亿元，2020 年和 1978 年人均国民总收入分别是 72 000 和 385 元。

需要注意的是，这里的数据是按名义价格计算的名义 GDP 和人均名义 GDP。弄清楚这几个概念，可以去相关网站检索。大致内容如下：

（1）名义价格：名义价格是以某些货币表示的，未经过通货膨胀的调整的价格。

（2）名义 GDP：名义 GDP 也称货币 GDP，是指以生产物品和劳务的当年销售价格计算的全部最终产品的市场价值。

（3）人均名义 GDP：人均国内生产总值 = 国内生产总值/国内总人口。

【步骤 3】查询不变价国内生产总值。点击“3-3　不变价国内生产总值”，如图 8-3 所示，不变价国内生产总值是分别按 1970 年、1980 年等年份的价格计算的，我们需要把它们分别按 1978 年和 1980 年不变价格对各年实际国内生产总值进行调整。

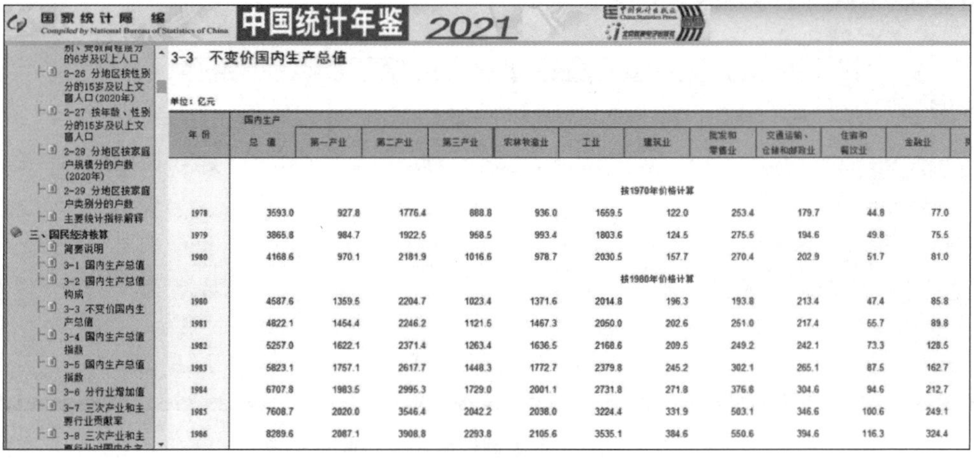

3-3　不变价国内生产总值

单位：亿元

年份	国内生产总值	第一产业	第二产业	第三产业	农林牧渔业	工业	建筑业	批发和零售业	交通运输、仓储和邮政业	住宿和餐饮业	金融业
						按1970年价格计算					
1978	3593.0	927.8	1776.4	888.8	936.0	1659.5	122.0	253.4	179.7	44.8	77.0
1979	3865.8	984.7	1922.5	958.5	993.4	1803.6	124.5	275.5	194.6	49.8	75.5
1980	4168.6	970.1	2181.9	1016.6	978.7	2030.5	157.7	270.4	202.9	51.7	81.0
						按1980年价格计算					
1980	4587.6	1359.5	2204.7	1023.4	1371.6	2014.8	196.3	193.8	213.4	47.4	85.8
1981	4822.1	1454.4	2246.2	1121.5	1467.3	2050.0	202.6	251.0	217.4	55.7	89.8
1982	5257.0	1622.1	2371.4	1263.4	1636.5	2168.6	209.5	249.2	242.1	73.3	128.5
1983	5823.1	1757.1	2617.7	1448.3	1772.7	2379.8	245.2	302.1	265.1	87.5	162.7
1984	6707.8	1983.5	2995.3	1729.0	2001.1	2731.8	271.8	376.8	304.6	94.6	212.7
1985	7608.7	2020.0	3546.4	2042.2	2038.0	3224.4	331.9	503.1	346.6	100.6	249.1
1986	8289.6	2087.1	3908.8	2293.8	2105.6	3535.1	384.6	550.6	394.6	116.3	324.4

图 8-3　不变价国内生产总值

上述实际国内生产总值数据也可通过查询国内生产总值指数进行计算。点击“3-4　国内生产总值指数”，如图 8-4 所示。下载 1978—2020 年国内生产总值指数和人均国民总收入指数两项指标，按照 1978 年不变价格，计算 2020 年国内生产总值和人均国民总收入比 1978 年实际增长的倍数。

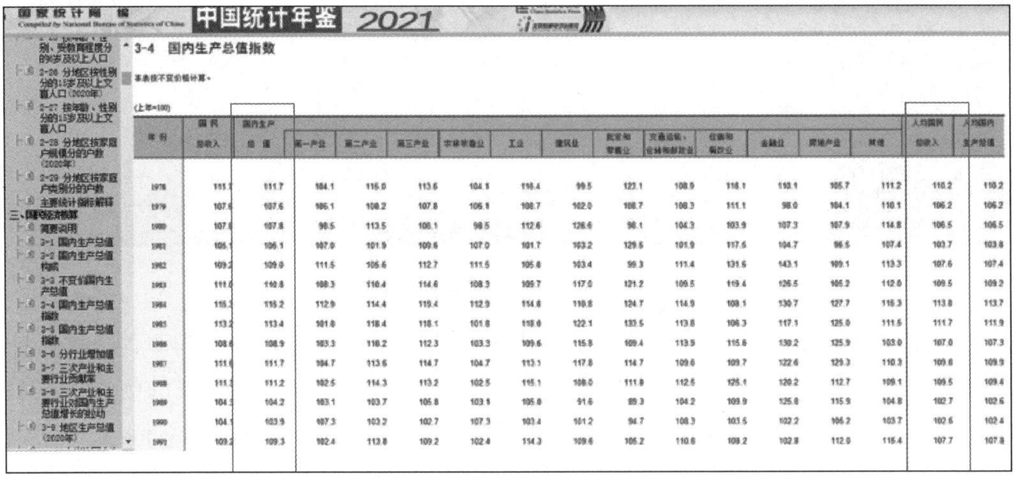

3-4　国内生产总值指数

本表按不变价格计算。

(上年=100)

年份	国民总收入	国内生产总值	第一产业	第二产业	第三产业	农林牧渔业	工业	建筑业	批发和零售业	交通运输、仓储和邮政业	住宿和餐饮业	金融业	房地产业	其他	人均国民总收入	人均国内生产总值
1978	111.[illegible]	111.7	104.1	115.0	113.6	104.1	116.4	99.5	123.1	108.9	118.1	110.1	105.7	111.2	110.2	110.2
1979	107.6	107.6	106.1	108.2	107.8	106.1	108.7	102.0	108.7	108.3	111.1	98.0	104.1	110.1	106.2	106.2
1980	107.[illegible]	107.8	98.5	113.5	106.1	98.5	112.6	126.6	98.1	104.3	103.9	107.3	107.9	114.8	106.5	106.5
1981	105.[illegible]	106.1	107.0	101.9	109.6	107.0	101.7	103.2	129.6	101.9	117.6	104.7	96.5	107.4	103.7	103.8
1982	109.[illegible]	109.0	111.5	105.6	112.7	111.5	105.8	103.4	99.3	111.4	131.6	143.1	109.1	113.3	107.6	107.4
1983	111.[illegible]	110.8	108.3	110.4	114.6	108.3	109.7	117.0	121.2	109.5	119.4	126.5	105.2	112.0	109.5	109.2
1984	115.[illegible]	115.2	112.9	114.4	119.4	112.9	114.8	110.8	124.7	114.9	108.1	130.7	127.7	116.3	113.8	113.7
1985	113.[illegible]	113.4	101.8	118.4	118.1	101.8	118.6	122.1	133.5	113.8	106.3	117.1	125.0	111.5	111.7	111.9
1986	108.[illegible]	108.9	103.3	110.2	112.3	103.3	109.6	115.8	109.4	113.9	115.6	130.2	125.9	103.0	107.0	107.3
1987	111.[illegible]	111.7	104.7	113.6	114.7	104.7	113.1	117.8	114.7	109.6	109.7	122.6	129.3	110.3	109.6	109.9
1988	111.[illegible]	111.2	102.5	114.3	113.2	102.5	115.1	108.0	111.8	112.5	125.1	120.2	112.7	109.1	109.5	109.4
1989	104.[illegible]	104.2	103.1	103.7	105.8	103.1	105.8	91.6	89.3	104.2	103.9	125.8	115.9	104.8	102.7	102.6
1990	104.[illegible]	103.9	107.3	103.2	102.7	107.3	103.4	101.2	94.7	108.3	103.5	102.2	106.2	103.7	102.6	102.4
1991	109.[illegible]	109.3	102.4	113.8	109.2	102.4	114.3	109.6	105.2	110.6	108.2	102.8	112.0	116.4	107.7	107.8

图 8-4　国内生产总值指数

【步骤 4】检索城乡居民收入数据。在统计年鉴中，不同年份具有不同的统计口径，要弄清楚居民收入概念的内涵和外延，采用统一的指标进行计算和比较，否则会影响到城乡居民人均收入比的准确性，可以参考检索统计年鉴中的城镇和农村居民人均收支情况表。在中国统计年鉴 2021 中只能找到 2014—2020 年的数据，而 1978—2013 年的数据需要打开以前年度的统计年鉴才能找到，如 2014 年统计年鉴；另外，需注意城镇居民可支配收入与农村居民纯收入的概念，统计口径要一致。2020 年我国城镇和农村居民人均收支情况分别如图 8-5 和 8-6 所示。

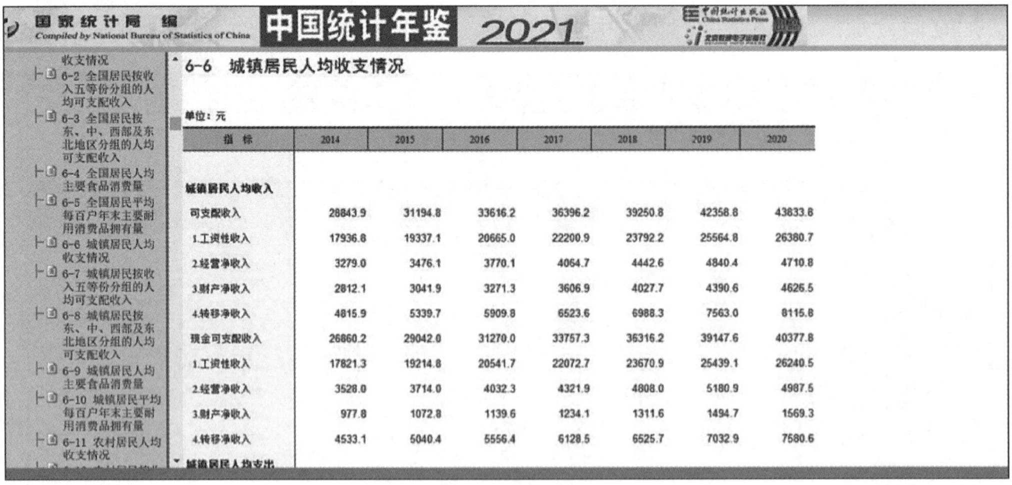

6-6　城镇居民人均收支情况

单位：元

指　标	2014	2015	2016	2017	2018	2019	2020
城镇居民人均收入							
可支配收入	28843.9	31194.8	33616.2	36396.2	39250.8	42358.8	43833.8
1.工资性收入	17936.8	19337.1	20665.0	22200.9	23792.2	25564.8	26380.7
2.经营净收入	3279.0	3476.1	3770.1	4064.7	4442.6	4840.4	4710.8
3.财产净收入	2812.1	3041.9	3271.3	3606.9	4027.7	4390.6	4626.5
4.转移净收入	4815.9	5339.7	5909.8	6523.6	6988.3	7563.0	8115.8
现金可支配收入	26860.2	29042.0	31270.0	33757.3	36316.2	39147.6	40377.8
1.工资性收入	17821.3	19214.8	20541.7	22072.7	23670.9	25439.1	26240.5
2.经营净收入	3528.0	3714.0	4032.3	4321.9	4808.0	5180.9	4987.5
3.财产净收入	977.8	1072.8	1139.6	1234.1	1311.6	1494.7	1569.3
4.转移净收入	4533.1	5040.4	5556.4	6128.5	6525.7	7032.9	7580.6
城镇居民人均支出							

图 8-5　2020 年我国城镇居民人均收支情况

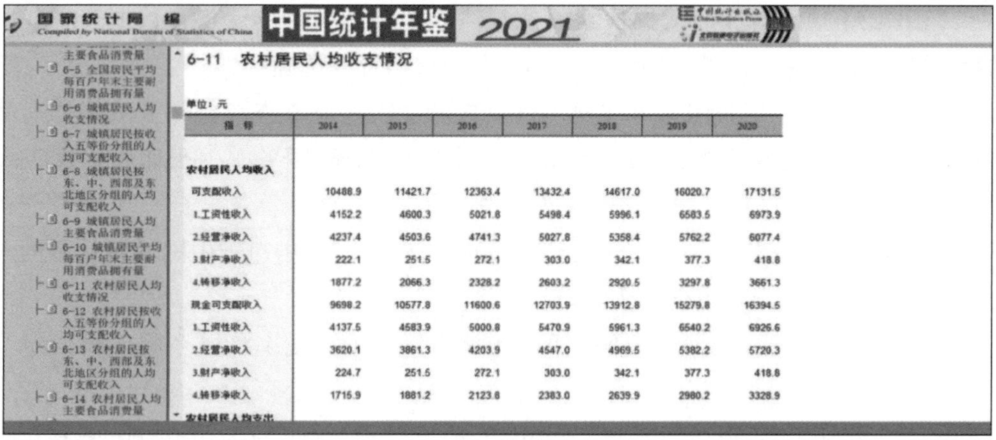

图 8-6　2020 年我国农村居民人均收支情况

2013 年城镇、农村居民人均收支情况与 2021 年如图城镇、农村居民人均收支情况检索类似,同时在 2014 年统计年鉴中,可以检索 2013 年城镇和农村居民人均总收入、可支配收入、人均现金消费支出、工资性收入、财产性收入等,具体如图 8-7 和图 8-8 所示。

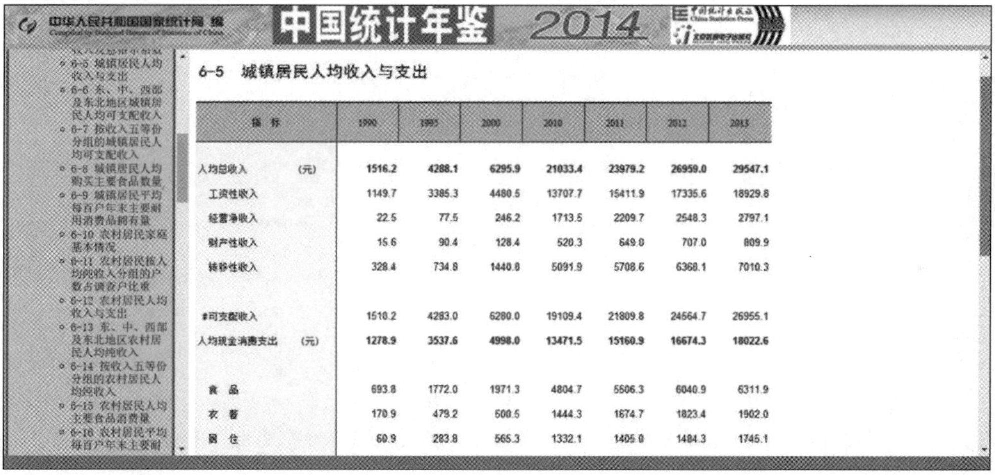

图 8-7　2013 年我国城镇居民人均收入与支出

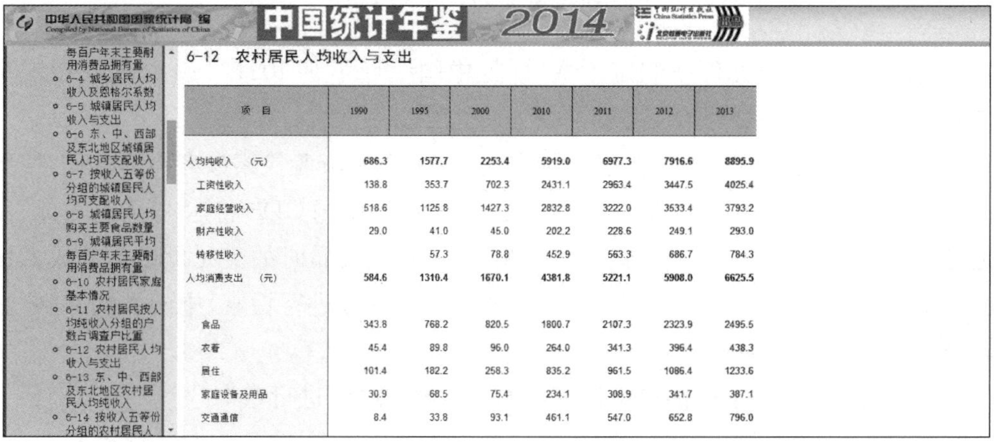

图 8-8　2013 年农村居民人均收入与支出情况

【步骤 5】预测指标的数据检索。预测性数据是不能在统计年鉴数据表中找到的。可以选择权威性网站，查找指标关键词，通过信息筛选确认。

（1）预测 2030 年我国人口规模。可以参考 7 次人口普查数据和权威机构对我国人口增长情况的预测报告，来大致确认。本实验选择《国务院关于印发国家人口发展规划（2016—2030 年）的通知》作为参考。

（2）城镇化率，参考《中国人口劳动问题报告（No.22）》中对于中国城镇化率的预测，假定 2035 年我国城镇化率为 75%。

（3）城乡收入比，根据已经假定的 2035 年我国城镇化率将城乡收入比假定为 1.6∶1。

（4）人民币通货膨胀率，实验设计中取 2020 年前 15 年的平均值，即 2006 年至 2020 年 CPI 算数平均值，可在中国统计年鉴 2021 的“5-1　各种价格指数”中检索，如图 8-9 所示。

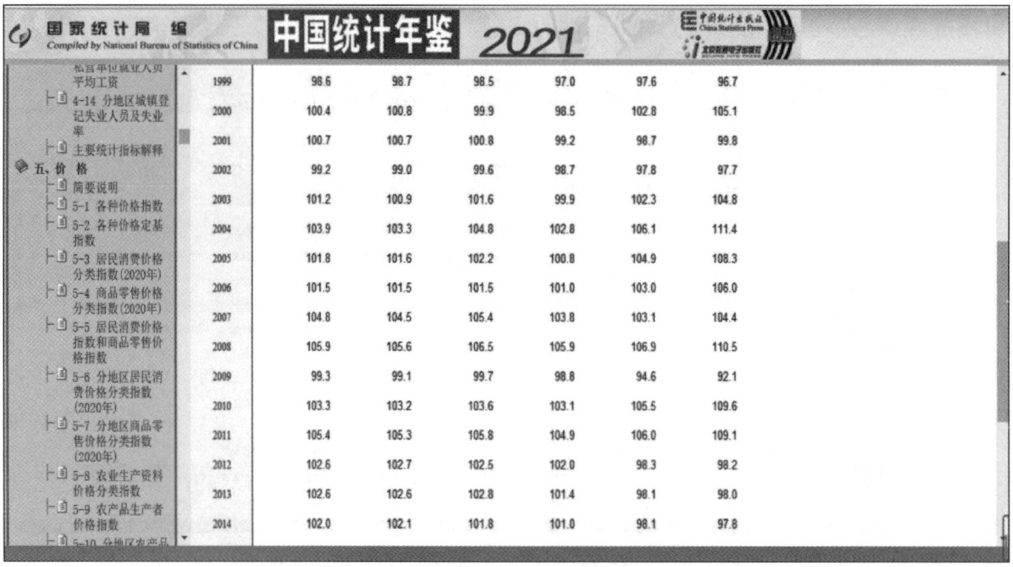

1999	98.6	98.7	98.5	97.0	97.6	96.7
2000	100.4	100.8	99.9	98.5	102.8	105.1
2001	100.7	100.7	100.8	99.2	98.7	99.8
2002	99.2	99.0	99.6	98.7	97.8	97.7
2003	101.2	100.9	101.6	99.9	102.3	104.8
2004	103.9	103.3	104.8	102.8	106.1	111.4
2005	101.8	101.6	102.2	100.8	104.9	108.3
2006	101.5	101.5	101.5	101.0	103.0	106.0
2007	104.8	104.5	105.4	103.8	103.1	104.4
2008	105.9	105.6	106.5	105.9	106.9	110.5
2009	99.3	99.1	99.7	98.8	94.6	92.1
2010	103.3	103.2	103.6	103.1	105.5	109.6
2011	105.4	105.3	105.8	104.9	106.0	109.1
2012	102.6	102.7	102.5	102.0	98.3	98.2
2013	102.6	102.6	102.8	101.4	98.1	98.0
2014	102.0	102.1	101.8	101.0	98.1	97.8

图 8-9　中国 2006 年至 2020 年 CPI 算术平均值

（5）人民币对美元汇率假定不变，详见中国统计年鉴 2021“18-8　人民币汇率（年平均价）”，如图 8-10 所示。

【步骤 6】预测 2035 年中等发达国家人均 GDP，本实验检索参考网络数据，按照 2035 年中等发达国家门槛，人均 GDP 3 万美元标准，中国 GDP 将达 42 万亿美元，届时将是美国的 1.5 倍左右，全球占比将超过 20%，并按届时的美元价格折算成人民币。世界经济指标可以登录 IMF 和 WB 公开的数据库进行检索，中国人均 GDP 数据分别如图 8-11 和图 8-12 所示。

上述数据也可登录中国经济信息网的“世经数据库”进行查询。

图 8-10　人民币汇率(年平均价)

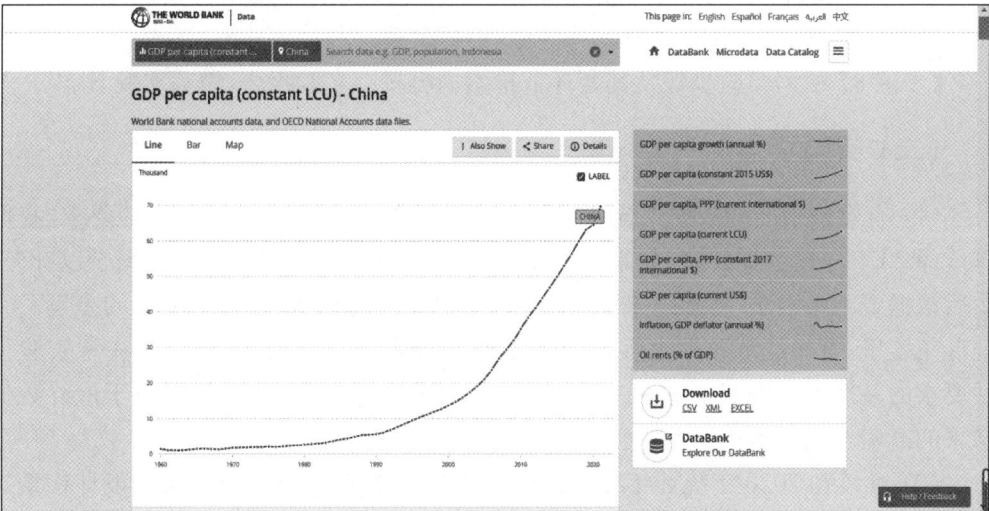

图 8-11　IMF 公布的中国 1960—2020 年人均 GDP

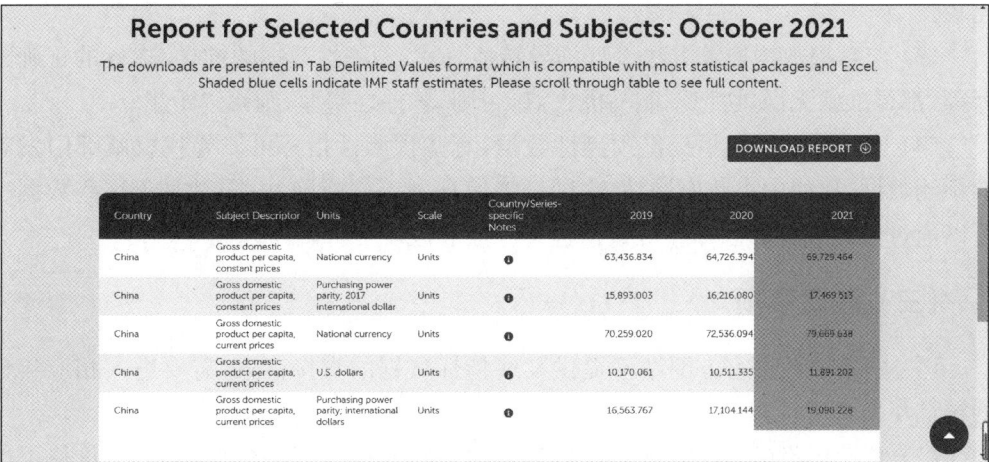

图 8-12　WB 公布的中国 2019—2026 年人均 GDP(含预测)

【步骤7】计算我国 2035 年 GDP 总量和城乡居民人均收入。

按照习近平总书记关于《中共中央关于制定国民经济和社会发展第十四个五年规划和二〇三五年远景目标的建议》说明,远景目标是到 2035 年实现经济总量或人均收入翻一番。根据目前的情况,2020 年我国人均 GDP 为 10 511 美元。到 2035 年我国人均 GDP 再翻一番,是按照不变价来计算的。如果按照 2020 年的价格和汇率水平来计算,到 2035 年我国人均 GDP 将达到当年价格 21 000 美元左右的水平。

如果按照名义水平来估算,假定 2020—2035 年期间 GDP 价格指数年均上涨 1.5%、人民币对美元汇率相对于 2019 年平均水平升值 5%左右到 6.57 元/美元的水平,我国 2035 年人均 GDP 能够达到 27 500 美元左右(按 2035 年当年价格计算)。如果人民币汇率回升到 2014 年初 6.1 元/美元左右的水平,我国 2035 年人均 GDP 有可能接近 30 000 美元(按 2035 年当年价格计算)。最后,GDP 总量计算需要用得出的人均 GDP 乘以预测的 2035 年中国人口总数。

2020 年我国农村居民人均收入为 17 131.5 元,城镇居民人均收入为 43 833.8 元。后续计算方法与 GDP 总量计算类似,不再赘述。

【步骤8】根据实验步骤及其各环节检索内容撰写实验报告,填写实验日志。

(二)实验要点

(1)有效检索准确数据。统计年鉴每一年都会有一份,对于实验设计要求,我们应选择 2020 年度数据年鉴,如果有数据断档,应采用适当年份的年鉴数据予以补充,然后根据要求检索 1978 年以来的名义和实际 GDP 的数据,分析出两者的差别。在统计年鉴里,有些经济数据大多都分为基期和报告期,检索的时候需要注意实验设计要求的基期和报告期年份应该和统计年鉴中的数据解释一致,否则对于最终数据结果的准确性就会出现偏差。

(2)继续在 2020 年统计年鉴里找出城乡经济发展的数据,根据实验设计检索出 1978 年以来城镇居民和农村居民的收入情况,并将两者数据进行对比分析得出需要的实验结论,注意不同年份的数据标准会有所不同,应设法做到标准统一,否则不能比较。

(3)应掌握数据换算方法。如推导转换公式、预测性数据的推导、指标的正确选择等,都要准确无误,切记不能马虎大意,否则,若差之毫厘,则谬以千里。

(4)国家统计年鉴不提供预测性数据,有些预测性指标可以寻找权威部门发布的预测数据,比如中央政府网站、中国经济信息网等权威网站;同时对于这些数据也可以通过搜集现有的已知经济数据进行严谨的假设分析得到。

(三)注意事项

(1)国家统计局官方网站不提供某些指标数据的直接检索,需要进入相应年份的统计年鉴进行检索。

(2)统计年鉴里的经济指标一般都是以当年价格呈现的数据,即名义价格下的数据,如果进行纵向比较,需要以某年不变价格为基期,进行数据调整,方具有可比性。例如实际 GDP 就需要参考不变价格进行调整，否则就会出现错误。但 GDP 调整的价格指数却不是 CPI 或 PPI，而是 GPD 指数。因此，需要在掌握正确计算方法的前提下，检索到正确的指标，才能确保数据调整的正确性。实验过程中，一定要多留意指标的含义和解释。在数据表下方一般都会有重要指标的计算公式，还会给予适当的解释。

（3）统计年鉴属于事实型数据库，并不提供预测性数据。预测性数据应通过权威性、综合性网站如中国政府网、中经网、中宏网、百度、新浪等查询，参考权威的研究报告予以选择。也可查阅一些具有权威性的新闻报道、官方公众号获取所需数据，此类数据需要标明出处。

四、实验小结

本实验通过按照不变价格对一段时期内我国年度 GDP 总量进行重新换算，深入了解名义 GDP 和实际 GDP 的概念，在此基础上进行未来一段时期我国年度人均 GDP 和人均国民收入进行预测。实验在总体上分为三个部分：第一部分是熟悉国内各大数据库网站，特别是国家统计局的数据网站、国研网、中宏网等网络数据库的主要内容及其检索方法，还有民间具有代表性的数据库，如中国知网数字类数据库、百度学术数字类数据库等的使用方法；第二部分是在弄清楚基本概念的基础上检索并看懂《中国统计年鉴》，重要的概念如国民总收入、国内生产总值、各行各业生产总值、人均国民总收入、人均国内生产总值、不变价格指数、国内生产总值指数、名义增长率、实际增长率、城镇居民人均总收入、农村居民人均总收入、可支配收入等；第三部分是根据查询到的数据进行数据换算和未来推算，包括通过不变价格、名义增长率计算实际增长率，查询并根据人口增长情况预测、城镇化率变化预测值、我国社会政策愿景目标、世界经济发展预测值等要素预测中国经济未来若干年的基本图景。

实验中要根据特定的实验背景，分析所需解决的问题，进行实验设计，包括实验内容、数据网络资源的选择、实验步骤的分解、实验要点的把握、实验结果的计算与分析、实验结论的归纳等。实验者需学会如何利用国家统计局的数据库、国际货币基金组织和世界银行数据库快速寻找到实验所需要的数据，经过严谨的换算和论证分析后得出实验结论。最后，把实验感悟和体会写下来。

思考与练习

1. 中文数据信息检索实验的目标与要求是什么？
2. 如何科学运用政府部门和专门机构数据库网站，设计中文数据信息检索实验的内容？
3. 如何判别和确定数据库检索数据的口径及其数据调整的方法与标准？

4. 登录中国知网的数据统计模块,要求:

(1) 找出人类发展指数的计算公式(必要时可通过其他适当途径检索);

(2) 查询并下载中国历年人类发展指数,并绘制中国人类发展指数折线图;

(3) 找出中国人类发展指数全球排名比上年提升的年份;

(4) 找出 35 个大城市中人类发展指数及其分项指标排名均为前 10 的城市,并列表分别列示各指标数值及其排名。

5. 登录国家统计局网站,查询最近 5 年的有关数据如下:

(1) 我国科学研究与开发机构数量;

(2) 我国 R&D 人员数和 R&D 经费支出数;

(3) 发表科技论文总篇数、海外发表的科技论文数,专利申请数和专利授权数;

(4) 大中型高技术产业(制造业)企业的 R&D 机构数、R&D 经费支出和专利申请数;

(5) 高技术产业(制造业)企业的 R&D 机构数、R&D 经费支出和专利申请数(最新 1 年)。

第九章　英文数据信息检索实验

📁

≡ 　学习目标
- -

1. 熟悉英文数据信息检索实验的目标、要求,领会实验说明。

2. 能够根据实验背景,科学运用政府部门和专门机构数据库网站,设计英文数据信息检索实验的内容,并做好相关实验准备。

3. 根据关键实验步骤,适当调整实验思路与方法,掌握 IMF 等中文主要数据库网站,正确运算和调整有关数据,科学顺利开展并完成英文数据信息检索实验。

4. 及时撰写并提交实验报告,填写实验日志。

一、实验目标

(一) 实验目的

(1) 熟悉权威英文数据库网站,掌握计算机网络数据检索工具的运用,检索并挖掘信息数据。

(2) 掌握数据信息检索的实验判断、实验分析和实验论证能力,合理选择并运用适当的网络数据库进行数据信息检索。

(3) 掌握基本的检索数据整理和处理能力,通过数据整合和数据分析,正确分析实验结论。

(4) 熟练掌握通用的英文数据词汇,学会运用英文翻译软件对数据进行精准的翻译。

(二) 实验要求

(1) 了解国际货币基金组织、世界银行等官方、专业性、综合性数据库的数据特点和网络信息检索方法,快速、准确检索数据信息。

(2) 能够根据实验目的设计实验内容,按照实验步骤有序开展数据检索活动,下载或导出数据信息,计算结果,并对实验进行分析。

(3) 通过实验,分析其实验设计是否顺利解决了他们谈论的实际问题。如有需要,请提出改进与优化实验的方法。

(4) 根据实验相关情况撰写实验报告,实验步骤清晰,实验分析得当,实验结果正确,最后归纳总结实验的主要收获与问题,并正确填写实验日志。

(三)实验说明

(1)有条件的,建议登录本机构图书馆外文文献检索或引文索引数据库平台完成本实验。IMF 数据库往往需要注册并付费才能检索,但如果在你所在机构获得授权的情况下,是可以免费进行检索的。

(2)实验结果要按照 2 000 美元不变价格进行调整,需要查询美元价格指数并进行相应计算。

(3)建议利用外文网站完成本实验。

二、实验内容

(一)实验背景

课堂上,张老师与同学们正在讨论中国加入 WTO 20 周年的话题。

张老师:同学们,加入 WTO 以后,我国对外贸易和对外投融资出乎很多经济学家的预测,从起初的商品出口,到后来服务也开始出口,中国对外贸易额和引进外资节节攀升。你们知道,我国货物出口的主要形式是什么吗?

小丽:老师,是制造业的出口,它占据了商品出口的大部分份额,这也是我国"世界工厂"称号的由来。

小华:是的,老师。尤其是在疫情期间,我国疫情防控做得好,经济很快复苏,而国外则掉进疫情防控的泥潭,遭遇经济滑坡。我国商品贸易和服务贸易总量大大提升,并成为最大的引进外资国家。

张老师:你们说得很对。这些都成为我国加入 WTO 后的主要经济增长点,对我国国民经济的增长起到了至关重要的作用。提到对外直接投资(FDI),有没有人知道,在 FDI 方面,我国"引进来"和"走出去"的情况呢?

小明:老师,我国吸引的 FDI 最近几年都在迅猛增加,尤其是 2020 年达到了 1 630 亿美元,是世界上最大的 FDI 流入国。

张老师:很好。这是从我国单方面来看的数据,如果要弄清楚以上状况,还需要引入有关参照国家的相关指标进行对比……

静静:我可以抢答吗,老师?

张老师:好啊! 看你的!

静静:首先,我们要瞄准世界主要发达国家,比如 G7;其次,我国又属于新兴市场国家,可以把 5 个金砖国家(BICS5)进行对比。

张老师:你说得太好了。另外,还有什么指标可以拿来做比较呢?

小洁:老师,还可以对比各国的外汇储备和黄金储备吧? 还有,就是按照美元计算还是按照 PPP 平价法计算,这个我不太清楚。

    张老师:好了。今天的讨论很有意义,下面请各组同学先进行讨论,设计实验,然后分别实施实验,并进行实验分析,撰写实验报告。

(二)实验设计

某组同学经过讨论,制定了以下实验方案:

(1)通过国际货币基金组织(IMF)中的数据库,以 PPP 购买力平价或国际美元,检索 G7 和 BRICS5 共 12 国 2000 年以来 GDP、人均 GDP 及其年增长率。

(2)通过国际货币基金组织(IMF)数据库,检索 2000 年以来 12 个国家货物贸易总额、服务贸易总额、引进 FDI 和对外 FDI 总额等数据,以购买力平价法或国际美元法计算各指标年增长情况。

(3)绘制 2000 年以来 12 个国家的 GDP、人均 GDP、货物贸易总额、服务贸易总额、引进 FDI 和对外 FDI 的增长折线图,考察 2 中各指标(X)对 1 中 GDP 指标(Y1、Y2)的线性关系,初步分析和判断中国国际货物贸易、服务贸易、引进外资、对外投资等对我国 GDP 的影响。

(三)实验准备

1. 理论准备

学习过宏观经济学、国际贸易经济学、统计学等相关课程,对各种经济指标的计算及相关含义有着充分的了解,如 GDP、人均 GDP、FDI、NX,对于数据统计分析方法有着深刻的了解,能对数据进行建模分析。

熟练掌握各种检索工具和手段的运用方法,比如对世界银行和国际货币基金组织的检索方法,除此以外,也可以通过浏览具有权威性的国际新闻通讯社获取金融数据,例如路透社就会报道各种金融数据。

2. 工具准备

国际货币基金组织中世界经济展望数据库,国际货币基金组织是根据 1944 年 7 月在布雷顿森林会议签订的《国际货币基金组织协定》,于 1945 年 12 月 27 日在华盛顿成立的。与世界银行同时成立、并列为世界两大金融机构,其职责是监察货币汇率和各国贸易情况,提供技术和资金协助,确保全球金融制度运作正常。

世界银行是世界银行集团的简称,国际复兴开发银行的通称,也是联合国的一个专门机构。世界银行成立于 1945 年,于 1946 年 6 月开始营业,由国际复兴开发银行、国际开发协会、国际金融公司、多边投资担保机构和国际投资争端解决中心五个成员机构组成。

国际货币基金组织的官网网址为:http://www.imf.org。

世界银行的官网网址为:http://www.worldbank.org.cn。

3. 实验环境准备

能够连接互联网的计算机,世界银行和国际货币基金组织的公开数据库,以及能够建模的绘图工具软件。

三、实验操作

（一）实验步骤

【步骤1】登录国际货币基金组织官网，选择"数据"栏中的"世界经济展望数据库"，如图9-1所示。

图9-1　国际货币基金组织世界经济展望数据库

【步骤2】进入世界经济展望数据库后，会有三种数据分类选择的方式，如图9-2所示。

图9-2　世界经济展望数据库分类

【步骤3】选择"按国家组"分类后进入界面，会出现"发达经济体""新兴市场和发展中经济体"两个大类，如图9-3所示。

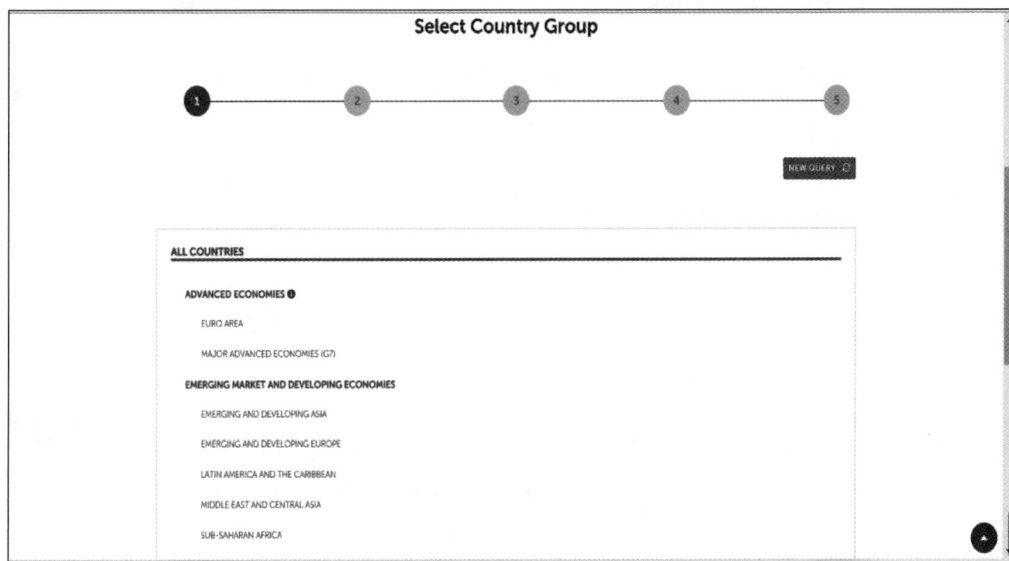

图 9-3　世界经济展望数据库国家组分类

　　根据需要的数据分别选择 G7 和 BRICS5 两个国家组中的 12 个国家。G7 国家如图 9-4 所示。

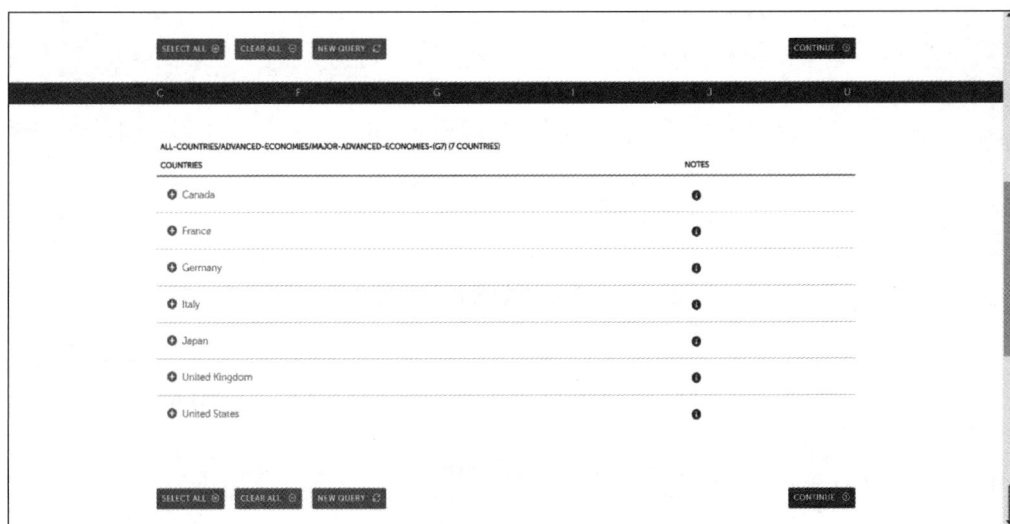

图 9-4　G7 国家

　　【步骤 4】选定 G7 国家后就会出现选择主要经济指标的界面，这时根据实验要求选择 GDP 总量和人均 GDP 数据、通货膨胀率、商品和服务进出口总量。以 GDP 总量和人均 GDP 数据选择为例，如图 9-5 所示。

　　然后作出时间限制就会呈现出所需经济数据的报告。G7 国家和 BRICS5 国家（以中国为例）的经济数据报告分别如图 9-6 和 9-7 所示。

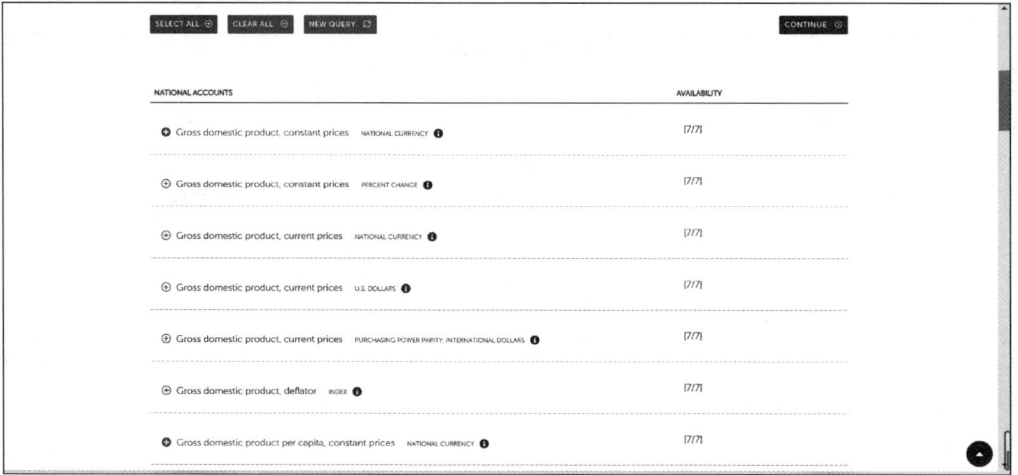

图 9-5　勾选 GDP 总量和人均 GDP

图 9-6　G7 国家的经济数据报告

图 9-7　BRICS5 国家的经济数据报告（以中国为例）

【**步骤 5**】对于国际直接投资 FDI 的检索,需要登录世界银行官网,选择右上角大类中"理解贫困"栏下拉菜单中的"公开数据",如图 9-8 所示。点开公开数据后选择右上角中的"DataBank"选项。DataBank 入口,如图 9-9 所示。

图 9-8　选择公开数据

图 9-9　DataBank 入口

在 DataBank 主页中,可以检索世界银行数据库中的各类数据,也可以在右侧列表选择查看各类经济指标,如图 9-10 所示。

图 9-10　DataBank 主页

【步骤6】点击 DataBank 主页右侧列表下方的"更多指标"后,可以根据数据库 (database)、国家(country)、系列(series)和时间(time)检索所需指标。根据要求, 首先选择 G7 和 BRICS5 的 12 个国家,然后选择国际直接投资检索项,最后添加时间,检索结果如图 9-11 所示。

图 9-11 世界银行国际直接投资检索结果

下载上述检索结果,整理得 G7 和 BRICS5 国家的投资与贸易数据(2020 年),如表 9-1 所示。

表 9-1 G7 和 BRICS5 国家的投资与贸易数据(2020 年)

国家	国际直接投资净额 (国际收支, 现价十亿美元)	国际直接 投资净流入 (占 GDP%)	国际直接 投资净流出 (占 GDP%)	商品和服务出口 (占 GDP%)	商品和服务进口 (占 GDP%)
CHN	−99.37	1.72	1.05	18.54	16.05
BRA	−41.25	2.61	−0.24	16.80	16.10
RUS	−3.63	0.64	0.39	25.53	20.43
IND	−53.24	2.41	0.42	18.71	19.10
SAF	−5.09	0.94	−0.58	27.78	23.35
USA	100.39	1.01	1.49	10.16	13.28
JAP	84.54	1.22	2.90	15.56	15.80
FRA	40.31	0.50	2.04	27.87	29.89
GER	−4.17	3.71	3.60	43.42	37.69
ITA	22.01	−1.17	−0.004	29.53	25.87
CAN	23.61	1.61	3.05	29.36	31.42
UK	−84.34	1.13	−1.93	28.36	28.07

【步骤7】根据检索出的商品和服务进出口数据、国际直接投资净流入和净流出

数据,分别计算其占 GDP 的百分比,根据结果画出折线图(图 9-12),并分析不同因素对 GDP 的影响。

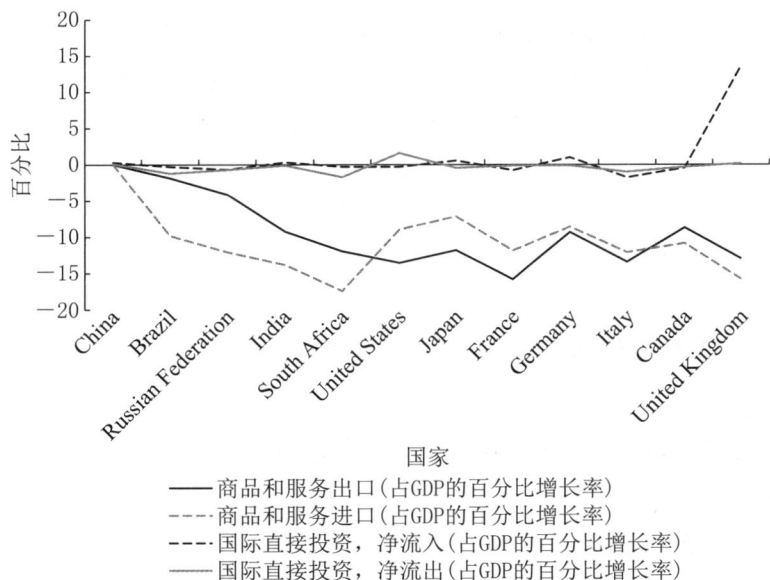

图 9-12 不同因素占 GDP 的百分比增长率

图例:
—— 商品和服务出口(占GDP的百分比增长率)
- - - - 商品和服务进口(占GDP的百分比增长率)
- - - 国际直接投资,净流入(占GDP的百分比增长率)
—— 国际直接投资,净流出(占GDP的百分比增长率)

(二)实验要点

(1)打开国际货币基金组织官网点击数据中的世界经济展望数据库,选择按照国家/地区分类的经济指标。

(2)选择 G7 和 BRICS5 这些实验对象,检索实验所需的数据:GDP 总量、人均 GDP、通货膨胀率、商品和服务的进口和出口总量,时间序列选择 2000—2020 年。

(3)打开世界银行官网网站选择公开数据界面选择 DataBank,选择 12 个国家的 FDI 引进和对外投资数据,选择时间序列是 2000—2020 年。

(4)根据获取的数据进行实验所需的计算、分析和画图,最后根据折线图进行分析总结出实验结论。

四、实验小结

本实验以中国加入 WTO 20 周年的巨大成就为主题,以 G7 国家和 BRICS5 国家 2000 年以来在货物贸易、服务贸易、FDI 等方面的指标与各国 GDP 总量和人均 GDP 的情况进行比较,进而考察国际贸易和投资与各国 GDP 之间是否存在某种程度的线性关系。

为了完成本实验,需要合理选择国内外比较典型的网站如 IMF、WB 等数据库网站,还必须注意数据的一致性、可比性,即须按照统一的统计口径下各国货币的汇率、价格指数、GDP 指数、PPP 购买力评价等方法进行统一的核算后进行严谨的论证与比较分析，以科学地发现贸易与经济增长的线性关系。

完成本实验可以借助的数据型网站还有 BvD "EIU Countrydata 国家数据"、BvD "BankFocus——全球银行与金融机构分析库"、EMIS 全球新兴市场商业资讯数据库、CNRDS 中国研究数据服务平台、CCER 经济金融数据库、EPS "世界宏观经济数据"、EPS "中国宏观经济数据"、国研网 "世界经济专版" 等。

最后，实验者需要合理选择查找方法和检索工具与手段，把自己做实验中的具体步骤和体会写下来，举一反三，培养快速准确获取数据的能力，并能在检索数据过程中对遇到的困难和问题进行合理分析，掌握解决问题的能力。

思考与练习

1. 如何根据英文数据信息检索实验的目标与要求，选择合适的数据库网站？
2. 如何科学运用政府部门和专门机构数据库网站的数据特点，设计英文数据信息检索实验方案？
3. 英文数据信息检索实验的关键实验步骤是如何确定的？
4. 中外统计数据的在统计口径上的主要区别是怎么产生的？
5. 请通过 EPS "世界宏观经济数据" 数据平台，检索 20 国集团中的发展中国家中国、印度、俄罗斯、印度尼西亚、巴西、南非、沙特阿拉伯、阿根廷 8 个国家 2015 年以来的主要经济指标数据情况：①GDP（当前购买力平价－现价）及其增长率；②劳动年龄人口比重；③人均生产总值及劳动生产率水平；④工业（含能源）增加值占总增加值比重；⑤制造业增加值占总增加值比重；⑥国际货物和服务进口占 GDP 比重；⑦国际货物和服务出口占 GDP 比重；⑧外商直接投资流出量；⑨外商直接投资流入量；⑩每千人全时当量人员研发人员比例；⑪狭义货币（M1）指数（2010 = 100）。

分别下载不同形式的数据图表，如折线图、柱状图、条形图、堆积柱状图、面积图、饼图、环形图、雷达图、填充雷达图、散点图、数值标签。

第十章　中文引文索引检索实验

学习目标

1. 熟悉中文引文索引检索的概念、目标与要求。

2. 能够根据实验背景,科学运用 CNKI、CSCD、CSSCI 来源期刊目录等网站,设计中文引文索引检索实验的内容,并做好相关实验准备。

3. 根据关键实验步骤,适当调整实验思路与方法,顺利开展并完成中文引文索引检索实验。

4. 及时撰写并提交实验报告,填写实验日志。

一、实验目标

(一)实验目的

(1)熟悉中国知网、万方、CSCD、CSSCI 等中文引文索引检索网站,熟练运用计算机网络数据检索工具,能够按照实验设计灵活运用各类检索工具。

(2)掌握中文引文索引检索流程,学会根据一篇文献的不同结构进行检索,比如标题、作者和关键词等。

(3)掌握基本的检索数据整理和处理能力,通过对文献的被引用量以及相关引证文献的浏览次数的了解,快速分析出该篇文献的研究方向和用途等。

(二)实验要求

(1)了解 CNKI 中国引文数据库和万方引文数据库等中文引文索引检索常用网站和 CSCD 与 CSSCI 专业学术引文检索网站的运用方法,根据实验设计的要求快速检索出一篇文献的相关信息。

(2)能够通过引文数据库的检索快速查出文献的被引用量,而且可以根据引证文献的标题和研究方向画出引证文献的结构树。

(3)了解引证文献的责任人(作者)、文献名称、出处(期刊名称、年代、期别、页码等)、被引用量,并根据这些信息对引证文献进行分析处理。

(4)撰写实验报告并填写实验日志。

（三）实验说明

（1）有条件的，建议登录 CSCD、CSSCI 引文索引数据库平台完成本实验。这 2 个数据库更官方、更权威、检索的论文质量更高。但往往需要注册并付费才能检索，但如果在你所在机构获得授权的情况下，最好通过 CSCD、CSSCI 进行引文检索。

（2）为了有效构建引文结构树，注意引文文章的权威性和时间轴，越是权威的文章，引用的概率越大、频次越多；发表时间越早的文章，被引的概率越大、频次越多。这样就能确保结构树能顺顺利利地构建到第 4 层，甚至更多层，更容易看到研究全貌，把该领域的研究进展弄清楚。

二、实验内容

（一）实验背景

2019 年 12 月，新型冠状病毒肺炎闯入人们的视野。2020 年 1 月 23 日，除夕前一天，武汉市疫情防控指挥部下达封城指令。自疫情开始后，中国工程院院士、军事科学院军事医学研究院研究员陈薇迅速带领军事医学专家组奔赴武汉。看到武汉的困境，她立马决定专注于核酸检测。陈薇院士带领自己的团队 24 小时不间断连续工作，每天检测 1 000 人份以上的核酸样本，以最快的速度出具报告。2020 年 8 月 16 日，根据国家知识产权局消息，由军科院军事医学研究院陈薇院士团队及康希诺生物联合申报的新冠疫苗（Ad5-nCoV）专利申请，已被授予专利权。这是中国首个新冠疫苗专利。

陈薇院士长期从事生物防御新型疫苗和生物新药研究，研制出中国军队首个 SARS 预防生物新药"重组人干扰素 ω"、全球首个获批新药证书的埃博拉疫苗。陈薇院士将自己的研究成果以文章的形式发表在学术平台上，继续在医药领域发热发光。

（二）实验设计

本次实验围绕陈薇院士发表于《生物工程学报》2012 年第 6 期的《单个 B 细胞抗体制备技术及应用》（以下简称《B 细胞》）展开检索，其在中国知网显示的界面如图 10-1 所示。

主要实验内容如下：

（1）分别用中国知网和万方数据知识服务平台检索《B 细胞》的引证文献，分别记录两个平台下《B 细胞》的引证文献数量。

（2）在中国知网检索《B 细胞》的期刊引证文献，第一层引证文献选择 3 至 4 篇，第一层每篇引文下选择引证文献 2 至 3 篇形成第二层，第三层每篇引文下各选择 1 至 2 篇，第四层每篇引文下各选择 0 至 2 篇。把每层的引证文献基本信息编制为

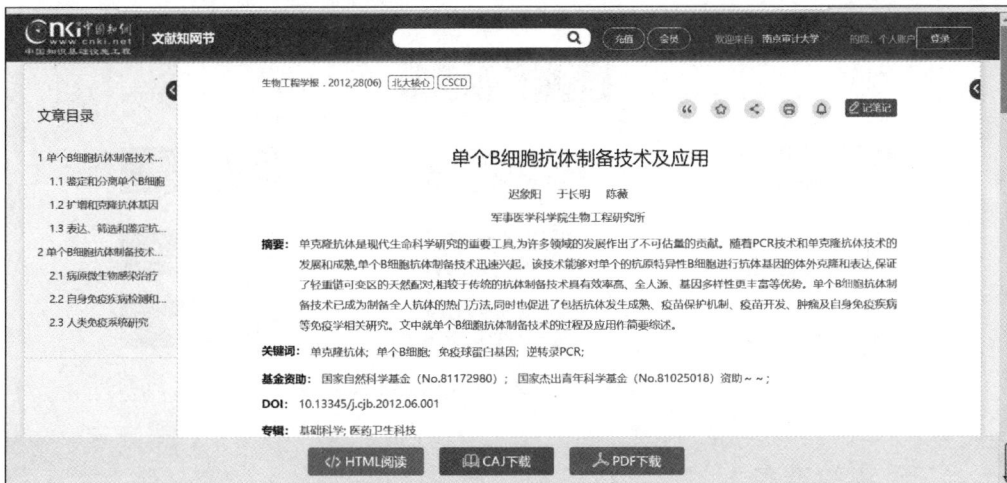

图 10-1 中国知网显示《单个 B 细胞抗体制备技术及应用》的界面

Excel 表格记录下来，编制成引文数据表。例如，《B 细胞》第一层引证文献《单克隆抗体制备技术最新研究进展》可以编号为 B。引文数据表主要信息项包括：编号、题名、作者、来源、发表年份和被引次数，如表 10-1 所示。

表 10-1 《B 细胞》引文数据表

编号	题 名	作 者	来 源	发表年份	被引次数①
B	单克隆抗体制备技术最新研究进展	武荣飞，杨溢，王鹏志，原志伟，朱国强	中国预防兽医学报	2022	0
C	用于新型冠状病毒肺炎防治的生物制品研究策略	晏彩霞，李佳，沈鑫，罗丽，李燕，李明远	四川大学学报（医学版）	2020	3
D					
E					
…					
B1					
B2					
…					
…					

　　（3）绘制《B 细胞》引文结构树。根据表 10-1，可以利用思维导图或流程图等软件工具以论文代码表示论文标题，绘制四至五层引文结构树。引文结构树示意

---

① 被引次数为中国知网中国引文数据库网页截至 2022 年 8 月 24 日的数字，实验时以实际数据为准。

图如图 10-2 所示。

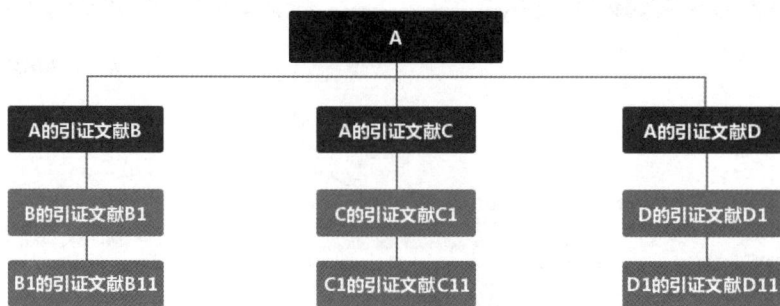

图 10-2　引文结构树示意图

（三）实验准备

1. 理论准备

掌握引文索引检索流程操作要点；了解辨析文献的虚假引用的知识，如假引用、不引用、伪引用。

2. 工具准备

熟悉 CNKI 中国引文数据库（以下简称引文库）。访问引文库可通过以下三种途径：一是直接访问网址 https://ref-cnki-net.vpn2.gxun.edu.cn；二是通过 CNKI 主页导航，通过"引文检索"输入相应检索词，点击检索，或者点击"引文检索"的高级检索直接跳转到引文库；三是通过 CNKI 主页导航，点击"中国引文数据库"链接（https://wanfangdata.com.cn/index.html）访问。

3. 实验环境准备

开始实验前，应确保计算机已连接网络。中国知网引文数据库可直接进入，但是引证文献的相关分析需要购买相关产品，通过中国知网引文数据库可以查询到责任人（作者）、文献名称、来源（期刊名）、年份、期别、页码、被引次数等。万方知识数据服务平台可直接进入，通过万方知识数据服务平台可以查询到责任人（作者）、文献名称、来源（期刊名）、年份、被引次数等信息。

三、实验操作

（一）实验步骤

【步骤 1】通过中国知网引文检索窗口，检索迟象阳、于长明、陈薇合著的论文《B 细胞》及其 14 个期刊引证文献①。可通过文章题名检索《B 细胞》并点击论文，下

---

① 这是 2022 年 9 月 8 日的数据。随着实验时间的推迟，这些数据会有所变化，应以实验时的具体数据为准。本书中其他实验数据也都会随着时间的推移有所不同。

拉屏幕至"引证文献"处,可发现"引证文献"下标记有"期刊 共 14 条"字样,表示该《B 细胞》共有 14 篇一级引证文献,如图 10-3 所示。

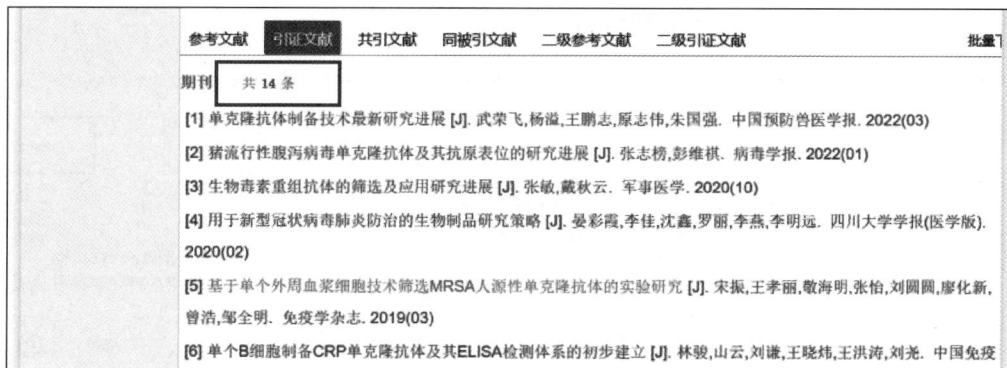

图 10-3 《B 细胞》的一级引证文献

在"引证文献"这行右边点击"二级引证文献",就可以发现该论文共有 24 篇期刊引用的"二级引证文献",如图 10-4 所示。

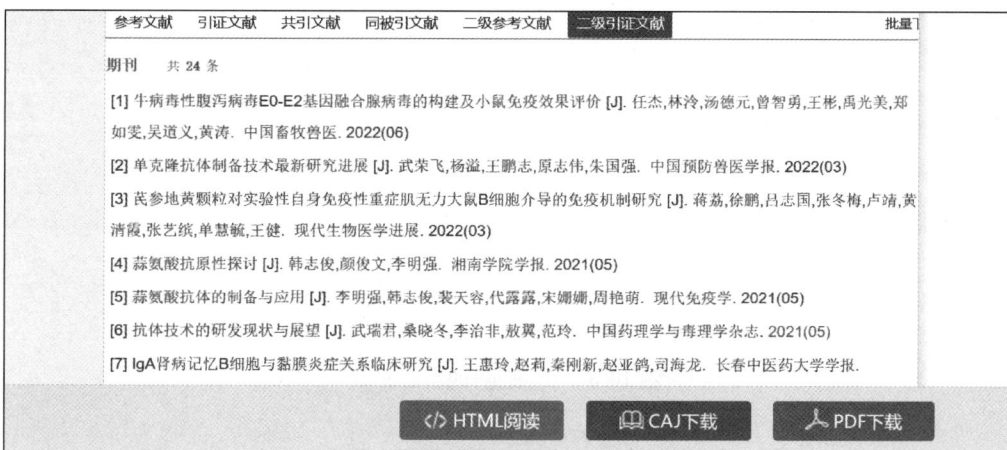

图 10-4 《B 细胞》的二级引证文献

【步骤 2】登录万方数据知识服务平台,检索迟象阳、于长明、陈薇合著的论文《B 细胞》及其 23 个期刊引证文献[①]。可通过文章题名检索,在屏幕右侧可发现被引 23 次,如图 10-5 所示;点击论文可得具体的 23 篇引证文献,如图 10-6 所示。

【步骤 3】在中国知网引文数据库的搜索结果中选取 3 篇期刊引证文献作为《B 细胞》(记为 A)的第一层引证文献,记为 B、C、D,填列《B 细胞》期刊引文数据表,如表 10-2 所示。

---

① 这是 2022 年 9 月 8 日的数据。随着实验时间的推迟,这些数据会有所变化,应以实验时的具体数据为准。本书中其他实验数据也都会随着时间的推移有所不同。

图 10-5 万方数据检索《B 细胞》

图 10-6 《B 细胞》的引证文献

表 10-2 《B 细胞》期刊引文数据表

编号	题 名	作 者	来 源	年份	被引次数
A	单个 B 细胞抗体制备技术及应用	迟象阳,于长明,陈薇	生物工程学报	2012	25
B	记忆性 B 细胞体外扩增影响因素的研究进展	张莉芳,廖焕金等	中国免疫学杂志	2017	8
C	单个 B 细胞抗体制备技术及其在肝脏疾病中的应用	吕信萍,吴静,陈京涛	临床肝胆病杂志	2015	6
D	利用抗原结合多肽嫁接抗体技术制备抗 hCG 单域抗体	彭静,王琼等	生物工程学报	2018	4

【步骤 4】检索 B 论文的第一、二层引证文献,组成《B 细胞》的第二、三层引证文

献,将引证信息填表如表 10-3 所示。

表 10-3　检索 B 论文后《B 细胞》期刊引文数据表

编号	题　名	作　者	来　源	年份	被引次数
B	记忆性 B 细胞体外扩增影响因素的研究进展	张莉芳,廖焕金等	中国免疫学杂志	2017	8
B1	miR-106b 表达下调介导疟疾红内期疫苗免疫保护性下降	官宏莉,蒋莉萍等	免疫学杂志	2018	2
B2	IgA 肾病记忆 B 细胞与相关理化指标的关系研究	王惠玲,苏衍进等	临床医学研究与实践	2019	0
B3	IgA 肾病记忆 B 细胞与黏膜炎症关系临床研究	王惠玲,赵莉等	长春中医药大学学报	2020	2
B11	免疫剂量对疟原虫红内期 ITV 长效保护性影响的机制研究	官宏莉	桂林医学院	2020	0
B12	侵入后失活疟原虫的免疫保护性初探及疟疾相关 miRNA 的生物信息学分析	彭佳聪	桂林医学院	2021	0
B31	壮药复方仙草颗粒治疗 IgA 肾病的疗效及对炎症因子水平、足细胞排泄的影响	岑霞	广西中医药大学	2021	0
B32	IgAN 患者外周血 Gd-IgA1 及记忆 B 细胞异常表达的临床研究	钟慧明	大连医科大学	2021	0

【步骤 5】检索 C 论文的第一、二层引证文献,组成《B 细胞》的第二、三层引证文献,将引证信息填表如表 10-4 所示。

表 10-4　检索 C 论文《B 细胞》期刊引文数据表

编号	题　名	作　者	来　源	年份	被引次数
C	单个 B 细胞抗体制备技术及其在肝脏疾病中的应用	吕信萍,吴静,陈京涛	临床肝胆病杂志	2015	6
C1	直肠癌相关抗原单克隆抗体的免疫组织化学研究	杨爱景	医学检验与临床	2016	0
C2	利用单个细胞 RT-PCR 法克隆全人源性 HBV 单克隆抗体的探讨	李特特,吴静等	临床肝胆病杂志	2016	1
C3	抗体技术的研发现状与展望	武瑞君,桑晓冬等	中国药理学与毒理学杂志	2021	4
C4	抗 CD45 单克隆抗体的制备及临床应用	张卫凯		2017	5
C21	全人源单克隆抗体制备技术的研究进展	唐亚华,胡慧明,朱美玲	现代医药卫生	2018	0

编号	题　名	作　者	来　源	年份	被引次数
C31	鸡 Toll 样受体 21 单克隆抗体的研制及其初步应用	张鹏池,陈小雅等	微生物学报	2022	0
C32	马兜铃酸Ⅰ抗体识别特性及快速免疫分析方法研究	欧爱芬	生物医药学院	2022	0
C33	鸡 Toll 样受体 21 单克隆抗体的研制及其初步应用	张鹏池	扬州大学	2022	0
C34	猪圆环病毒 2、3、4 型 Cap 蛋白抗体的制备与鉴定	吉卫龙	吉林大学	2022	0
C41	马兜铃酸Ⅰ抗体识别特性及快速免疫分析方法研究	欧爱芬	生物医药学院	2022	0

【步骤6】检索 D 论文的第一层引证文献,组成《B 细胞》的第二层引证文献,将引证信息填表如表 10-5 所示。

表 10-5　检索 D 论文《B 细胞》期刊引文数据表

编号	题　名	作　者	来　源	年份	被引次数
D	利用抗原结合多肽嫁接抗体技术制备抗 hCG 单域抗体	彭静,王琼等	生物工程学报	2018	4
D1	蒜氨酸抗原性探讨	韩志俊,颜俊文等	湘南学院学报	2021	0
D2	蒜氨酸抗体的制备与应用	李明强,韩志俊等	现代免疫学	2021	0
D3	应用 RAD 多肽展示体系制备抗 hCG 类抗体分子	刘梦雯,王美等	生物工程学报	2019	0

【步骤7】根据上述引证文献的编号,绘制《B 细胞》引文结构树,如图 10-7 所示。

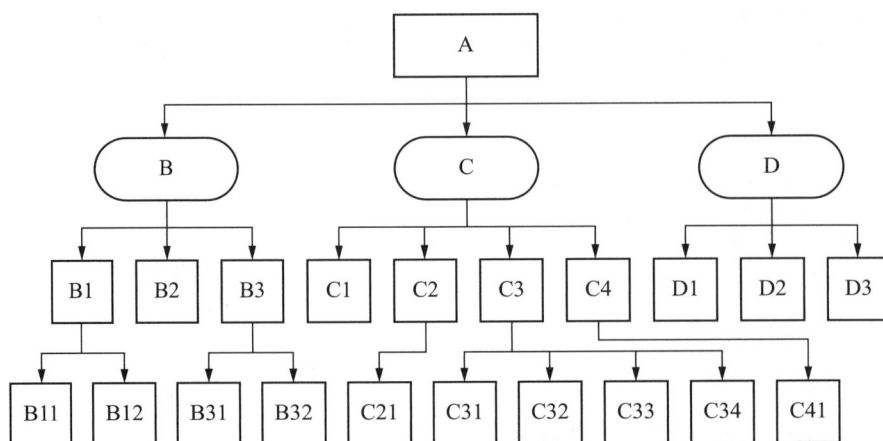

图 10-7　《B 细胞》引文结构树

此外，可以绘制思维导图形式的《B 细胞》引文结构树，如图 10-8 所示。

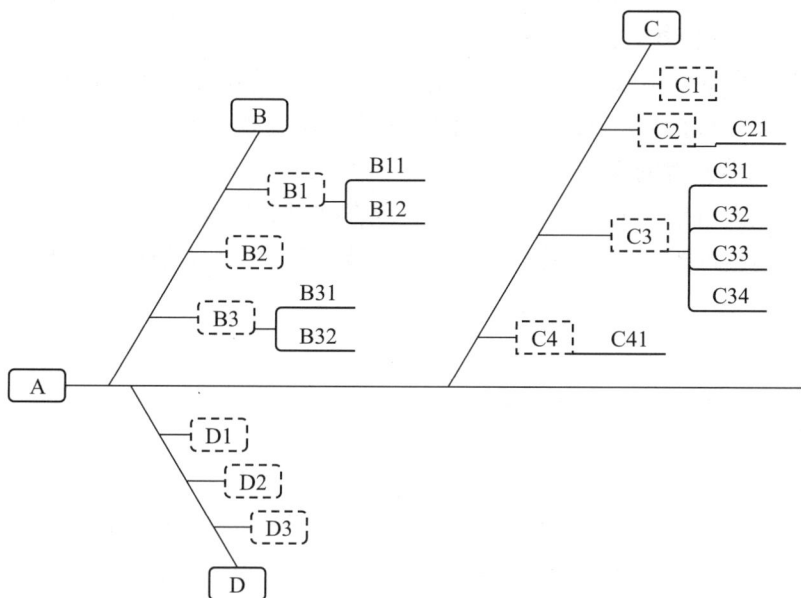

图 10-8　思维导图形式的《B 细胞》引文结构树

【步骤 8】根据实验步骤及各环节检索内容撰写并及时提交实验报告。

【步骤 9】按要求填写实验日志。

（二）实验要点

（1）在中国知网数据库和万方数据库都能检索论文《B 细胞》的引文数据和信息。本实验引证文献表和引文结构树以 CNKI 的期刊为准，不考虑硕、博士论文和其他形式的论文。

（2）可通过文章题名检索《B 细胞》并点击论文，在屏幕右侧也可发现全部 23 篇引证文献（含非期刊引用文献）。

（3）按照传递性找到大约 23 篇引证文献，填写文献，绘制结构树，根据所记录的基本信息，感兴趣的同学可以观察每个脉络下文献的特点。

（4）本实验以观察法为主，以比较法为辅。首先，需要选择合适的引文数据库；然后，在所选择的引文数据库输入需要寻找的文献主题、题名、作者等关键词，找到相应论文，统计被引用量，查找它的引证文献，观察各引证文献，了解它们的责任人（作者）、文献名称、来源（期刊名）、年份、期别、页码、被引次数等，并进行比较分析，得出此论文的被引用情况。最后，根据所得信息，绘制出引文结构树。

（三）注意事项

（1）根据需要检索被引或他引的文章的语言形式或者题材，选择相对的引文数据库。以此案例为例，陈薇院士的《单个 B 细胞抗体制备技术及应用》所用语言主要是中文，我们在实验过程中应选择中文引文数据库，中文论文用中文引文数据库会更加便利。

（2）在使用中国知网引文数据库检索时，一般会选择使用被引文献的主题、题名进行检索，可以更快找到需要的被引文献。

（3）在引文索引检索过程中，寻找相应论文时，需辨析作者是否准确。在此案例中，就要首先明确陈薇是否归属于军事医学科学院生物工程研究所。否则，很有可能选中其他同名作者的观点。

（4）在检索引证文献时，需要辨别是否存在被引文献虚假引用的情况。

（5）构建结构树的时候，需要考虑引证文献的延续性，观察引证文献是否存在被引情况。

四、实验小结

引文索引检索是一项重要的文献检索方法，有利于对科学研究动态进行深层次追踪。本实验以突发性公共卫生事件新冠肺炎的研究为例，以《生物工程学报》2012年第6期发表的陈薇院士的论文《单个B细胞抗体制备技术及应用》为索引文献，检索该论文的引文索引情况，绘制该论文的三层引文索引结构树。实验可以借助CNKI引文索引模块进行，注册付费会员通过CNKI的引文检索，能够获得比较详细的引文索引数据表，非注册付费会员需要手动逐篇检索该论文的引文索引文献，并手动绘制引文索引结构树。

思考与练习

1. 什么是引文索引？什么是引文索引检索？
2. 如何根据引文索引检索实验的目标与要求，选择合适的引文索引检索引擎？
3. 如何科学运用 CNKI、CSCD、CSSCI 来源期刊目录等网站，设计中文引文索引检索实验的内容？
4. 如何根据引文索引检索实验的关键步骤，适当调整实验思路与方法，顺利开展中文引文索引检索实验？
5. 请检索林毅夫、刘培林的论文《中国的经济发展战略与地区收入差距》（发表于《经济研究》2003 年第 3 期）在中国经济发展战略与地区收入差距方面研究的引文索引文献，构建三层引文结构树和引证文献关系图，每层不少于 3 篇，总计不少于 39 篇，并记录第一责任人、出处和年份。

第十一章　英文引文索引检索实验

学习目标

1. 掌握英文引文索引检索的概念,熟悉英文引文索引检索的基本方法与步骤。

2. 能够根据实验背景,设计英文引文索引检索实验内容,运用 Web of Science 或 CNKI 进行引文索引检索。

3. 根据关键实验步骤,适当调整实验思路与方法,开展英文引文索引检索,画出引文结构树。

一、实验目标

(一) 实验目的

1. 熟悉 Web of Science 等外文引文索引检索网站,熟练对计算机网络数据检索工具的运用,能够按照实验设计灵活运用各类检索工具。

2. 掌握外文引文索引检索流程,学会根据一篇文献的不同结构进行检索,比如标题、作者和文献主体等。

3. 掌握基本的检索数据整理和处理能力,通过对文献的被引用量以及相关引证文献的浏览次数的了解,快速分析出该篇文献的研究内容和参考价值。

(二) 实验要求

1. 了解 Web of Science 等外文引文索引检索网站的使用方法,能够根据实验设计的要求快速检索出一篇文献的相关信息。

2. 了解引证文献的责任人(作者)、文献名称、出处(杂志名)、年代、期别、页码、被引用量,根据这些信息对引证文献进行分析处理。

3. 能够通过引文数据库的检索快速查出文献的被引用量,而且可以根据引证文献的标题和研究内容画出引证文献关系图。

4. 撰写实验报告,主要包括实验目的、实验内容、实验步骤、实验成果,主要收获与问题等,并填写实验日志。

（三）实验说明

某些外文引文索引数据库往往需要注册并付费才能使用,但如果在你所在机构获得授权的情况下,是可以免费使用的。有条件的学校和机构,建议登录本机构图书馆外文引文索引数据库平台完成本实验;没有条件的学校和机构,可以运用中国知网的外文引文索引检索完成本实验。因此,本实验的完成需要各显神通,克服某些外文引文网站登录的困难。

引文结构树的绘制参阅第十章。

二、实验内容

（一）实验背景

2006 年 8 月 9 日,Google 首席执行官埃里克·施密特(Eric Schmidt)在搜索引擎大会(SESSan Jose 2006)首次提出"云计算"(Cloud Computing)的概念。这是云计算发展史上第一次正式提出这一概念,有着巨大的历史意义。2008 年,微软发布其公共云计算平台(Windows Azure Platform),拉开了微软的云计算大幕。2009 年 1 月,阿里软件在江苏南京建立首个"电子商务云计算中心",成为中国云计算的开山先锋。2010 年,《美国计算机学会通讯》刊载了由 Michael Armbrust、Armando Fox、Rean Griffith、Anthony D. Joseph、Randy Katz、Andy Konwinski、Gunho Lee、David Patterson、Ariel Rabkin、Ion Stoica、Matei Zaharia 等 11 位著名学者共同撰写的一篇重量级论文 A View of Cloud Computing,可以说是云计算的鼎力之作。

虚拟化是云计算的基础,典型的云计算技术特征可分为虚拟化技术、分布式技术、并行计算/分布式计算、XaaS、Web X.0、数据存储、网络技术等。云计算的平台包括三类服务:软件基础设施即服务 IaaS、平台即服务 PaaS、软件即服务 SaaS。

请你根据论文 A View of Cloud Computing,通过外文引文索引检索平台对云计算技术的研究与发展脉络进行设计与查询。

（二）实验设计

（1）通过引文索引工具(Web of Science、CNKI 等)找出 A View of Cloud Computing(下称"母论文")的引证文献,统计引证文献的数量,记录其被索引(indexed by,核心评价)的级别,如本篇母论文分别被 SCI、Scopus、EI、AHCI、WAJCI、INSPEC 等索引目录所收录。

（2）分析母论文的引证文献,了解引证文献的相关信息,如责任人(作者),文献名称,出处(杂志名),年代、期别、页码、被引用量。

（3）用 Web of Science 或 CNKI 检索该文被国际学术期刊论文引用的情况，构建母论文四个层次的引文结构树。其中，国外作者英文引证文献不少于 15 篇，且全部被 SCI 收录；国内中文引证文献不多于 5 篇，且全部被 CSCD 收录。编辑列示每篇论文的相关信息，标出其核心评价。

（4）编制引证文献结构树；有条件的情况下画出引证文献关系图。

（三）实验准备

1. 理论准备

（1）熟练掌握各种检索工具和手段的运用方法，如可以利用 Web of Science 找出引证文献和参考文献，并且利用 Web of Science 对引证文献进行基础分析。

（2）熟练掌握 WPS、ProcessOn Mind 等软件的使用。

2. 工具准备

有条件的学校与机构可以通过本单位图书馆进行 Web of Science 科研数据库平台免费检索，没有条件的可通过 CNKI 进行部分功能的免费检索；如果是 CNKI 注册会员，可以通过付费自动获得引证文献结构图和引证文献关系图；但在未付费的情况下，只能手动逐一查询，手工绘制图表。

3. 实验环境准备

（1）有 VPN 的，登录本校 VPN，选择电子图书馆中的外文资源。没有 VPN 的，依次进入主页、机构登录、CHINA Cernet Federation，选择本校，进行身份验证登录，然后进入数据库查询系统开展实验。但请注意有的单位可能没有购买某些功能，因而并不能顺利完成实验，需要另想他法。

（2）在实验开始前，请先确认你是否在这些引文索引检索网站注册，以及你所在机构是否已购买其引文索引检索使用权限，在两者皆备的前提下才能比较顺利地完成本实验。如果两者皆无，则需通过比较机械的办法完成本实验。考虑到相当多的学校都没有购买英文引文索引检索使用权限，本实验带领大家运用机械的办法逐步完成。

三、实验操作

（一）实验步骤

【步骤 1】登录 CNKI 平台，打开引文检索窗口，输入母论文名称"A View of Cloud Computing"，如图 11-1 所示。

【步骤 2】点击查询图标，母论文的引文检索情况，如图 11-2 所示。选择不同排序查看引证文献的被引次数和他引次数。如有相同文献的不同记录次数，记录时间最早、数量最大的被引次数和他引次数。

图 11-1　CNKI 引文检索页

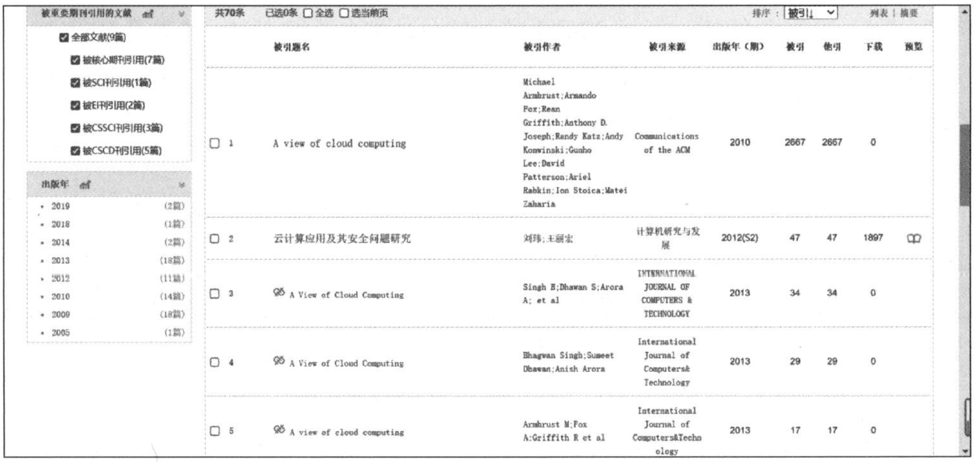

图 11-2　母论文的引文检索情况

【步骤 3】在 CNKI 首页检索母论文，如图 11-3 所示。滚动屏幕，可以看到该论文的引证文献，即被引用的文献分类依次有：International journals、International

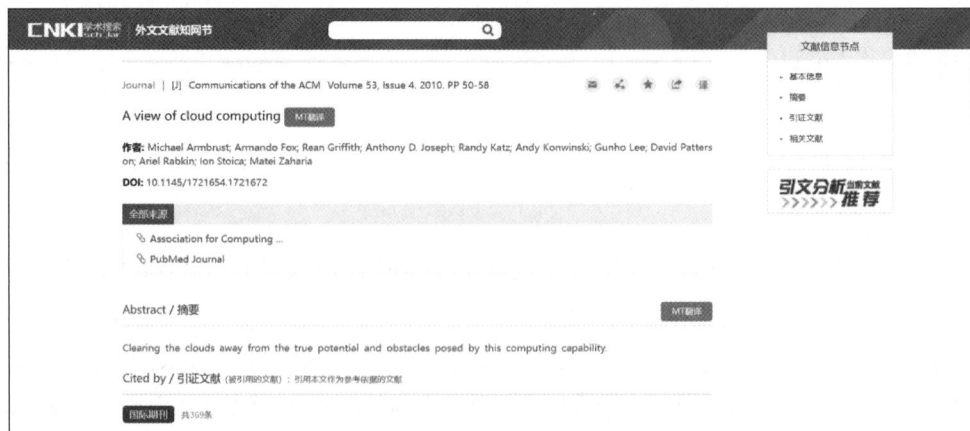

图 11-3　母论文检索信息

books、Chinese journals、Chinese dissertations 等共 2 667 篇，与图 11-2 显示的被引数量一致。请注意：在进行本实验时，查询到的文章篇数可能与 2 667 篇有所出入，请以实际检索的数量为准。

【步骤 4】选择时间最早或较早的他引英文文献，如"International journals"的第 209 条记录的论文 *Opportunities and challenges of cloud computing to improve health care services*（下称"子论文 1"），记录该论文相关信息，如图 11-4 所示。

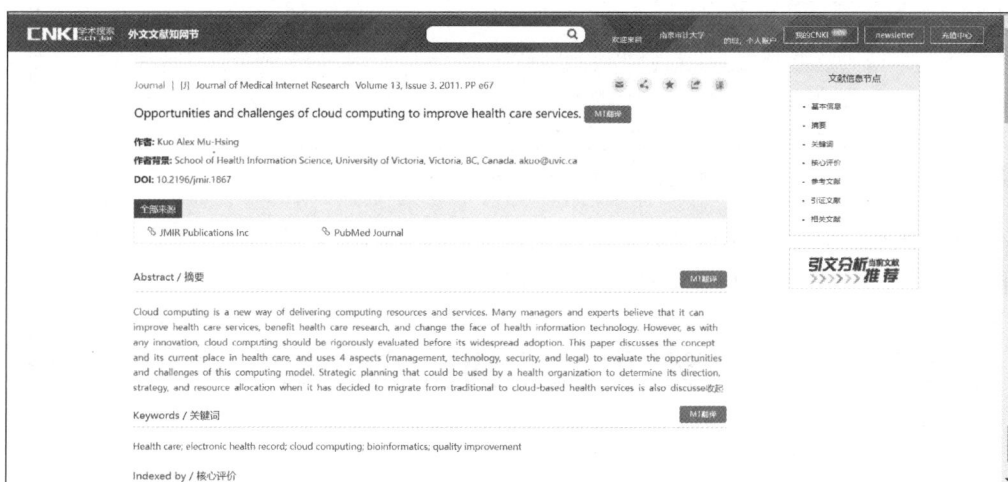

图 11-4　子论文 1 相关信息

【步骤 5】按照【步骤 3】的操作，检索子论文 1 的引证文献。如此往复，完成子论文 1 的第 1 层和第 2 层引证文献检索，记录每篇论文的相关信息，如图 11-5 和图 11-6 所示。

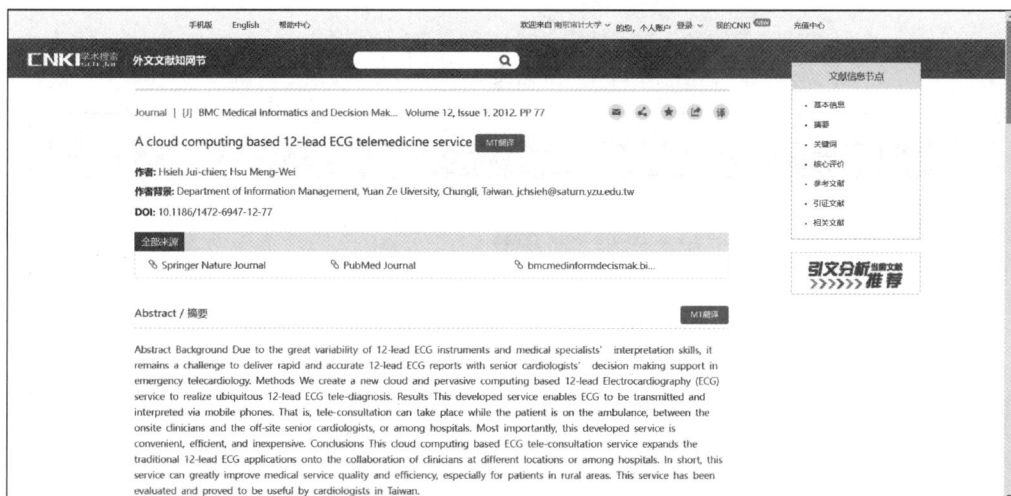

图 11-5　子论文 1 的第 1 层引证文献

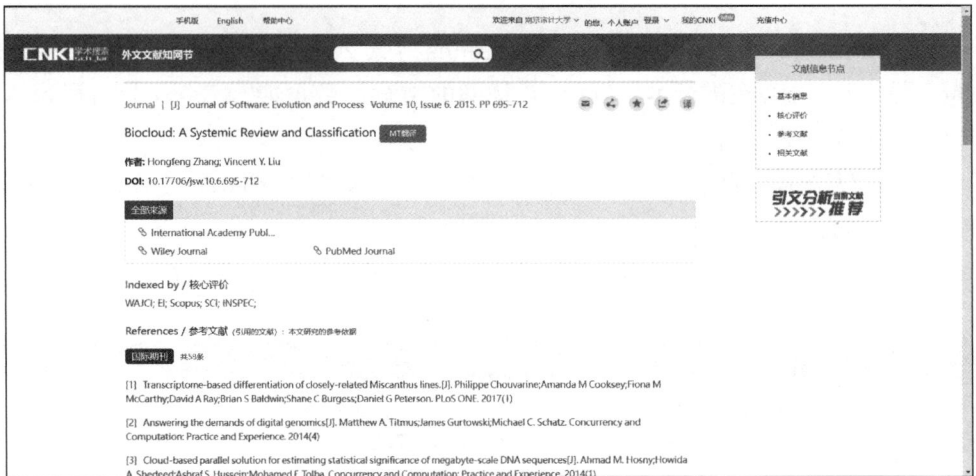

图 11-6 子论文 1 的第 2 层引证文献

【步骤 6】再回到【步骤 3】，查找子论文 2 及其第 1～4 层引证文献、子论文 3 的第 1 层引证文献，结果如图 11-7 至图 11-13 所示。

图 11-7 子论文 2 相关信息

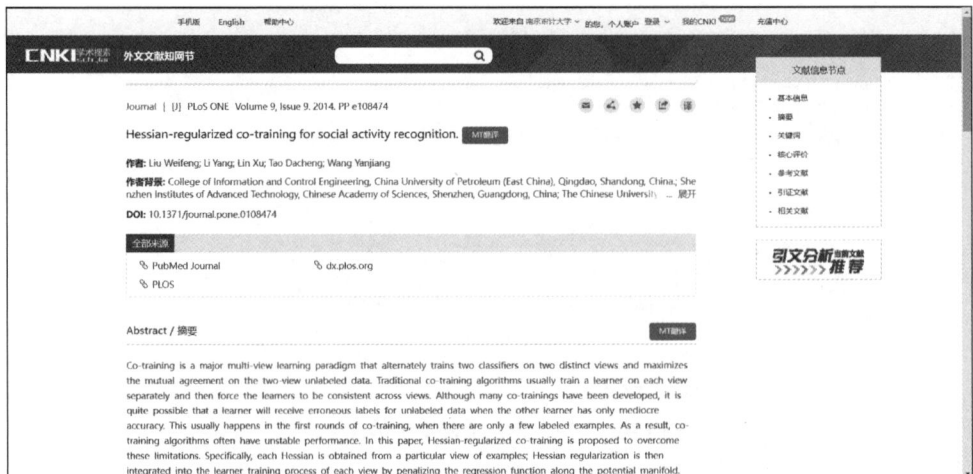

图 11-8 子论文 2 的第 1 层引证文献

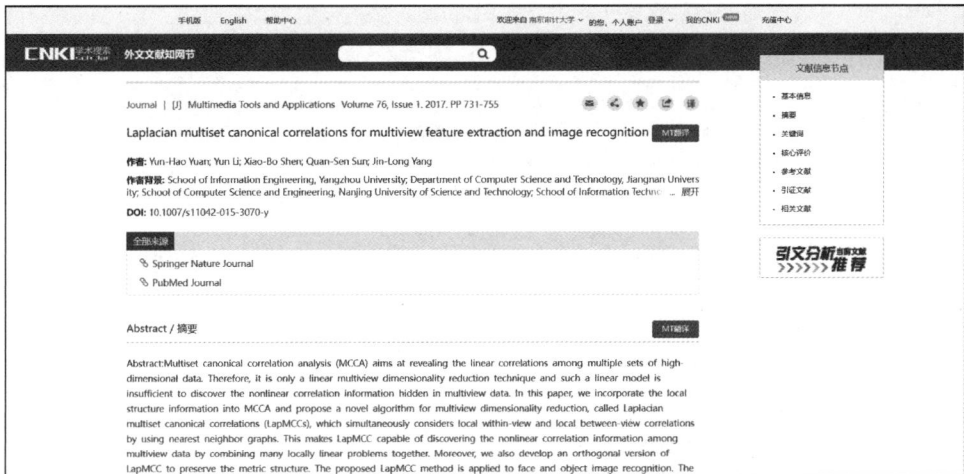

图 11-9　子论文 2 的第 2 层引证文献

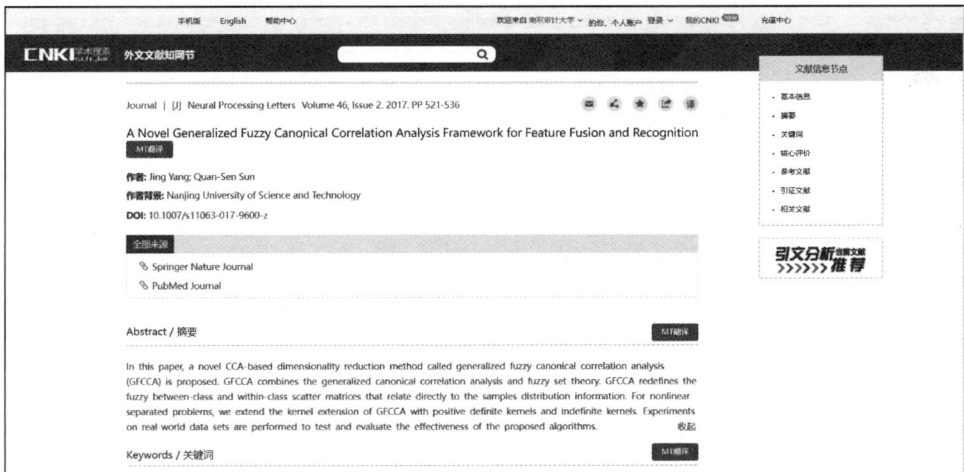

图 11-10　子论文 2 的第 3 层引证文献

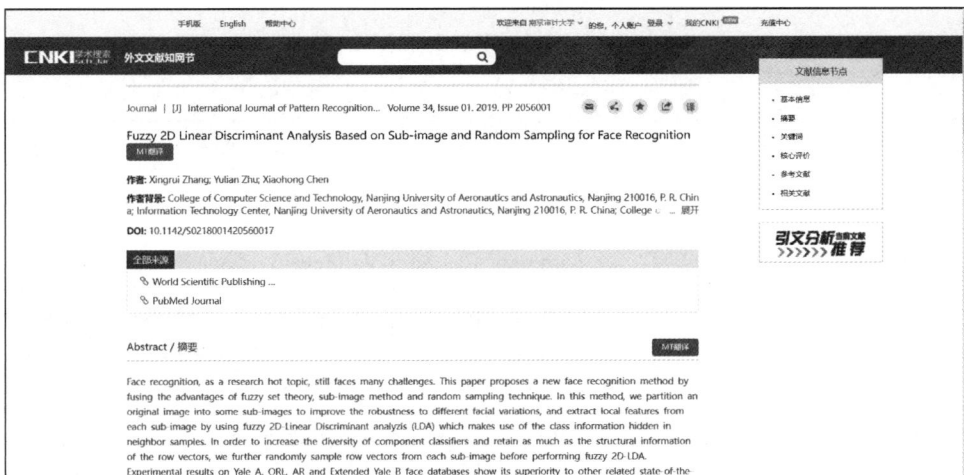

图 11-11　子论文 2 的第 4 层引证文献

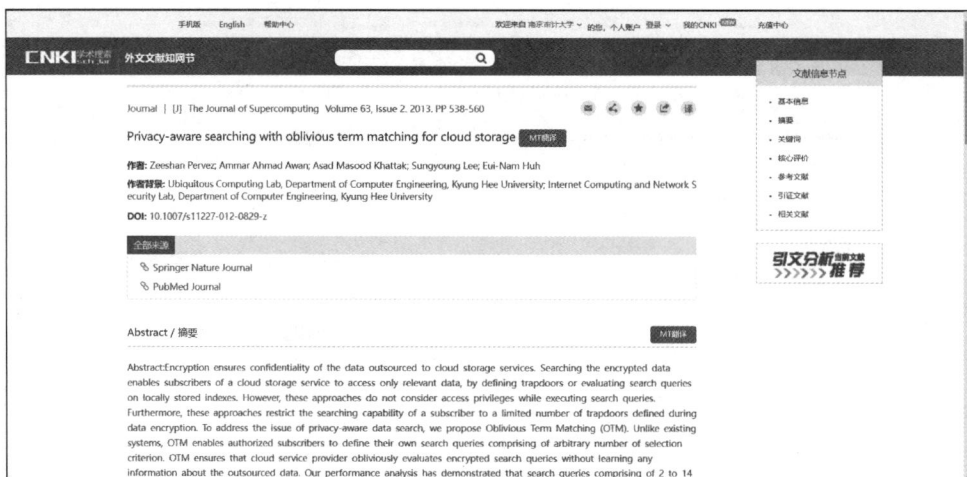

图 11-12　子论文 3 相关信息

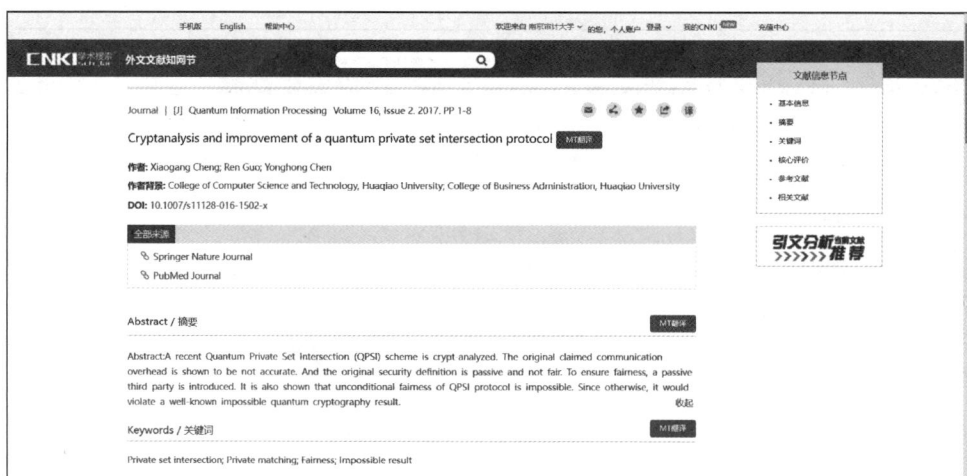

图 11-13　子论文 3 的第 1 层引证文献

【步骤 7】为每篇引证文献编号，列示引证文献表，如表 11-1、表 11-2 所示。

表 11-1　引证文献表

母　论　文		子　论　文	
编号	名称及出处	编号	名称及出处
0	A View of Cloud Computing[J]. COMMUNICATIONS OF THE ACM Volume 53，Issue 4. 2010. PP 50-58	1	Opportunities and challenges of cloud computing to improve health care services［J］. Journal of Medical Internet Research Volume 13，Issue 3. 2011. PP e67
		2	Hessian Regularized Support Vector Machines for Mobile Image Annotation on the Cloud［J］. IEEE Transactions on Multimedia Volume 15，Issue 4. 2013. PP 833-844
		3	Privacy-aware searching with oblivious term matching for cloud storage［J］. The Journal of Supercomputing Volume 63，Issue 2. 2013. PP 538-560

表 11-2　第一层子论文引证文献表

编号	引证文献	出　　处
1-1	A cloud computing based 12-lead ECG telemedicine service	[J] BMC Medical Informatics and Decision Making Volume 12，Issue 1. 2012. PP 77
1-2	Biocloud：A Systemic Review and Classification	[J] Journal of Software：Evolution and Process Volume 10，Issue 6. 2015. PP 695-712
2-1	Hessian-regularized co-training for social activity recognition	[J] PLoS ONE Volume 9，Issue 9. 2014. PP e108474
2-2	Laplacian multiset canonical correlations for multiview feature extraction and image recognition	[J] Multimedia Tools and Applications Volume 76，Issue 1. 2017.PP 731-755
2-3	A Novel Generalized Fuzzy Canonical Correlation Analysis Framework for Feature Fusion and Recognition	[J] Neural Processing Letters Volume 46，Issue 2. 2017. PP 521-536
2-4	Fuzzy 2D Linear Discriminant Analysis Based on Sub-image and Random Sampling for Face Recognition	[J] International Journal of Pattern Recognition and Artificial Intelligence Volume 34，Issue 01.2019. PP 2056001
3-1	Cryptanalysis and improvement of a quantum private set intersection protocol	[J] Quantum Information Processing Volume 16，Issue 2. 2017. PP 1-8

【步骤 8】结合每篇引证文献的发表先后顺序,梳理引文结构树里各篇论文之间的引文关系。绘制引文关系图,如图 11-14 所示。

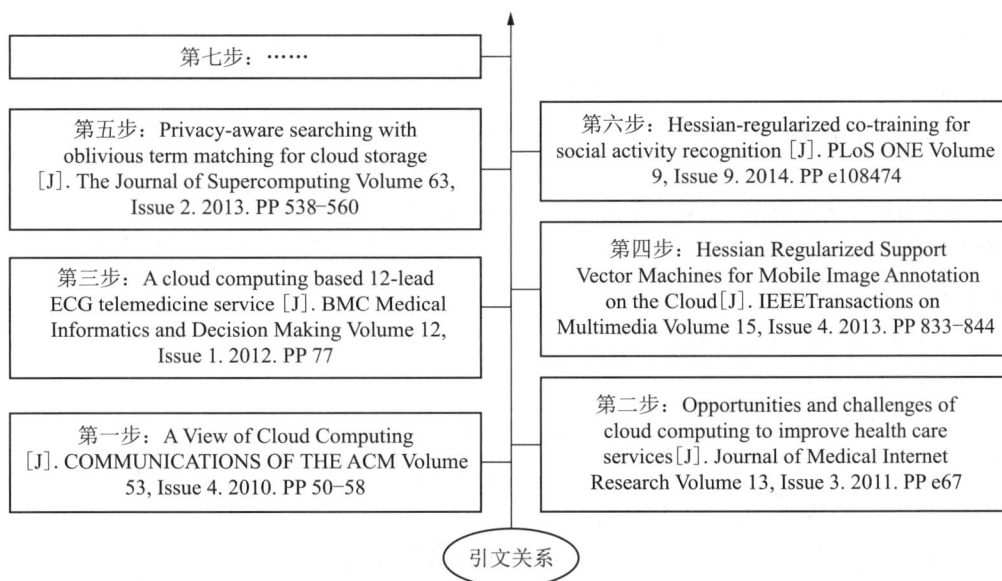

图 11-14　引文关系图

图 11-15 是另一种形式的引文关系图,可视性较强。注意,实验时可能会受到使

用权限的影响,不能进行引文关系图的自动配对,需要自己寻找各引文之间的交叉引用关系后,再绘制引文关系图。

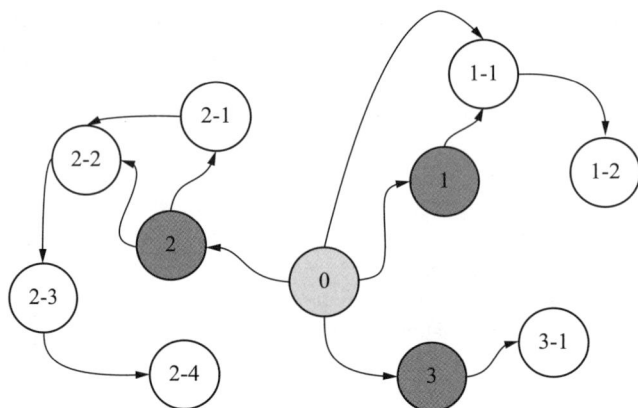

图 11-15 另一种引文关系图

(二) 实验要点

(1) 本实验以观察法为主,以比较法为辅。

(2) 需要选择合适的检索方式,可根据 topic、title、author 等进行多次尝试,找到正确的查询结果。

(3) 在所选择的引文数据库输入需要寻找的课题,找到相应论文,统计被引用量,查找它的引证文献,观察各引证文献,了解它们的责任人(作者)、文献名称、出处(杂志名)、年代、期别、页码、被引用量等,并进行比较分析,得出相关论文的被引用情况。

(4) 在引文结果页面点击 analyze result 探究引证文献的研究方向(需要权限)。

(5) 找到引证文献的参考文献,思考他们与母论文的相关度,并且根据引证关系、参考关系和相关度等因素并绘制引证关系图。

(三) 注意事项

(1) 在搜索母论文的被引用情况时,可以选择不同方式检索,但不是所有方式都有可行性。因为受到个人会员、机构会员等资费标准和权限有所区别的影响,每个人的实验结果可能所有不同。

(2) 点击查看引证文献的具体情况时,可将网页所在页面翻译成中文,让检索和查询过程更加便利。

(3) 使用 Web of Science 或 CNKI 对搜索结果进行的分析,仅限于对引证文献的分析,Web of Science 无法对参考文献进行分析。在了解引证文献的分析结果时,应注意挑选与实际需求一致的分析结果。

(4) 在分析引证文献的参考文献与原文献的相关度时,应仔细查看参考文献的内容提要、摘要、概要,或者通读参考文献,不可只根据题名做出判断。

(5) 在绘制关系图时,应注意引证关系、参考关系、相关度等信息,做好标识,避免混乱或错误。

四、实验小结

本实验设计思路是通过引文索引工具(Web of Science、CNKI 等)找出母论文 *A View of Cloud Computing* 的引证文献,记录引证文献的责任人(作者),文献名称,出处(杂志名),年代、期别、页码、被引用量等信息,构建母论文四个层次的引文结构树,列示每篇论文的相关信息,并标出其核心评价。

实验可以通过 Web of Science 或 CNKI 等中、外文引文索引网站开展引文索引文献的检索。Web of Science 的付费注册用户可以直接获得母论文的引证文献结构树及其引证关系图,但对于大部分非专门从事科学研究的大学生来说,由于属于付费注册用户,从而无法快速自动生成母论文的引证文献结构树及其引证关系图,就需要通过其他途径间接地获取引证文献,逐级逐层人工获取并自行绘制。本实验展示的情境就是在没有注册的情况下,通过 CNKI 的非注册用户模式完成所有操作。虽然比较烦琐,但更具有现实意义。

思考与练习

1. 英文引文索引检索实验的基本目标与要求是什么?

2. 如何科学运用 Web of Science 进行 SCI、SSCI 来源期刊目录的引文索引检索?

3. 英文引文索引检索的实验准备主要有哪些? 与中文引文检索相比,英文引文索引检索的特殊性是什么?

4. 如何根据关键实验步骤,适当调整实验思路与方法,顺利开展并完成英文引文索引检索实验?

5. 请通过 Web of Science 的 SSCI 检索系统或者其他网络数据平台如 Elsevier Science Direct、Springer Link 全文期刊数据库、EBSCO ASU + BSU 全文期刊数据库等检索 John Quiggin 于 2014 年发表的文章 *National accounting and the digital economy*(刊载于 Economic Analysis and Policy,Volume 44,Issue 2,July 2014,PP 136-142)的引证文献,记录其责任人、文献名称、出处、年代,绘制引文结构树。

6. 请通过 Web of Science 核心合集(SSCI)检索系统或 CALIS 外文期刊网、Pro-Quest 等国外期刊论文数据库网站,检索 Euchne Jim、Ganguly、Abhijit 三位学者的论文 *Business Model Innovation in Practice*(发表于 Research Technology Management,Volume 57,Issue 6,Nov/Dec 2014:33-39)的引证文献,记录引证文献主要信息如责任人、文献名称、出处、年代,绘制引证文献关系图。

第十二章　特殊文献检索实验

学习目标

1. 掌握特殊文献的概念和分类，了解特殊文献检索实验的目标、要求。

2. 能够根据实验背景，科学运用专利、标准、商标、政府文件等中外网站，设计本实验检索的内容，并做好相关实验准备。

3. 根据关键实验步骤，适当调整实验思路与方法，顺利开展并完成中外环境安全与食品安全等方面的专利信息检索实验。

一、实验目标

（一）实验目的

（1）熟悉掌握常用的专利、标准、政府文件的获取途径，能够利用相关数据库及相关搜索引擎检索专利、标准、政府文件。

（2）掌握基本的检索数据整理和处理能力，通过数据整合和数据分析，正确分析实验结论。

（3）掌握数据信息检索的实验判断、实验分析和实验论证能力，并通过实验了解一定的时事政治、国际形势。

（4）了解掌握常见特殊文献的基本知识与其常用检索工具，学会运用特殊文献检索工具，对更多类型特殊数据进行精准的检索。

（二）实验要求

（1）掌握专利、标准、政府文献等特殊文献的定义和类型，了解他们的发行渠道、作用与特点。

（2）了解国家知识产权局网站专利检索系统、中国专利信息网、中国专利网、中国知网和万方数据知识平台、欧洲专利局专利信息网、美国专利商标局专利数据库的专利信息检索方法，快速、准确地检索专利数据信息。

（3）了解国家科技图书文献中心（NSTL）中外标准数据库，国际标准化组织、中国标准服务网等标准文献检索工具。

（4）撰写实验报告，实验报告主要包括这些内容：实验目的、实验内容、实验步骤、实验成果、主要收获与问题等，并填写实验日志。

（三）实验说明

某些特殊文献的检索是需要付费的。有条件的学校和机构，建议登录本机构图书馆数据库平台完成本实验。某些数据库往往需要注册并付费才能检索，但如果在你所在机构获得授权的情况下，是可以免费进行检索的。

本实验需要综合利用中文、英文数据库，需要熟悉中英文特殊文献检索的有关方法。

二、实验内容

（一）实验背景

俗话说"民以食为天"，饮食对百姓的生活有着重要意义。随着人民群众生活水平的不断提高，如今大家不仅追求吃得饱，更关注如何吃得安全、吃得健康。为科普食品安全知识，树立食品安全意识，二班的同学们策划了一场比赛。同学们将全班分为三个小组，比较哪一组能够充分利用所学的信息检索知识，快速、准确地查找到相关的食品安全信息。

为了提高信息检索的全面性与充分性，同学们将比赛分为三部分：

（1）"绿水青山就是金山银山"，没有绿色的环境就不会有健康的食品，为了领略我国在改善环境、优化食品质量上的巨大进步，同学们需要查阅国内关于环境安全与食品安全的专利信息，并调查美国相关的专利信息，进行简单的比较。

（2）食品安全标准是我国唯一强制执行的食品标准，是食品安全监管的重要技术依据。加强食品安全监管，关系着群众"舌尖上的安全"。截至目前，我国初步构建起覆盖从农田到餐桌、与国际接轨的食品安全国家标准体系。同学们预期检索部分家用食品的安全国家标准，如酱油，食醋、乳糖等。

（3）政府在食品安全标准的制定与施行方面起到了引领指导的作用，同学们将检索我国政府在食品安全上颁布的政府性文件。

（二）实验设计

（1）使用国家知识产权局网站专利检索系统检索国内有关环境安全与食品安全的专利信息，并做简单了解。

（2）使用美国专利与商标局专利数据库检索美国有关环境安全与食品安全的专利信息，并做简单了解。

（3）对中美两国的环境安全与食品安全专利数量上进行对比，并对两国环境安全与食品安全专利未来的发展形势进行简单分析。

（4）使用 NSTL 中外标准数据库检索食品安全国家标准。在条件允许的情况下，借助学校内部图书馆下载标准文献内容阅读。

（5）使用国际标准化组织检索欧洲食品安全标准，并做简单了解。

（6）在中国政府网内的政府信息公开专栏查询我国政府在食品安全方面颁布的政府文件。

（三）实验准备

1. 理论准备

（1）了解专利信息的检索途径与来源，专利信息的检索途径主要有以下几种：

主题：分类号、关键词、标引词、文摘。

人名：发明人、设计人、专利申请人、专利权人。

号码：申请号、文献号、专利号。

日期：申请日、公布日、公告日等。

（2）熟悉我国的标准分类，了解各级标准的对象、适用范围、内容特性要求和审批权限。能够读懂行业标准代号，了解国际标准分类法与中国标准分类法。

2. 工具准备

常见的国内外专利文献检索工具如下：

（1）中华人民共和国国家知识产权局网站专利检索系统（http://pss-system.cnipa.gov.cn），国家知识产权局网站专利检索系统共提供 4 种检索方式：常规检索、高级检索、导航检索、命令行检索。

（2）中国专利信息网（https://www.patent.com.cn）是国内最早通过互联网向公众提供专利信息服务的网站。检索方式有简单检索、逻辑检索、菜单检索三种。数据库每 3 个月更新一次。

（3）中国知识产权网（http://www.cnipr.com）是由国家知识产权局专利文献出版社创建的知识产权信息与服务网站。

（4）欧洲专利局专利信息网（http://ep.espacenet.com）不仅可以免费检索欧洲专利局成员国各种语言的专利文献，还可以检索世界其他国家和地区的专利信息。

（5）美国专利与商标局专利数据库通过互联网免费提供美国专利检索服务。

（6）NSTL 中外标准数据（http://www.nstl.gov.cn/index.html）。

（7）国际标准化组织（http://www.iso.org）。

（8）政府信息公开专栏（http://www.gov.cn/zhengce/xxgkzl.htm）是中国政府网开设的专栏，是政府面向社会的窗口。

3. 实验环境准备

（1）可连接互联网的计算机。

（2）计算机可以进入相关数据库网址。

三、实验操作

（一）实验步骤

【步骤 1】登录国家专利检索系统（http://pss-system.cnipa.gov.cn），注册账号

并登录,熟悉国家专利网站的主要内容。其登录页面和检索页面分别如图 12-1 和图 12-2 所示。

图 12-1　国家专利检索系统登录页面

图 12-2　国家专利检索系统检索页面

【步骤 2】在高级检索界面的发明名称中输入"环境安全 OR 食品安全",阅读显示的专利信息。在高级检索界面的发明名称中输入"食品安全",记录其专利数量,如图 12-3 所示。

【步骤 3】登录美国专利与商标局专利数据库,其主页如图 12-4 所示。

【步骤 4】点击 Patents 栏目下的 Search for Patents,点击"Patent Public Search",在 Default Operator 中选择"OR",在输入栏里输入"food safety OR food security",点击"Search"后记录专利数量,并做好记录,如图 12-5 所示。

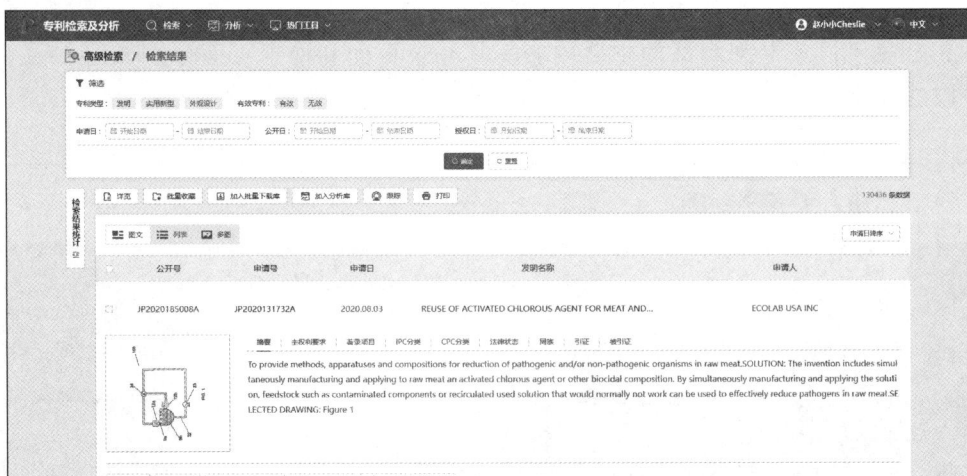

图 12-3　国家专利检索系统搜索栏

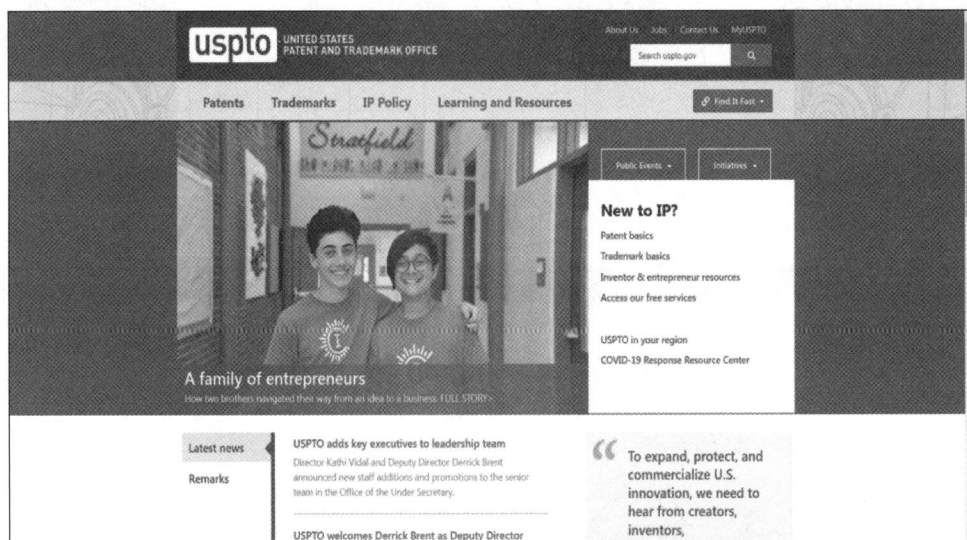

图 12-4　美国专利与商标局专利数据库主页

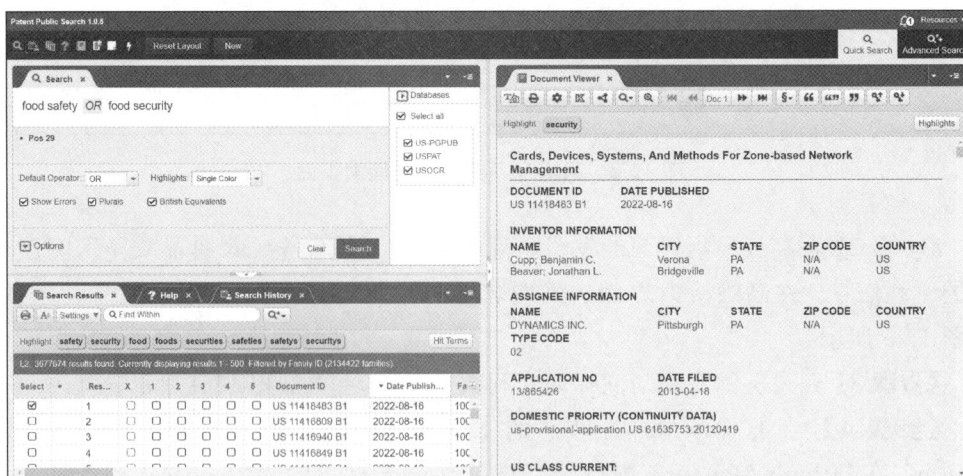

图 12-5　美国专利与商标局专利数据库搜索栏

【步骤5】登录 NSTL 中外标准数据库,在文献检索栏中输入"食品安全国家标准",检索结果页面如图12-6所示。可以选择继续借助校园 VPN 登录内部图书馆查阅标准文献内容。

图12-6 "食品安全国家标准"检索结果页面

点击检索内容的第一条"食品安全国家标准"后点击下方"申请单",将文献加入申请单,如图12-7所示。在右侧菜单中选择购物车图标的"申请单",输入电子邮件地址后提交获取申请即可下载文献,如图12-8所示。

【步骤6】登入中国政府网,进入政府信息公开栏,在检索栏中输入"食品安全",阅读《食品安全法实施条例》《食品安全国家标准》等政府颁布的相关文件,如图12-9所示。

【步骤7】根据实验步骤及各环节检索内容撰写并及时提交实验报告。

【步骤8】按要求填写实验日志。

食品安全法
实施条例

图12-7 将"食品安全国家标准"加入申请单

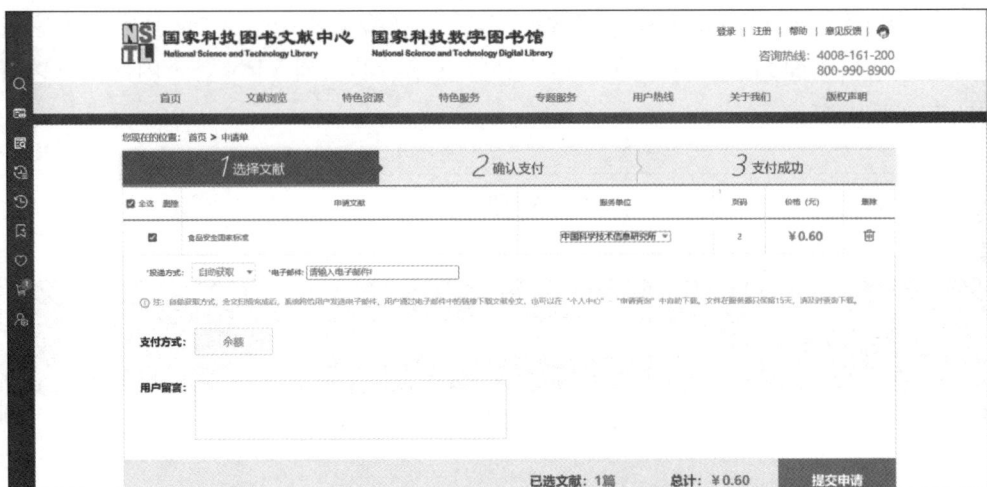

图 12-8　提交获取文献申请

图 12-9　"食品安全"相关文件

（二）实验要点

（1）登录中国国家专利检索系统、美国专利与商标局专利数据库，选择相应的检索条件，检索实验所需的内容，并根据检索出的数据进行对比与分析。

（2）国外相关数据通过检索美国专利与商标局和国际标准化组织官网获得。通过 NSTL 中外标准数据库检索标准文献，按实际条件，选择是否通过校内图书馆了解详细内容。

（3）通过政府信息公开栏检索政府文件，也可以通过检索具有权威性的新闻、公众号获取等。

（三）注意事项

（1）若国家专利检索系统网址发生变化,可以搜索国家知识产权局官方网站,进入查询服务中的专利检索及分析系统。

（2）部分网站要注意检索条件。例如,NSTL中外标准数据库需要取消默认勾选的期刊、会议、学术论文,勾选"标准"。

（3）通过本校教务系统获取登入校园VPN的方式,尝试借助校园图书馆查询标准文献内容。

（4）国外网址可借助翻译和帮助来了解其详细操作。

四、实验小结

特殊文献检索实验在实际生活中会经常用到,对于各项工作如法律、商业、科技研发与企业管理,都具有很重要的作用。本实验以食品安全国家标准为题材,熟悉标准、商标、专利等特殊文献信息的检索方法。首先,登录国家专利检索系统网址,检索环境安全、食品安全等方面的专利。其次,登录美国专利与商标局专利数据库网站,检索"food safety"或者"food security"方面的专利数量情况。再次,登录NSTL中外标准数据库,检索食品安全国家标准的有关情况,并尝试填写申请单,查询食品安全方面的国家专利号和相关文件。最后,对获取的专利、标准信息进行整理和列示。

思考与练习

1. 特殊文献检索实验的基本目标是什么?

2. 如何科学运用专利、标准、商标、政府文件等中外网站设计本实验检索的内容?

3. 如何根据关键实验步骤,适当调整实验思路与方法,顺利开展并完成中外环境安全与食品安全等方面的专利信息检索实验?

4. 现行中华人民共和国宪法是1982年12月4日第五届全国人民代表大会第五次会议通过,并于1982年12月4日全国人民代表大会公告公布施行。请你登录中国人大网,了解我国宪法的有关情况:

   (1) 我国1982年宪法颁布施行后经过哪几次修正?

   (2) 现行中华人民共和国宪法一共有多少章多少条?

   (3) 2018年中华人民共和国宪法修正案有哪些重大修正?

   (4) 根据中华人民共和国宪法,我国的国旗、国歌、国徽有哪些专门法加以规定?每个专门法的具体名称是什么?这些法律的最新修订日期分别是什么?

第十三章 学术研究进展检索实验

学习目标

1. 在掌握所在专业某领域知识的前提下，紧跟最新学术研究进展，就某一学术领域进行信息检索，充分把握学术研究进展检索实验的目标、要求。

2. 能够根据实验背景，综合运用中外普通信息网站、专业数据库网站，设计本实验检索的内容，并做好相关实验准备。

3. 参考关键实验步骤，适当调整实验思路与方法，顺利开展并完成学术研究进展检索实验。

4. 每个小组各成员能够充分探讨、相互配合、齐心协力，对学术研究进展的相关检索内容进行科学分类、高度归纳、客观评价和精辟总结。

5. 有能力的小组建议撰写学术研究进展报告。

一、实验目标

(一) 实验目的

(1) 掌握搜索引擎的技巧和方法，能够快速找到准确的网站，进行学术进展研究。

(2) 能够在学术门户网站等快速查询到相应学科的发展动态，并且根据关键词找到发展学术动态的最新文章。

(3) 掌握基本的检索数据整理和处理能力，通过对检索数据主要内容的快速分析，归纳出该篇文章所表达的核心观点。

(4) 能够通过比对多篇学术动态的文章归纳出相应学科的发展进程。

(二) 实验要求

(1) 实验分组进行，3 人为一组，为了方便实验的延续开展，本章分组与第十九章和第二十章的分组一致。

(2) 能够根据各门户网站的不同特点找到适合研究学术进展的网站，并且可以根据实验设计的要求迅速检索到相应学科学术动态、管理资讯等。

(3) 能够根据检索得到的学术动态、管理资讯等归纳出相应学科的最新进展的核心内容,进行比对,避免重复。

(4)根据实验相关情况撰写实验报告,实验目的与要求准确,实验步骤清晰,实验分析得当,实验结果正确,最后归纳总结实验的主要收获与问题,并正确填写实验日志。

(三)实验说明

本实验为综合设计实验,需要合理运用前述各章知识。某些中英文引文索引数据库往往需要注册并付费才能检索,但如果在你所在机构获得授权的情况下,是可以免费进行检索的。有条件的,建议登录本机构图书馆数据库平台完成本实验。

二、实验内容

(一)实验背景

管理学课堂上,于老师向同学们展示了部分《每日经济新闻》对万物云 CEO 朱保全进行采访的采访稿——《对话万物云 CEO 朱保全:上市非必要动作,万物云要革"万科物业"的命》,进行了相关讨论。

采访稿全文

《管理学》课题讨论

于老师:同学们,你们知道万物云吗?知道的请为大家介绍一下?

小一:老师,我知道,万物云是万物云空间科技服务股份有限公司的简称,是万科企业股份有限公司的控股子公司,旗下有 Space、Tech 和 Grow 三大模块。Space 模块包含归属社区空间服务的万科物业、朴邻发展,归属商企空间服务的万物梁行,归属城市空间服务、全国首个以城市服务为定位的全新品牌万物云城。Tech 模块则包括万睿科技、第五空间,分别提供软硬件服务能力、数字运营和行业人工智能服务。Grow 模块的万物成长是公司的孵化器,持续连接成熟企业、孵化创新企业。

于老师:小一,你说得对,那哪一模块跟我们正在学习的管理学相关度最高呢?

小二:Space 模块!朱保全先生在采访中提到了,万物云 Space 模块的万物云城的服务有利于政府"放管服"改革。

于老师:没错。近几年城管与人民之间的纠纷与冲突频现,而万物云就是一种政府管理模式发生改变的体现。本节课给大家布置一项作业,请大家分组,以 3 人为一组讨论移动互联网和移动支付背景下,私人提供公共商品的可能性,万物云等开始介入政府管理后,政府治理面临哪些新的机遇与挑战。

（二）实验设计

小一和他的小组成员讨论之后，将主要任务列举如下：

（1）了解万物云、万物云城的经营模式。

（2）通过百度等搜索引擎查找政府管理原有的模式以及管理与治理之间的区别。

（3）通过学术搜索引擎或政府权威网站查询研究进展，政策实践的实施效果。

（4）找出私人提供公共物品对政府管理职能转型的促进作用、机遇与挑战等。

（三）实验准备

1. 理论准备

（1）学习过管理学、政府管理等相关学科知识，对管理学原理充分了解，例如管理方法、管理模式和最优效益。

（2）了解有关私人提供公共物品的管理模式的改变的相关政府政策，可以将其运用到实验的过程中。

（3）熟练掌握各种搜索引擎、门户网站的运用方法和查询技巧。

2. 工具准备

（1）百度等综合搜索引擎，可用来检索合适的学术进展研究网站。

（2）万物云官网（https://www.onewo.com/space.aspx），用来查询特定的万物云城的相关信息。

（3）求是网、中国社会科学网等学术门户网站，检索管理学科发展的最新管理资讯、学术动态等信息。

（4）中国知网等文献数据库，查询有关最新学术动态研究的文献以供参考。

3. 实验环境准备

可连接互联网的计算机，并且可以进入求是网、中国社会科学网、中国知网等网站检索相关信息。

三、实验操作————————————————————————————●

（一）实验步骤

【步骤1】登录百度搜索引擎。在搜索框输入"万物云 Space"或"万物云-物联网大数据服务平台"等关键词，查询相关搜索结果。

选择登录万物云官网，其首页如图 13-1 所示。

在万物云官网注册个人账号，如图 13-2 所示。然后登录主页了解万物云的公有云、私有云、专业云等板块的数据服务平台，了解其发展、核心项目、项目布局等信息。

可打开万物云新闻、特性、文档等类目，详细了解万物云数据服务平台提供的各种服务情况。其"特性"模块界面如图 13-3 所示。

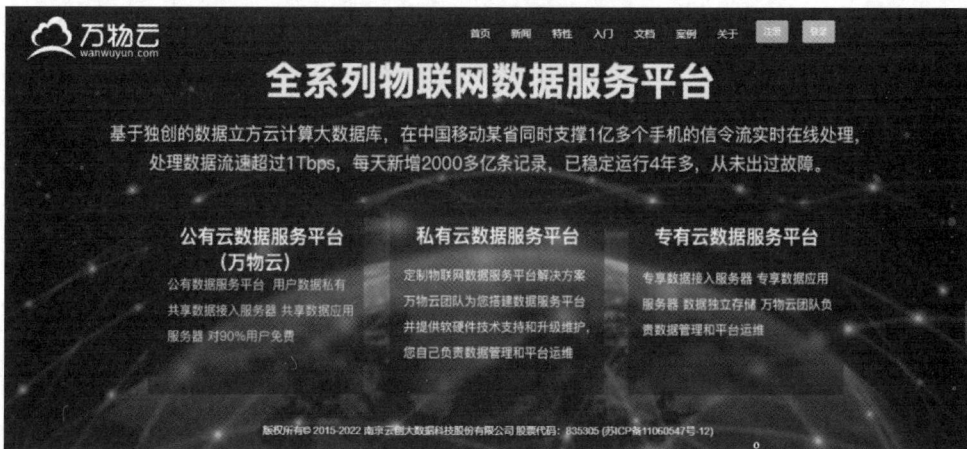

图 13-1　万物云官网首页

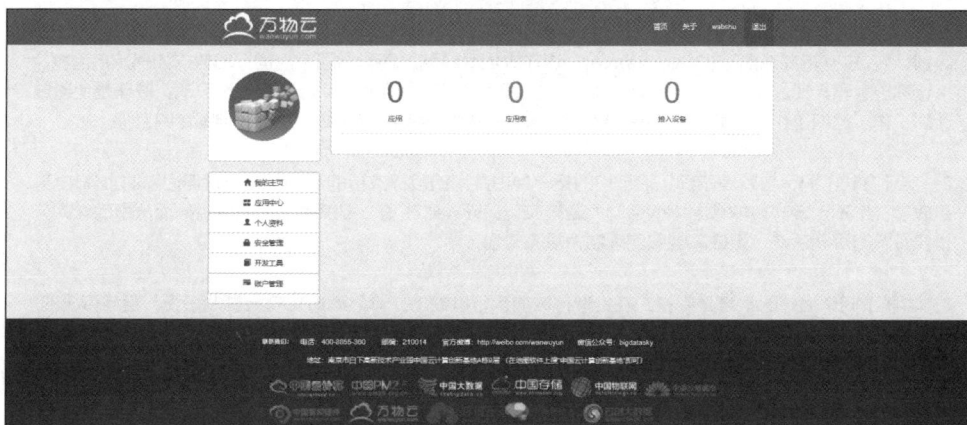

图 13-2　万物云官网注册个人账号

图 13-3　万物云"特性"模块界面

【步骤 2】在百度等搜索门户输入政府治理等关键词,检索结果如图 13-4 所示;了解原有的政府管理模式,概括其核心要点,并且搜索管理和治理之间的区别,分点列举,如图 13-5 所示。

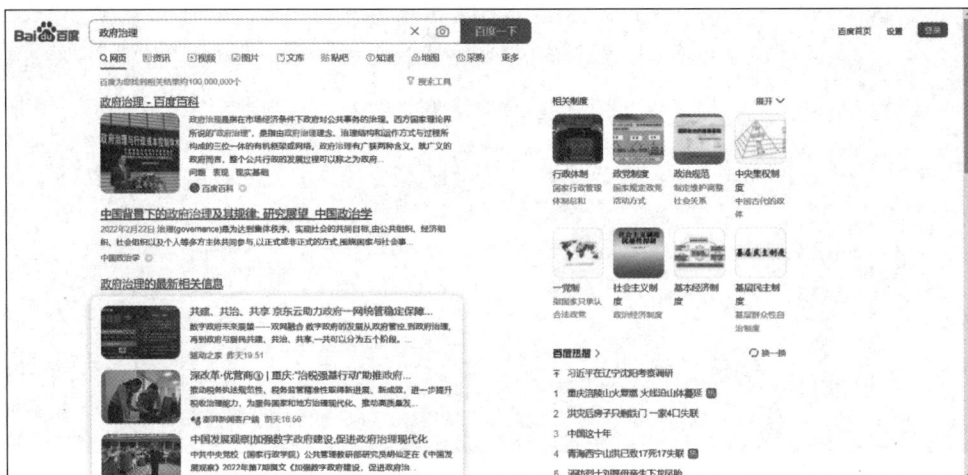

图 13-4　百度检索政府治理结果

区别：1、定义不同：治理(Governance)一词在政治学领域，通常指国家治理，即政府如何运用治权来管理国家和人民。是以维持政治秩序为目标，以公共事务为对象的综合性的政治行动。管理是指通过计划工作、组织工作、领导工作和控制工作的朱过程来协调所有的资源，以便达到既定的目标。

2、实现方式不同：与管理不同，治理指的是一种由共同的目标支持的活动，这些管理活动的主体未必是政府，也不一定非得依靠国家的强制力量来实现。管理是在某一组织中，为完成目标而从事的对人与物质资源的协调活动，是依靠国家的强制力量来实现。

3、本质不同：治理的本意是服务。在治理行政的运行机制下，虽然政府也履行管制职责，但与传统的政府管制有着根本区别。管理的任务是设计和维持一种环境，使在这一环境中工作的人们能够用尽可能少的支出实现既定的目标，或者以现有的资源实现最大的目标。

图 13-5　治理和管理的区别

对上述检索内容进行归纳整理，得到原有政府管理模式的特点、优点与缺点，如表 13-1 所示。

表 13-1　原有政府管理模式

模　式	特　点	优　点	缺　点
计划经济下的全能控制型政府管理模式	1. 权力高度集中	1. 增强国家凝聚力	1. 排斥市场机制,社会活力丧失
	2. 行政性的管理手段	2. 动员社会资源,奠定工业化基础	2. 资源配置效率低下
			3. 单一行政手段解决问题
			4. 权力集中在中央,地方积极性不高
市场经济下的管制型政府管理模式	1. 制定社会、经济发展规划	1. 减少外部性问题	1. 政府管理理念重效率轻公平
	2. 制定并组织实施宏观产业政策	2. 防止市场垄断和恶性竞争	2. 管制成本太大
	3. 重视基础设施建设	3. 解决市场信息不对称问题	3. 不能充分整合社会资源
	4. 综合运用社会资源		
	5. 优化生态环境		4. 管制寻租
	6. 构建社会保障体系		

【**步骤3**】登录求是网等网站和中国社会科学网等学术门户,搜索"放管服"等关键词,了解推行"放管服"的方式途径,结果如图 13-6、图 13-7、图 13-8 所示。

图 13-6　求是网检索"放管服"

图 13-7　中国社会科学网检索"放管服"

图 13-8　中国社会科学网中"放管服"的方式途径

【步骤4】登录中国政府网、中国知网等文献检索平台,检索"放管服"推进后的新型政府治理的管理模式的核心内容,归纳出政府治理可能面临的新的机遇与挑战。主要检索页面如图 13-9、图 13-10 所示。

图 13-9　中国政府网检索"放管服"推进后的政府治理体系

【步骤5】根据实验步骤及各环节检索内容撰写并及时提交实验报告。

【步骤6】按要求填写实验日志。

实验汇报 PPT

(二)实验要点

(1)通过百度等搜索引擎或者万物云官网了解万物云城的具体运营模式,发现私人提供公共商品的管理模式的改变。

(2)通过百度等搜索引擎继续搜索中国政府原本采用的管理模式,以及管理与治理之间的区别,分点记录下来,边搜索边记录,使了解更加全面透彻,避免重复或

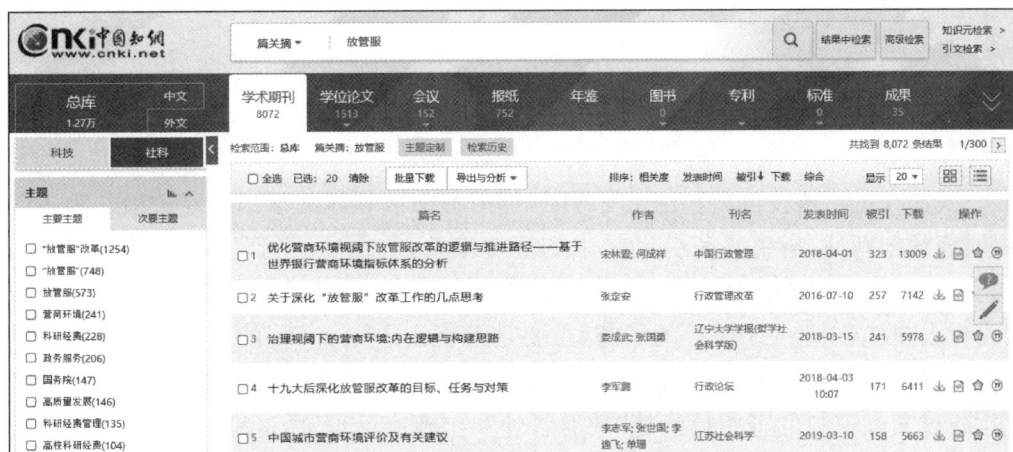

图 13-10　中国知网检索"放管服"的内容

类似的观点，使过程高效化。

（3）搜索"放管服"等关键词，了解推行"放管服"的方式途径，记录在推行"放管服"的过程中出现的问题以及问题产生的原因。

（4）在文献检索平台检索"放管服"推进后的新型政府治理的管理模式，探究管理学尤其是政府管理方面近几年发生的变化，归纳核心要点，以表格方式记录，根据学术研究动态找到政府管理学接下来遇到的机遇和挑战。

（三）实验分析

检索某一学术研究进展是需要辨别检索网站的权威性以及专业性的。比如此次实验主要检索的是政府治理，因而要选择较为官方的网站。实验中选择的求是网是中共中央机关刊《求是》杂志的网络传播平台，是中宣部和中央网信办指定的重点理论网站，是广大党员干部理论学习的优质网络平台。中国社会科学网是全球最大的学术门户网站，准确、及时地报道国内外重大新闻，深度解析社会热点、难点问题，全面反映国内外学术动态。中国知网收录了许多杂志期刊上的重要文献。

（四）注意事项

（1）选择网站可以不局限于求是网。在选择检索网站时，需辨别网站是否符合检索的需求，在查询信息时，不可以选择过于绝对或者过于偏激的言论，找到的信息需符合学术要求，且公正严谨。

（2）在百度等综合搜索引擎上搜索政府治理、政府管理等关键词时，可以发现"放管服"这一关键词，在搜索到的结果中多次出现多次。查询到"放管服"的释义后，搜索可多以"放管服"为主。

（3）在求是网等平台上查询有关标题、作者等关键词时，请注意筛选中的时间类别，选择"时间不限"。

四、实验小结

　　我们在进行科技创新和论文写作时,都需考察该领域的学术研究进展。为了确保研究的创新性,避免重复劳动带来的资源浪费,就需要进行学术研究进展检索。本实验以万物云为案例作为切入点,让学生在对万物云进行考察的基础上,对政府"放管服"改革产生一个感性的了解,主要是万物云空间 space 的三大模块——社区空间服务、城市云空间服务、商企空间服务,然后再转入对"政府管理与治理"的考察,通过文献资料的查阅搞清楚"政府管理"与"政府治理"的区别与联系,再逐步引导到"放管服"改革中。在"放管服"信息资料的检索和整理中,分别弄清楚"放""管""服"的内涵,通过对"放管服"目标与路径的检索与思考,把整个实验升华到"私人提供公共物品的相关问题研究"这个主题,进而回应万物云作为私人部门所提供的公共服务这个主题。经过"实验—认知—再实验—再认知",探讨和深思"政府转型"的必要性和可行性问题。本实验就是学生从感性认识提高到理性认识,再从理性认识指导社会实践的事物认识过程,体现了学术研究进展的本来面目,非常具有启发性和实用性。

思考与练习

1. 怎样紧跟某一学术领域的最新学术研究进展进行信息检索?
2. 如何综合运用中外普通信息网站、专业数据库网站设计本实验检索的内容?
3. 为了顺利开展最新学术研究进展实验,应该做好的实验准备主要有哪些?
4. 如何针对学术研究进展的相关检索内容进行科学分类、高度归纳、客观评价和精辟总结?
5. 谈谈小组各成员进行充分探讨、相互配合、齐心协力的心得和体会。
6. 企业数字化转型是在物联网、大数据、云技术、人工智能、区块链、虚拟与增强现实等技术的研发、设计、生产、运营方面取得一系列新成果的基础上进行的触及企业核心业务模式和商业模式的数字化转型。由此可见,数字人民币的应用场景将从"吃、住、行、游、购、娱",延伸到绿色低碳、政务服务、数字货币及其金融服务等诸多领域,根据以上数字科技的最新研究进展和银行数字化转型的实际情况,设计一个实验,系统考查银行数字化转型的方向、目标、路径及其最新动向。

第十四章 产业发展动态检索实验

≡

学习目标

1. 在掌握所在专业学科某领域的前提下，紧跟最新产业发展动态，就某一产业领域进行信息检索，充分把握该产业发展进展检索实验的目标、要求，领会实验说明。

2. 能够根据实验背景，综合运用中外普通信息网站、专业数据库网站，设计本实验检索的内容，并做好相关实验准备；根据关键实验步骤，适当调整实验思路与方法，顺利开展并完成产业动态与产业最新进展的检索实验。

3. 每个小组各成员能够充分探讨、相互配合、齐心协力，对该产业动态的相关检索内容进行科学分类、高度归纳、客观评价和准确总结。

4. 撰写并提交实验报告，填写实验日志，有能力的小组建议撰写产业发展动态研究报告。

一、实验目标

（一）实验目的

（1）根据实验内容涉及的产业，快速从相关产业资讯检索网站中找到该产业的最新资讯和发展历史。

（2）合理利用在权威网站中检索到的最新新闻，分析判断目前产业发展的新局势，指出该产业目前的动态变化趋势。

（3）掌握最基本的对产业资讯的整理和处理能力，通过对产业资讯的整合与处理，得出正确的实验结论。

（4）掌握与所检索产业有关联的其他产业的最新资讯，将其他产业的资讯与所检索产业的发展相联系，找出其内在共通点。

（二）实验要求

（1）了解中研网、艾瑞网等检索产业资讯的专业、权威的官方网站，并熟悉不同网站检索资讯的方式以便能够快速寻找到相关资讯完成实验。

（2）了解同花顺、东方财富等股票交易市场，能够根据交易走势和 k 线图掌握某企业的交易动态,掌握其最新的市值变动。

（3）能够根据实验目的设计实验背景,按照实验步骤有序开展产业资讯检索流程,下载或导出产业报告和最新数据,根据实验设计中的要求对产业的动态进行分析。

（4）通过实验,分析实验设计是否能够准确地判断出目标产业的动态发展。如果不能,请提出改进与优化实验的方法。

（5）根据实验相关情况撰写实验报告,实验步骤清晰,实验分析得当,实验结果正确,最后归纳总结实验的主要收获与问题,并正确填写实验日志。

（6）参与该实验的小组成员为 5～8 人,由每组负责人合理安排实验任务分工,并及时地完成任务。

(三) 实验说明

本实验为综合设计实验。建议登录本机构图书馆中英文文献检索或引文索引数据库平台完成本实验。某些数据库往往需要注册并付费才能检索,但如果所在机构获得授权,是可以免费进行检索的。

二、实验内容

(一) 实验背景

截至 2021 年 6 月 1 日,国家邮政局实时监测数据显示,2021 年中国快递业务量已突破 400 亿件,接近 2017 年全年水平,日均业务量超过 2.66 亿件,日均服务用户超过 5 亿人次。回想从 1979 年改革开放之初,我国快递市场一直被 EMS(中国邮政)主导,此后的十几年里,EMS 也是国内快递业务的唯一经营者,那么是什么原因导致民营快递行业的兴起呢?

一方面,自从 21 世纪初我国加入世界贸易组织以来,商品经济的发展空前繁荣,各企业对快递物流产业的时效性、安全性和方便性的要求不断提高,一家独大的中国邮政已经无法满足时代发展的需求。另一方面,民营经济的不断壮大,快递物流行业的投资也不断增大,顺丰、申通、韵达和京东快递物流公司相继应运而生。

在上述几家快递公司中,顺丰和京东是最典型的两家企业。在上市的快递物流公司中,这两家企业的市值也数一数二。这两家公司的经营方式有很大的不同。顺丰更注重直营、及时的物流快递服务,而京东则更加注重全国各地的物流仓配快递服务,两家都有各自的优势。

伴随着 5G 技术的诞生,国内的物流快递行业也发生了巨大的变革,不仅从仓储配送端开始将互联网、大数据和人工智能结合起来,例如近几年来快递配送机器人的兴起,而且售后服务端也通过这些技术致力于建立统一的物流服务平台,例如 5G

消息物流平台。

（二）实验设计

（1）自从改革开放以来，我国快递业的发展共经历了哪几个阶段？从 2015 年到 2021 年，快递行业的业务量、产值是多少？请分别用折线图表示出来。

（2）从 2021 年以来，我国快递业发布了哪些产业政策？上文提到的顺丰、申通、韵达和京东这几家快递公司分别做了哪些事情来迎合新政策？

（3）实验背景中提到的顺丰、申通、韵达和京东这几家快递公司的经营范围和主营业务分别是什么？请在证券交易网站中检索出各大公司在 2021 年末发布的年报，以及检索数据当天对应的最新市值。

（4）京东和顺丰这两家标杆快递企业的经营商业模式有何不同？请分别在核心技术方面（如数字化和智能化）探讨这两家企业的特点。

（三）实验准备

1. 理论准备

了解快递行业的发展历史，对快递行业的术语有着基本的认识，熟悉一家快递企业的各种指标，包括快递单量、市占率、上市公司市值等。学过统计学、投资学等课程，善于利用经营数据判断快递行业发展动态，并且预测该行业将来的发展方向。

懂得产业资讯网站的精准检索方式，及时了解快递行业的最新发展动态。

2. 工具准备

镝数聚的官网网址为：https://www.dydata.io。镝数聚是中国领先的数据综合服务平台，聚合了 6 000 多家权威数据研究服务机构，深度对接资源，释放数据价值，支持定制数据服务，可在网站免费下载行业数据报告、表格数据、可视数据。

艾瑞网的官网网址为：https://report.iresearch.cn。艾瑞网是艾瑞咨询精心打造的国内首家新经济门户站点。基于 iResearch 艾瑞咨询集团多年来深入互联网及电信相关领域研究成果，融合更多行业资源，为业内人士提供丰富的产业资讯、数据、报告、专家观点、行业数据库等服务，多方位透析行业发展模式及市场趋势，呈现产业发展的真实路径，推动行业高速、稳定发展。

东方财富网的官网网址为：https://www.eastmoney.com。东方财富网始终坚持网站内容的权威性和专业性，打造中国财经航母。网站内容涉及财经、股票、基金、期货、债券、外汇、银行、保险等诸多金融资讯与财经信息，全面覆盖财经领域，每日更新上万条最新数据及资讯，为用户提供便利的查询。

3. 实验环境准备

能够连接互联网的计算机，并且可以进入镝数聚、中研网和证券交易市场等相关网站。

绘制表格的办公软件，可以将整理出来的数据通过图形和表格的形式展现出来。

三、实验操作

(一) 实验步骤

【步骤 1】登录镝数聚官网,在搜索框中输入快递行业,寻找最新的行业发展报告,下载符合实验要求的发展报告并进行分析。镝数聚官网界面如图 14-1 所示。

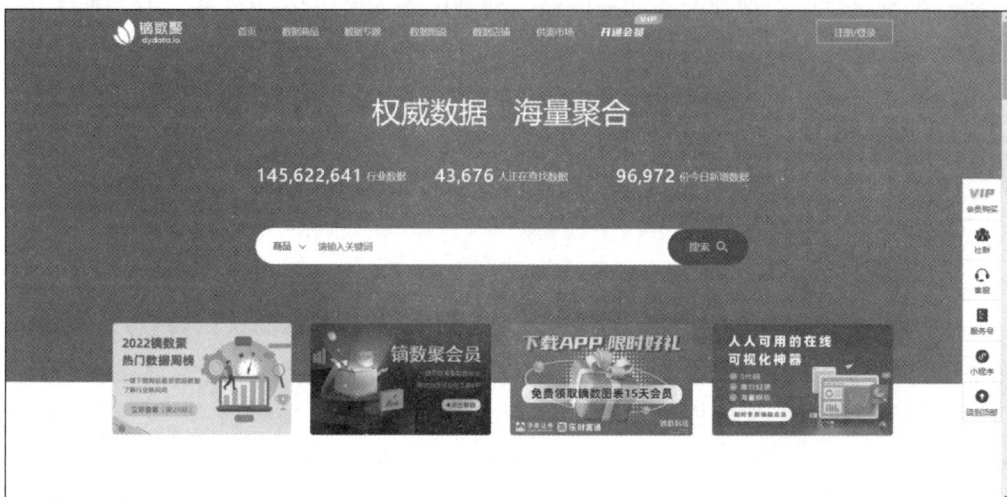

图 14-1　镝数聚官网界面

【步骤 2】根据快递行业发展报告中的内容检索实验所需的信息和有关数据,包括快递行业的发展历史,顺丰、申通、韵达和京东这几家快递企业的业务市占率、主营业务及经营范围等。在镝数聚搜索"快递的发展"报告,结果如图 14-2 所示。

图 14-2　镝数聚搜索结果界面

【步骤3】在东方财富网、新浪财经、前瞻网等网站中检索几家上市快递公司2021年发布的经营年报，并且记录对应的最新市值。例如，在新浪财经搜索的顺丰控股的股票详情界面2021年年报分别如图14-3、图14-5所示，在东方财富网搜索的顺丰控股历年年报明细如图14-4所示，在前瞻网搜索中通快递2021年年报如图14-6所示。

【步骤4】打开艾瑞网官网，在搜索框输入"快递"，就会检索出许多关于快递行业的最新资讯。根据时间序列寻找2021年以来各大快递公司战略发展的最新动态。艾瑞网官网界面和在艾瑞网搜索出的快递公司战略发展的最新资讯如图14-7、图14-8和表14-1所示。

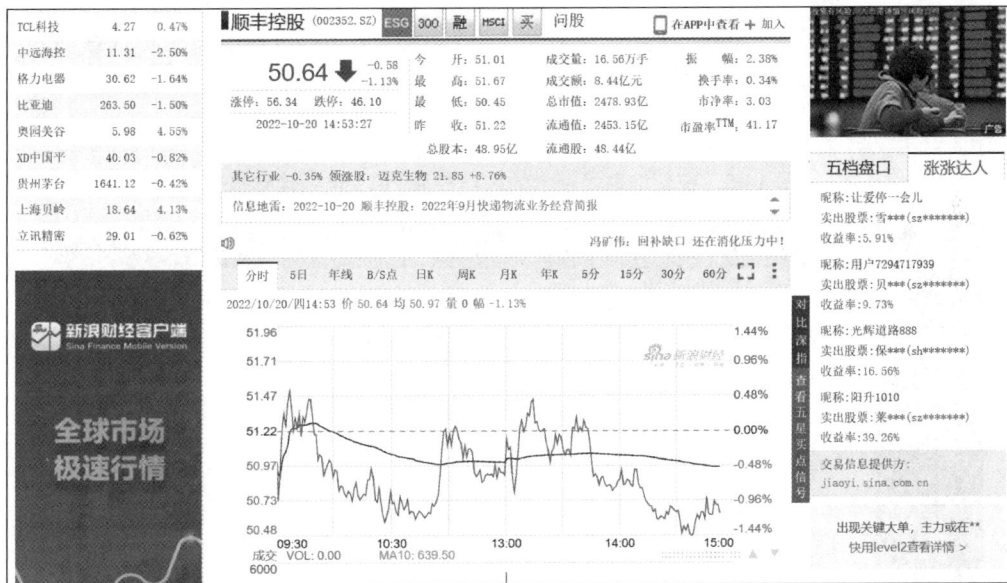

图 14-3　在新浪财经搜索的顺丰控股的股票详情界面

图 14-4　在东方财富网搜索的顺丰控股历年年报明细

年报完整版

顺丰控股 sz002352　　　　2022-10-20 14:55:09

50.730
-0.49 (-0.96%)

昨收盘:51.220	今开盘:51.010	最高价:51.670	最低价:50.450
成交额:850617217.860	成交量:166894	买入价:50.710	卖出价:50.730
买一量:1	买一价:50.710	卖一量:53	卖一价:50.730

资讯与公告：　个股资讯　公司公告　年度报告　中期报告　一季度报告　三季度报告

顺丰控股：2021年年度报告（下载公告）

公告日期:2022-03-31

构建数字生态 成就全球客户实现共同富裕 享受美好生活

构建数字时代的智慧供应链生态，成为重塑全球商业文明和生产方式的底盘，助力全球企业实现卓越！为消费者提供更便捷、更可靠、更贴心的服务，做幸福生活的传递者！

2021年度报告?第一节 重要提示、目录和释义?

重要提示

公司董事会、监事会及董事、监事、高级管理人员保证年度报告内容的真实、准确、完整，不存在虚假记载、误导性陈述或重大遗漏，并承担个别和连带的法律责任。公司负责人王卫、主管会计工作负责人何捷及会计机构负责人（会计主管人员）胡晓飞声明：保证本年度报告中财务报告的真实、准确、完整。所有董事均已出席了审议本报告的董事会会议。本报告中涉及的未来发展规划等前瞻性陈述不构成公司对投资者的实质承诺，敬请广大投资者理性投资，注意风险。公司需遵守《深圳证券交易所上市公司自律监管指引第3号——行业信息披露》中快递服务业的披露要求。公司在本年度报告中详细阐述了未来可能发生的有关风险因素及对策，详见"第三节管理层讨论与分析"之"十三、公司未来发展的展望"中的"风险和应对"，敬请投资者予以关注。公司经本次董事会审议通过的利润分配预案为：以未来实施2021年度利润分配方案的股权登记日的总股本减去公司回购专户股数为基数，向全体股东每10股派发现金红利1.80元（含税），送红股0股（含税），不以公积金转增股本。

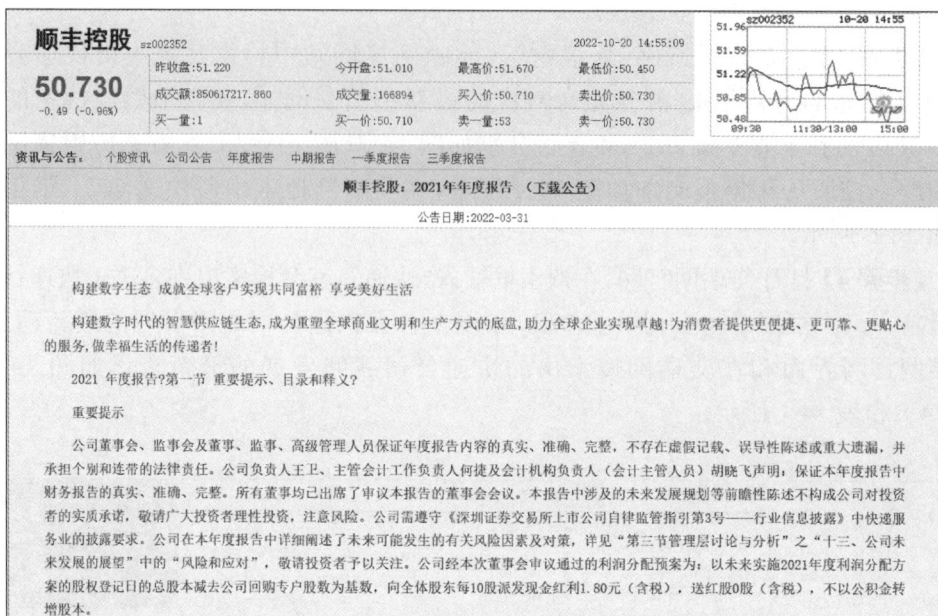

图 14-5　在新浪财经搜索的顺丰控股 2021 年经营年报

图 14-6　前瞻网搜索中通快递 2021 年经营年报

图 14-7　艾瑞网官网界面

图 14-8　在艾瑞网搜索出的快递公司战略发展最新资讯

表 14-1　2021 年以来各大快递公司战略发展的动态

公司	战　　略
顺丰	公司为扩大市场份额,打造长期核心竞争力,并为应对件量高增长,缓解产能瓶颈,加大了对场地、设备、运力等网络资源投入
	进一步提升收入质量,通过调整定价策略主动调优产品结构和客户结构
	前端使用科技动态预测客户需求,后端精准匹配资源投入
圆通	由价格驱动向价值驱动转变,行业价格持续回归合理水平
	推进全面数字化转型,改善服务质量,产品定价能力明显增强,客户结构明显改善,快递服务单票收入实现企稳回升
申通	因场地搬迁、项目竣工延期等,整体单量吞吐规模受限,导致公司运营成本较高,产能利用率较低
德邦	公司长期布局投入加大,成本、费用阶段性承压,人才管理费用上涨

【**步骤 5**】在镝数聚官网上搜索关于京东物流和顺丰快递的分析报告,检索出两家企业的商业经营模式、核心技术,如表 14-2 所示。在镝数据搜索出的京东物流和顺丰快递的行业发展报告如图 14-9 和图 14-10 所示。

表 14-2　京东物流和顺丰快递的商业经营模式、核心技术

公司	经营模式	核心技术
京东物流	自营模式。京东自营的操作方式是属于京东官方采购部门直接采购商家的产品到京东各大仓(邀约式入驻),由京东官方来完成商家在京东上的店铺开通,活动和推广参加。商家则需要把自己的产品供货到京东各大仓,同时在后期需要配合京东官方完成相关的活动页面和推广页面制作,装修以及广告词产品上架等基础操作	京东配送系统“青龙物流配送系统”:京东物流建立初期,就开始自主研发数据系统,十多年来一直在不断发展完善,京东称之为“青龙物流配送系统”,简称“青龙系统”,这是京东高效物流配送背后的核心支撑

公司	经营模式	核心技术
顺丰快递	直营模式。顺丰直营模式是从上至下进行管理,他们执行的是同一个标准,有清楚的隶属关系,有集中的管理,有明确的考察制度。因此也决定了顺丰服务好、效率高的特点。顺丰常年占据我国快递企业排行榜第一名	顺丰速运在调度过程中采用电信无线分组交换技术 GPRS,实现订单的自动分发和快递信息的上传,便于用户及时掌握快递邮件的地理位置,并应用电子签名技术使客户能够识别签名者;手持终端使用条形码识别技术,热敏打印技术,电子签名,手写识别技术以及可预测的先进技术界面

图 14-9　在镝数据搜索的京东物流的行业发展报告

图 14-10　在镝数据搜索的顺丰快递的行业发展报告

【步骤 6】根据实验步骤及各环节检索内容撰写并及时提交实验报告。

【步骤 7】按要求填写实验日志。

实验结果及
分析示例

（二）实验要点

（1）打开镝数聚官网，在搜索框中输入快递行业发展报告，从众多行业发展报告中检索出实验所需的信息和数据。

（2）选取顺丰、申通、韵达和京东这些快递行业公司为研究对象，检索出其对应的市值、企业年报、市占率、经营范围和主营业务，也可以关注一些其他数据作为参考对象分析整个快递行业的发展现状。

（3）在艾瑞网官网中检索出 2021 年以来发布的关于快递行业的最新政策以及各大快递公司做出的相应对策。

（4）在镝数聚官网中选取一份关于京东和顺丰关于商业经营模式的行业报告，找出各自核心技术的优缺点。

（三）注意事项

（1）检索行业资讯和发展报告需要在专业性和权威性十分值得信赖的网站上进行，对于网站是否具有权威性和专业性，一般来说有两种判断方法：其一是实验者可以通过计算机检索对网站成立之初至今的历史资料进行分析；其二可以根据在该网站上检索到的资料中查询资料的来源机构是否权威专业，比如，快递行业的发展报告一般都由证券交易所和相关研究院制作而成，值得信赖的一般有方大证券、浙商证券、东兴证券和中通研究院等。

（2）对于一个行业的动态检索分析需要对行业的发展历史、现状和未来的发展前景有足够的了解。需要掌握的检索网站，这些检索网站中的行业资讯拥有不同的特点，例如，镝数聚中大多为行业的发展报告分析，是各大证券对该行业发展现状、前景的分析报告，艾瑞网、中研网中大多为相关行业最新开展的一些重大活动的报道，多为时效性的新闻。

（3）从行业发展报告中高效地检索出所需要的信息和数据是十分有必要的。实验者需要仔细研究行业报告的目录，目录对整篇报告的全部内容做了详细的整理，通过目录可快速寻找到实验目标。

（4）行业新闻报道一般比较简短，缺少深层次的分析，需要实验者分析判断该报道的作用。分析近期发布的多篇报道，实验者可以得出行业发展的大致方向。

（5）对于一些不了解的行业发展检索指标，就需要请教他人或者用计算机检索其含义及其对行业发展判断的作用。

四、实验小结

本实验以快递行业为实验对象，按小组进行。在充分讨论、通力协作的基础上，各实验小组紧跟最新产业发展动态，对快递行业发展动态进行信息检索，充分把握该产业发展进展。实验中，需综合运用中外普通信息网站、专业数据库网站，设计本实验检索的内容。实验者应学会利用各大行业资讯检索网站寻找实验所需的相关信息和数据,并且通过实验的严谨论证和分析,了解行业发展动态和趋势,得出行业发展的相关结论。

实验主要从我国改革开放以来快递业发展的几个阶段开始检索,查找从 2015 年到 2020 年我国快递行业的业务量、产值等信息,到各快递公司的主营业务、经营范围、市值规模等企业运营指标。在此基础上,检索 2021 年以来,我国快递业发布了哪些产业政策,以及顺丰、申通、韵达和京东这几家快递公司的应对之策。最后,查询京东和顺丰这两家标杆企业的商业模式有何不同? 并检索两家公司在核心技术方面有何特点和异同。

思考与练习

1. 如何综合运用中外普通信息网站、专业数据库网站,设计最新产业发展动态实验检索的内容? 紧跟最新产业发展动态的基本方法有哪些?
2. 如何根据最新产业发展动态调整实验思路与方法,顺利开展并完成产业动态与产业最新进展的检索实验?
3. 在最新产业发展动态检索实验过程中,小组成员是如何充分探讨、相互配合的?
4. 最新产业动态的检索内容应如何进行科学分类、高度归纳和客观评价?
5. 请结合我国快递物流业的发展动态,考察快递物流"最后一公里"的快件分发与配送方面的最新发展动态。这些公司和平台如菜鸟驿站、近邻宝、熊猫快收、蜂巢快递和物流自营的"最后一公里"配送企业如中国邮政、京东、顺丰等公司在竞争战略、获客模式、主营业务和兼营业务方面各有哪些特征,并以某个公司为视角,进行 SWOT 分析。

第十五章　科技发展动态检索实验

学习目标

1. 在掌握所在专业学科某领域的前提下,紧跟最新科技发展动态,就某一科学技术领域进行信息检索,充分把握实验目标、要求,领会实验说明。

2. 能够根据实验背景,综合运用中外普通信息网站、专业数据库等各种检索网站,设计本实验检索的内容,并做好相关实验准备;根据关键实验步骤,适当调整实验思路与方法,顺利开展并完成所选领域科技发展动态的检索实验。

3. 每个小组各成员能够充分探讨、相互配合、齐心协力对科技发展动态的相关检索内容进行科学分类、高度归纳、客观评价和精辟总结。

4. 有能力的小组建议撰写科技发展动态报告。

一、实验目标

(一) 实验目的

(1) 掌握纸币、电子货币、数字货币、虚拟货币的概念、特征以及相互间的联系和区别。

(2) 理解货币的不同形态,把握货币发展趋势以及科技发展到不同阶段对货币形态变化的影响。

(3) 掌握科技发展下现代社会货币发展变化的科技和现实依据。

(二) 实验要求

(1) 实验分组进行,3 人为一组,本章分组与第十四、十七、十八三章的分组一致。

(2) 通过文献检索了解掌握不同货币的内涵特征,在此基础上,深入探究不同货币之间的关系。

(3) 通过文献检索掌握不同时期的货币形态,探究科技发展对其形态变化的影响。

(4) 通过文献检索掌握科技发展下现代社会货币发展变化的科技和现实依据。

(三) 实验说明

本实验为综合设计实验。有条件的,建议登录本机构图书馆中英文文献检索或引文索引数据库平台完成本实验。某些数据库往往需要注册并付费才能检索,但如果你所在机构已获得授权,是可以免费进行检索的。

二、实验内容

(一) 实验背景

货币在我们的生活中充当着非常重要的角色。货币作为一种人们能够共同接受的价值体现物,在不同时期有不同的表现形式。在漫长的岁月中,货币的表现形式经历了由低级向高级的不断演变。它不仅是市场上的一个等价物,而且是人类文明发展史中各个阶段的里程碑。

中国是世界上最早使用货币的国家之一,使用货币的历史长达五千年。

随着现代信用制度和电子技术的发展,货币形式从有形到无形,逐步产生了电子货币。电子货币的主要形式为信用卡。电子货币现已在经济生活中发挥越来越大的作用。当然,货币的主要功能仍然存在,变化的只是货币的形式而已。

再后来,一系列新的货币概念逐步进入人们的生活如数字货币、虚拟货币。有的人并不理解这些货币的概念,仅仅是因为被其新颖的形式吸引,便开始了对其的购买、投资行为,而事实上,这样做的风险是很大的。对于我们来说,弄清楚这些货币形式变化下内在的科技逻辑联系是十分必要的,我们将通过以下实验进行学习探索。

(二) 实验设计

(1) 通过在不同数据库检索,弄清纸币、数字货币、电子货币、虚拟货币的内涵以及其区别与联系。

(2) 通过检索掌握纸币、数字货币、电子货币、虚拟货币各自出现的科技基础,分析科技发展历程对货币形态变化的影响。

(3) 检索探讨数字人民币对人民币国际化的作用。

(4) 有人认为比特币是虚拟化的数字货币,也有人认为比特币是数字化的虚拟货币,你怎么想? 请通过检索,分别找出这两种说法的支撑依据,并解释你的想法的合理依据。

(5) 凡事都有两面性,试着探索主流观点下数字货币、电子货币的先进性与脆弱性。

(三) 实验准备

1. 理论准备

在进行实验之前,可以适当查阅一些资料或者阅读一些相关书籍,了解不同形态的货币的相关知识。同时,了解不同形态的货币在社会生活中最为大众广泛关注的几种,并且掌握他们的流通方式和支付模式,判断他们各自具有的独特特征。熟练掌握各种搜索引擎、检索工具和手段的运用方法。

2. 工具准备

掌握数据分析软件(如 SPSS)的使用方法,掌握 Excel 等基本办公软件的使用方法,掌握简单的图形分析工具(如思维导图、流程图)。

3.实验环境准备

准备可连接互联网的计算机,进入相关网站及数据库进行搜索。保证计算机已下载可以进行简单数据分析、图形分析、图形制作的办公软件。

三、实验操作

(一)实验步骤

【步骤1】登录百度百科,检索纸币、数字货币、电子货币、虚拟货币,结果分别如图 15-1、图 15-2、图 15-3、图 15-4 所示。

图 15-1　检索纸币

图 15-2　检索数字货币

图 15-3　检索电子货币

图 15-4　检索虚拟货币

【步骤 2】分别检索纸币与数字货币、电子货币与虚拟货币之间的区别，结果如图 15-5、图 15-6 所示。

图 15-5　检索纸币与数字货币的区别

图 15-6　检索电子货币与数字货币的区别

【步骤3】通过检索货币发展相关文献,厘清各类货币存在的科技基础,并深入分析科技发展历程对货币形态变化的影响,结果如图 15-7 所示。

图 15-7　百度学术检索货币发展

【步骤4】通过检索数字人民币、人民币国际化等关键词,寻找数字人民币对人民币国际化的正、反面作用。例如,通过中国知网检索"数字人民币"关键词,如图 15-8 所示;可找到《数字人民币发展对人民币国际化的影响研究》,如图 15-9 所示。

【步骤5】通过检索比特币关键词,掌握比特币的本质特征,找出支撑比特币是虚拟化的数字货币的文献,以及比特币是数字化的虚拟货币的文献,并对它们进行比较,提出你认为合理的一种观点,最后通过文献检索相关文章来支撑你的观点。检索结果如图 15-10、表 15-1、图 15-11、表 15-2 所示。

图 15-8　中国知网检索"数字人民币"关键词

图 15-9　数字人民币发展对人民币国际化的影响

图 15-10　中国知网检索"比特币"关键词

表 15-1　关于"比特币本质特征"的主要文献

序号	文献名称及出处
1	胡定杰等:比特币生产交易的本质与社会影响,经济论坛,2020
2	黄湘斌:试析比特币成为货币的可能性——基于货币职能和本质的视角,时代金融,2020
3	刘琴:比特币的货币本质与风险分析,内江科技,2019
4	王永利:货币的本质与比特币、央行数字货币,《IMI 研究动态》,2017
5	顾舟贤:比特币本质属性及其法律规制,上海交通大学,2017
6	盛松成等:虚拟货币本质上不是货币——以比特币为例,中国金融,2017
7	孟婷:比特币网络中交易数据特征研究,北京邮电大学,2021
8	廖晓琼等:数字货币币值的动态特征分析——以比特币、以太币和瑞波币为例,金融与经济,2021

图 15-11　知网检索支撑比特币是虚拟货币的文献

表 15-2　比特币是数字货币、比特币是虚拟货币的相关支撑文献

观点	比特币是虚拟化的数字货币	比特币是数字化的虚拟货币
支撑文献	程雪军等:论加密数字货币的法律风险与治理路径:从比特币视角切入,电子政务,2022	周龙等:虚拟货币交易平台洗钱风险问题探析——基于比特币价格分析,甘肃金融,2021
	赵洲等:加密数字货币挖矿及交易的所得类型研究——以比特币为中心,北京航空航天大学学报(社会科学版),2021	李耿昊等:基于区块链的虚拟货币估值研究——以比特币为例,中小企业管理与科技(上旬刊),2020
	王陈慧子等:从比特币定性看数字货币的价值维度,社会科学文摘,2021	朱昊:虚拟货币的刑法规制——以比特币为视角,法制与社会,2020
	谢天奕:非法定数字货币职能范围研究——以比特币为例,沧州师范学院学报,2021	闫晨晨等:虚拟货币的风险及监管分析——以比特币为例,现代商贸工业,2020

观点	比特币是虚拟化的数字货币	比特币是数字化的虚拟货币
支撑文献	郑步高等:数字货币的价格影响分析——以比特币为例,价格月刊,2021	吴菁敏等:堵疏结合的虚拟货币法治化路径研究——以比特币为例,合肥工业大学学报(社会科学版),2019
	柏建成等:经济政策不确定性与数字货币市场波动影响研究——基于比特币市场的实证分析,运筹与管理,2022	练雅祺:虚拟货币的风险及其防范——以比特币为例,时代金融,2019
	张敬伟:比特币、狗狗币　数字货币创富神话暗藏投机泡沫,每日经济新闻,2021	姚思清:虚拟货币发展变迁研究——以比特币为例,今日财富(中国知识产权),2018

【步骤6】检索数字货币与电子货币的积极影响与消极影响,并且记录分析相关文献。万方检索数字货币积极影响结果如图 15-12,相关文献分析如表 15-3、表 15-4所示。

图 15-12　万方检索数字货币积极影响

表 15-3　数字货币的积极影响、消极影响文献分析

参考文献	积极影响	消极影响
程雪军:央行数字货币对商业银行的影响与回应,当代经济管理,2022	我国央行数字货币会对商业银行带来积极影响,它有利于商业银行防止金融脱媒、降低运营成本以及提升金融风险防范水平	我国央行数字货币亦会对商业银行带来消极影响,它可能会导致商业银行的传统经营业务收入减少、金融基础设施承压与双向治理风险
魏思思等:数字货币发行对我国金融业的影响及其对策,科技经济市场,2021	推动发展共享金融、提高金融业的监管效率。提升民众的参与度、提高对资金的使用效率	交易平台不完善易导致信息泄露、数字货币价格波动大导致市场不稳定、监管法律法规不健全易引发风险

表 15-4　电子货币的积极影响、消极影响文献分析

参考文献	积极影响	消极影响
王峥:第三方电子货币对我国货币供给影响的研究,华东师范大学,2021	电子货币作为一种全新的货币形态使得货币支付更加方便快捷,提高了支付效率和交易的活跃程度	第三方电子货币的多领域应用正在逐步替代传统货币(现金),挑战了法定货币的地位
王敏:我国电子货币发展对预防性货币需求的影响分析,东北财经大学,2020	相对于现金,电子货币在便捷性、流动性、收益性等方面更具优点,使得大众更偏好持有电子货币,对居民的货币需求产生了深远的影响	在以货币供应量充当中介目标的数量型货币政策中,能否得到稳定可预测的货币需求是货币政策制定实施的关键

【步骤 7】根据实验步骤及各环节检索内容撰写并及时提交实验报告。

【步骤 8】按要求填写实验日志。

(二) 实验要点

(1) 厘清所要探究问题的主要脉络,并写出提纲或画出实验思维导图,如图 15-13 所示。

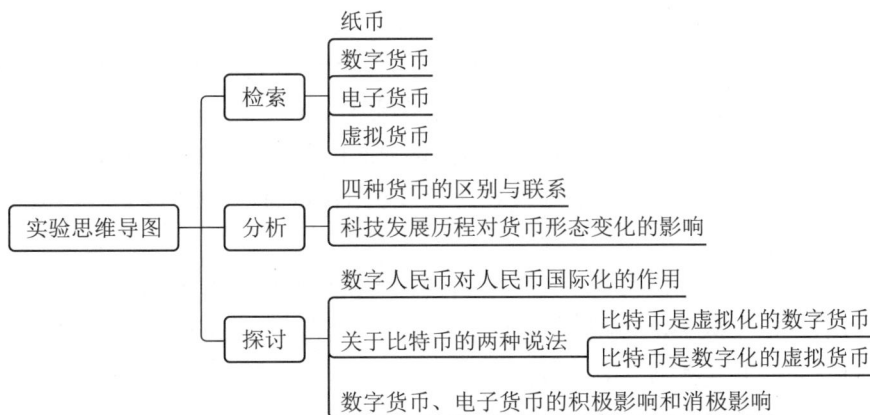

图 15-13　实验思维导图

(2) 根据实验思维导图,对其中的每个问题进行分解,筛选出其中的关键词,如图 15-14 所示。

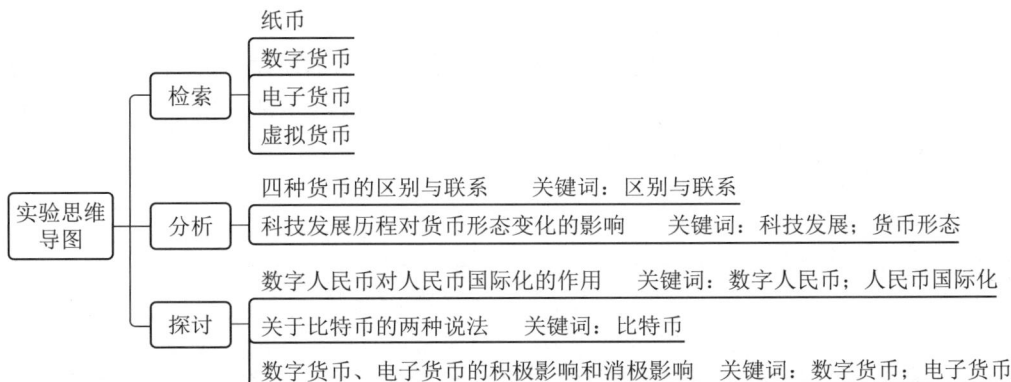

图 15-14　筛选问题中的关键词

（3）登录不同的数据库，对关键词进行检索，并筛选出分析写作需要的相关信息。与此同时，在检索信息的过程中，数据库提示的相关文献或者相关作者也可以成为你的启发。

（4）将收集到的信息、文献等内容整合在一起，经过你的分析之后记录下思考答案。

（三）实验分析

（1）实验完成之后，你应该根据自己得出的答案去检查这些答案是否能够解决实验内容中提出的问题。引申到一般情况下，当你完成了信息检索之后，你应该去检查你所检索到的文献是否能解决你在写论文或在解决问题时遇到的问题。

（2）我们在检索信息时要持有质疑的态度。现在各类数字货币、虚拟货币等概念层出不穷。人们对他们的关注越多，信息就越多。我们在检索文献时，不能一味地迷信权威，要懂得判断信息的真伪。

（四）注意事项

（1）当你能筛选出的关键词很多，不知道该从何下手时，往往需要先去了解货币的本质内涵。研究问题的过程总是由浅入深的，当你把最基础的内涵弄清楚后，再整理关于货币的特征、影响等内容时，就会比较轻松。

（2）数据库中的信息是繁杂的，当你检索到的信息存在矛盾时，往往需要你通过自己的思考判断信息的真伪，这不仅仅考验我们的信息检索能力，更考验我们的思考和问题分析能力。

（3）很多时候当你检索到一篇能够帮助你解决问题的文献时，这篇文献的摘要、关键词或者文献中的一些段落，往往也能给你一些启发。你可以在这些启发的基础之上来进行下一步更加深入的检索。

（4）有时一篇文献的篇幅是很长的，也许其中包含你需要的信息，但这需要你仔细地筛选判断，在这一过程中，粗心大意和急躁冒失是不可取的。有的时候，你检索到的文献，也许与你正在寻找的主题有所出入，但是其中的一些段落也许也能给你启发。当你觉得一篇文献稍微偏离主题时，先不要急着把它关闭，耐心读完试试看，说不定会有一些意想不到的启发。

（5）在科技发展动态检索时，我们要注意到科技是在不断发展的，我们必须十分关注检索信息的时效性，有时当时间年份改变了，信息就会不那么准确。一般来说，发表时间越接近现在的文献可信程度越高。

四、实验小结

本实验以数字货币为实验对象，熟悉科技发展动态的主要检索方法与途径。为了对数字货币进行全方位了解，需要对其出现之前的货币形式（如纸币、电子货币、虚拟货币）的概念进行逐一检索，并检索这些概念之间的区别与联系，彻底摸清数字货币的内涵和外延。在此基础之上，以比特币为例，探讨数字货币、电子货币、虚拟货币三者的异同点及各家之观点，并对各种观点进行归纳、整理、比较、分析。通过自己动手，理解这些概念之后，再检索数字人民币的概念，就能比较轻松地辨识数字人民币概念的内涵和外延了。进而也就比较容易理解数字人民币作为我国当今货币的新形势，对人民币国际化的作用与影响。

需要强调的是，上述认识过程是实验小组成员综合利用国内外网络资源，在分工协作、实验设计、信息检索、观点梳理、交流讨论的过程中逐步形成的。实验小组在充分讨论，通力合作的基础上，紧跟最新科技动态，对数字货币、电子货币、虚拟货币等概念进行信息检索，充分把握数字货币最新研究进展，完成实验目标和个人认知目标的融合。

思考与练习

1. 如何紧跟最新科技发展动态，就某一科学技术领域进行信息检索？
2. 如何综合运用中外普通信息网站、专业数据库等各种检索网站设计本实验检索的内容？
3. 顺利开展并完成一项科技发展动态的检索实验的主要方法和要点有哪些？
4. 对某领域科技发展动态的检索内容如何进行科学分类、高度归纳、客观评价和准确总结？
5. 撰写科技发展动态报告主要内容和一般方法有哪些？
6. 人工智能物联网（AIoT）技术是人工智能（AI）技术与物联网（IoT）技术的"一体化"对当今各国政府、企业和消费者将产生一系列巨大的影响。请你设计一个实验，全面了解 AIoT 的概念、技术原理和最新发展动态，以及 AIoT 的应用范围、应用场景的最新动态，最后检索 AIoT 对世界各国特别是世界大国之间科技竞争、经济分工、政治格局的可能影响，并撰写《AIoT 发展前沿检索报告》。

3

第三篇

项目书与论文写作实训

第十六章 项目书与论文写作实训概述

学习目标

1. 熟悉文献检索应用实训的主要类型,把握文献检索应用实训的目标、要求与基本方法。

2. 掌握"大创"项目书、文献综述、学术论文写作的框架结构、主要内容、撰写方法、申报流程,了解主要的"大创"比赛规则与项目申报要求。

3. 基本了解文献综述和学术论文写作及其论文答辩的基本规律与要求。

4. 能够顺利开展并完成所选课题与项目的信息检索与整理归纳,掌握文献综述、商业计划、项目申报、论文写作的基本方法与步骤,熟悉基本写作规范。

一、实训目的与要求

(一) 实训目的

(1) 文献检索应用实训旨在通过多种实训方法,进一步熟练掌握文献检索技能,引领大学教育人才培养模式升级,建构素质教育发展新格局,切实提高大学生信息素养,探索人才培养新途径。

(2) 文献综述是各大赛事项目申报书、商业计划书、学术论文写作中必不可少的组成部分。文献检索应用实训要求学生进行文献检索、收集、整理、阅读、归纳,撰写文献综述,提高报告与论文质量。

(3) 更新专业知识,有机整合相关领域不同研究成果,了解有关领域新动态、新技术、新成果,不断更新知识,提高业务水平,帮助大学生更好地实现自主学习和终身学习。

(4) 选择科研方向。文献综述的写作过程是对有关信息和思想进行整理的过程。在撰写综述的过程中,通过对新成果、新方法、新技术、新观点的综合分析和评述,能够帮助科研人员发现和选取新的科研课题。

(5) 运用和优化有限的资源。运用创新思维、技术、方法和工具来实现特殊创新创业目标,创造某种新颖、独特、有价值的新理论、新技术、新产品、新模式等成果,并转化、创造更多的财富与价值。

(二）实训要求

（1）项目书与论文写作要求逻辑清晰、主题突出、层次分明、内容翔实、文献权威、观点引用正确、写作格式规范、写作方法正确、文献列示标准、图文排版清晰、研究内容分析全面，研究对象与研究方法明确、研究内容具有深刻性、现实性与前瞻性。

（2）实训项目须真实、健康、合法，无任何不良信息，项目立意应弘扬正能量，符合并体现社会主义核心价值观，不得侵犯他人知识产权，所涉及的发明创造、专利技术、资源等必须拥有清晰合法的知识产权或物权，不得抄袭盗用他人成果，提供虚假材料。

(三）实训课时

每个实训根据专业背景需要，可按 15 个课时进行规划，必要时可做适当调整，有所侧重。实训前需要进行必要的准备。

二、实训内容

（一）实训背景

在各个学科、专业乃至社会各行各业的发展中，信息都起到了举足轻重的作用。高等教育更应将信息检索能力作为大学生的基本能力着重培养，进一步巩固大学生对文献的搜集、整理、加工与利用能力。而伴随着"大众创业、万众创新"的社会氛围，实训的开展必然离不开丰富的创新项目。目前国内有着数量众多的创新创业大赛，其中最为知名的分别为"互联网＋"和"挑战杯"竞赛。

"互联网＋"大赛全称为"互联网＋"大学生创新创业大赛，强调利用移动互联网、云计算、大数据、人工智能、物联网、下一代通信技术、区块链等新一代信息技术与经济社会各领域紧密结合，服务新型基础设施建设，培育新产品、新服务、新业态、新模式。

"挑战杯"大赛全称为"挑战杯"全国大学生创业计划竞赛和"挑战杯"全国大学生课外学术科技作品竞赛，秉持"崇尚科学、追求真知、勤奋学习、锐意创新、迎接挑战"的宗旨，促进青年创新人才成长，深化高校素质教育，推动经济社会发展。另外，"挑战杯"竞赛还有个姐妹赛称为"创青春"大赛，俗称"小挑"，它以"中国梦、创业梦、我的梦"为主题，以增强大学生创新、创意、创造、创业的意识和能力为重点，以深化大学生创业实践为导向，着力打造权威性高、影响面广、带动力大的全国大学生创业大赛。

（二）实训设计

（1）创业计划书写作实训还原完整的项目申报流程，从组建队伍开始，到确立主题、研究提纲与分工,再到检索与整理市场需求、行业动态、技术水平信息,直至完成商业计划书的写作与商业路演。这些实训意在培养大学生的数据检索收集和整理归纳能力,项目申报书与创业计划书撰写能力,商业路演策划与实施能力。

（2）科技作品项目书写作实训从团队组建开始,确立科技产品定位,分析竞品,检索并整理行业发展文献与科技动态查新,确定团队科技产品在市场中的适用范围和场景。最后撰写科技作品申报书,确定参赛的答辩人员和答辩 PPT,让大学生熟悉科技作品竞赛,掌握对科技作品的准确定位能力与科技申报作品内容的撰写要求。

（3）文献综述写作实训从关注现象开始,进行理论追踪,阅读材料并归纳整理,再进行研究判断,归纳文献的主要观点并分析,最后撰写文献综述。让大学生掌握搜集国内外权威的最前沿研究文献与信息数据资料的能力。

（4）学位论文写作实训需要确立论文主题,拟写提纲,完成研究综述与开题报告,进而进行论文写作与修改定稿,最后完成论文答辩。培养大学生的科学研究能力和分析写作能力。

（三）实训准备

1. 理论准备

搜集文献应尽量齐全。要进行系统的、全面的文献综述,以严谨的科学设计来寻找、评估并整合科学研究的最新文献,确保文献综述完整。搜集到的文献可能在可靠性、科学性方面存在差异。因此,在引用文献时应注意选用代表性、可靠性和科学性较好的文献。

引用文献要忠实文献内容。在撰写时应分清作者的观点和文献的内容,不能篡改或者曲解文献的内容与思想,要围绕主题对文献的各种观点做比较分析。文献综述在逻辑上要合理,做到由远而近,先引用关系较远的文献,最后才是关联最密切的文献。所有提到的参考文献都应和所研究问题直接相关。

具备基本的专业知识,拥有基本科研能力和社会现象的洞察分析能力。例如,文献综述写作实训需要大学生已修完管理学、政府管理等相关学科知识。

关注各大赛事的申报方式、申报程序、申报时间和注意事项;掌握基本的建模知识,了解国家知识产权的申报方式,了解申报的科技项目所属行业的发展动态,与自己作品相关的新闻资讯与发展报告等。

2. 工具准备

了解百度等综合搜索引擎,中国知网等文献数据库。掌握简单的图形分析工具,如思维导图、流程图。

创业计划书、科技作品项目书写作实训需要了解"互联网＋"大赛、"挑战杯"大赛,熟悉镝数聚、艾瑞网、国家知识产权局等专业网站。

能够使用数据分析软件如 Matlab、Stata、SPSS。掌握文字与数据编辑技术,如利用 Excel 制作简单的图表。

3. 实训环境准备

计算机实验室应配有相应的软件运行环境,如 Office。计算机数量以参训者人数为准,做到每人 1 台。所有计算机应接入互联网,以便信息检索和数据传输。

三、实训操作

(一) 实训基本流程

实训基本流程如图 16-1 所示。

图 16-1 实训基本流程

为了便于实训能够顺利并深入展开,四个实训分别继续沿用第十三、十四、十五章的题材。特此说明。

(二) 实训步骤

(1) 团队组建。第十七、十八章适合组建多人团队,5~8 人一组为宜,需要更加明确的团队分工与组织沟通;第十九、二十章适合分小组进行,3 人一组为宜。

(2) 明确项目主题、研究问题、研究目标。选题是各类文案写作的关键环节,第十七至二十章都强调思维创新,令人耳目一新的选题一般更加具有实训价值。

(3) 搜集与整理资料。有针对性地广泛搜集文献资料。此基础上,根据资料的重要程度进行细读,抓住文献主要观点和结论,对掌握的资料进行分析、综合,对文献进行分类与归纳。

(4) 论证报告撰写。根据写作提纲,逐项展开内容,并注意观点与内容的一致性。

(5) 项目(课题)申报或答辩。第十七、十八、二十章内容都有答辩过程,需要确定好答辩人员,准备答辩 PPT 与讲稿。

(三) 实训要点

(1) 分组方法:确定项目负责人,要合理化人员专长构成,通过面试筛选考察项目人选,确保人员协作精神与创新思维。组队负责人可适时召开会议,让参与人选初步了解项目的设想,及时参加后续工作。

(2) 确定主题的方法:通过头脑风暴明确思路,确定基本问题与具体问题,确定研究活动要解决什么问题,实现什么目标;然后搜集检索与项目主题相关的文献,进行阅读与整理,了解所涉领域的研究现状、研究意义及研究方法,最后撰写相关内容。

（3）项目（课题）论证的主要方法：文献综述与学术论文应当充分考虑其创新性、引用文献的准确性、时效性和权威性。检查论文的逻辑是否完备清晰。商业项目要从创新维度、团队维度、商业维度、就业维度等分别进行论证。

（4）论证报告撰写方法：分别从项目研究背景、项目研究目标及主要内容、项目创新特色、项目研究技术路线、研究进度安排等方面撰写项目（课题）论证报告。

（5）项目（课题）答辩方法：进行自我介绍，简明扼要地介绍自己的项目（课题），了解答辩评委的出题范围和原则。放平心态，语言清晰，逻辑明确，着装成熟稳重。商业路演要通过宣传自身商业模式创造与投资人联系的机会。

（四）实训分析

（1）应充分思考各个综合实训对于设计、步骤、准备、方法的综合使用是否达到了实训要求、实现了实训目的。实训完成后，需要总结分析实训的作用意义，从实验中获得了哪些经验与启发。

（2）实训完成后，分析自身得分与扣分的原因，梳理实训得与失，不足方面需积累经验和教训，主动发现、分析、解决问题，保持严谨求证、刨根问底的学术态度。若项目无法进展至结项，需要分析失败的原因。

（3）明确自己在小组中的定位，总结自己在实训中获得了哪些能力提升，或由于小组的分工错失了哪些方面的工作机会，是否需要在实训完毕后与组员相互沟通，更加深刻地了解他人进行的工作，进而去认识实训的完整步骤。

（五）实训记录

（1）在文献综述写作实训中，实训记录有利于归纳重点；在拟写大纲的时候，实训记录可以有助于梳理难点。实训记录有助于实训者保持清醒的实训思路，抓住重要实训过程，提高工作效率，得到创新结果。同时，当实施过程中有较全面的记录时，可以丰富综述内容，使综述更具有说服力。

（2）在创业计划书与科技作品项目书写作实训中，实训记录不仅有利于日后查阅，而且能够在比赛进程中及时解决重复问题，节省时间；及时收集、整理实训过程中的图文音像资料有助于在修改参赛作品时迅速找到资料来源，也可以在比赛过程中供给专家查阅。

（3）记录内容：包括小组分工情况、小组会议内容、参考文献出处、项目进展计划、每日简报等，都应做详细记录。

（4）实训记录展示：写作分为不同的阶段，每一阶段的实训记录展示，都应确定展示目标、展示内容。为了更好地让成员了解每一阶段的工作，实训内容的展示应该以简洁明了为主。实训记录也应在实训结项报告书中得到体现。

（六）注意事项

（1）搜集文献应当全面，引用资料和数据要真实可靠。对有关领域文献资料的全面搜集是进行文献综述的前提条件，细致阅读文献、准确理解文献精髓是文献综述的基础。随便搜集一点资料就开始动手，几乎不可能写出合格的综述。文献搜集不全、要点把握不准，做出的"综述"可能毫无价值，甚至产生错误导向。

（2）坚持材料与观点的统一。由于文献有作者自己的评论分析，在撰写时不能篡改文献的思想与内容。如果综述作者从他人引用的参考文献转引文献，这些文献在他人引用时是否恰当、有无谬误，综述作者是不知道的，因此最好不要间接转引文献。既要避免材料介绍过多而评论太少，也要避免观点与内容太少而评论过多。评论应以客观材料为基础，做到言之有据。

（3）写作要有针对性。介绍历史情况是为当前的问题服务的，介绍国外情况是为国内的问题服务的。要有选择、有分析地介绍，并紧扣国内科研的需要，为解决实际问题服务。对研究现状的论述，不仅要考查作者对资料的占有程度和熟悉程度，更重要的是从资料的针对性上判断研究工作的意义和价值，以及研究结果的可预见性。

（4）写作应提纲挈领、突出重点。例如，文献综述不是各文献内容的简单堆砌，而是站在一定的高度对文献的研究结果、结论等进行评价、比较、总结和概括，找出薄弱环节，指出该课题的现状、发展方向和趋势，寻找其中具有共性的规律。另外，由于文献所包含的信息量较大，文献综述还要求使用简练的语言来概括出明确的论点，关键处细述，一般细节简略。

（5）可适当使用统计图表来说明发展的过程和现状。这可保持资料数据的完整性和准确性，便于比较、检查，使文字简练，表达清晰，让人一目了然，印象深刻。

四、实训报告与日志

（一）实训报告的撰写方法

1. 实训主题概述

根据调查分析的结果，反复研究确定实训报告主题。在概述中要确定实训项目（课题）的基本问题与具体问题，确定通过研究活动要实现哪些目标。简述研究领域内的研究现状与研究意义。

2. 实训内容介绍

实训内容介绍为主体部分，主要阐述实训过程中做了些什么事和实训的体会，包括个人完成的主要工作和取得的成就、思想和业务上的收获和体会等。主体部分是实训成果的展示和表述，它是整个实训过程的再现；本部分占实训报告的大部分篇幅，要求内容客观、思路清晰、合乎逻辑，要尽量让事实和数据说话。用文字不容易说明的或说起来比较繁琐的，可用图表来表述。

3. 实训总结

总结是实训过程的总体结论和建议，撰写总结时应明确精炼、完整准确、措辞严密，主要回答在实训中的收获与不足，以及今后将要如何改进。总结是实训成果的归纳和总结，包括对整个实训过程的感想以及对实训课程的建议等。

（二）实训日志的填写方法

实训日志应据实填写实训项目名称与个人信息。内容较多时要分段，以序号标出，保持日志清晰度，将所有内容填写完整。

实训目的：填写要明确，可以从理论与实践两方面描述。在理论上可以书写通过该实训获得的理性认识；在实践上可以书写使用实训软件或实训设备过程中获得的技能，例如书写参考文献的格式规范。

实训环境：填写实训所需的软硬件环境，包括综述实训过程中的办公工具与网络环境等，也可以注明搜索资料的网站信息。

实训内容与步骤：主要填写依据何种操作方法进行实训，详尽完整地填写实训的完成情况，条理清晰地撰写实验步骤。

在实训结果及分析：描述实训现象、实训数据的处理结果，并对实训数据或现象进行分析。对于实训结果的表述，一般有三种方法：①文字叙述，即综述；②图表展示，即阅读和归纳过程中记录核心观点的表格；③屏幕截图，可以佐证自己的观点与看法。在实训日志中，可任选其中一种或几种方法以获得最佳效果。如果实训结果及分析篇幅较长，可以附在实训日志的后面。

实训小结：填写实训的心得体会，也可以填写实训过程中遇到的问题及其解决办法。

思考与练习

1. 项目书与论文写作实训的主要分类有哪些？
2. 什么是文献综述？文献综述的目的和作用是什么？
3. 学位论文写作与答辩的基本规律与要求如何？
4. 文献综述、学位论文写作的主要内容框架、基本撰写方法与步骤分别有哪些？
5. 实训日志撰写的基本要求和方法是什么？实训记录应如何准确填写？
6. 登录全国大学生数学建模竞赛官网（http://www.mcm.edu.cn/）、全国大学生创业服务网（https://cy.ncss.cn/）、挑战杯全国大学生课外学术科技作品竞赛官网（http://www.tiaozhanbei.net/），了解赛事的基本情况，包括主办方、举办届数、经典作品、主要获奖单位以及与竞赛相关的用户注册、参赛程序、报名手续、项目设置、竞赛指南、评审规则、比赛奖项等方面的内容，然后对标分析，列出自己有兴趣参加的项目，以期进行可行性研究。

第十七章　创业计划书写作实训

学习目标

1. 熟悉创业计划书的基本写作方法、写作规范和写作技巧。
2. 了解项目路演的基本方法与技巧，能够编写商业路演 PPT。
3. 了解公司注册、公司运营、公司管理的有关知识。
4. 熟悉我国主要的大学生创新创业大赛及其申报流程。
5. 掌握大学生创新创业项目申报条件、申报要求、申报步骤。
6. 学会撰写并提交实训报告。

一、大学生创新创业训练计划与竞赛

(一) 大学生创新创业训练计划

大学生创新创业训练计划项目，是教育部在"十二五"期间实施的国家级大学生创新创业训练计划。该计划旨在通过实施国家级大学生创新创业训练计划，促进高等学校转变教育思想观念，改革人才培养模式，强化创新创业能力训练，增强高校学生的创新能力和在创新基础上的创业能力，培养适应创新型国家建设需要的高水平创新人才。

大学生创新创业训练计划包括创新训练项目、创业训练项目和创业实践项目三类，在学校导师或企业导师的指导下，由大学生团队协作配合共同完成。创新训练项目需要进行创新性研究项目设计、研究条件准备和项目实施、研究报告撰写、成果（学术）交流等工作。创业训练项目为团队中每个学生在项目实施过程中扮演一个或多个具体角色，开展编制创业计划书、开展可行性研究、模拟企业运行、参加企业实践、撰写创业报告等工作。创业实践项目采用前期创新训练项目（或创新性实验）的成果，提出一项具有市场前景的创新性产品或者服务，以此为基础开展创业实践活动。

(二) 大学生创新创业竞赛

为推进大学生创新创业训练计划，我国政府机构和许多企事业单位举办了各种各样的创意、创新、创业赛事，其中最为著名的是中国"互联网＋"大学生创新创业大赛、"挑战杯"全国大学生课外学术科技作品竞赛、"挑战杯"中国大学生创业计划竞赛三大赛事。本节将介绍中国"互联网＋"大学生创新创业大赛和"挑战杯"中国大学生创业计划竞赛，而"挑战杯"全国大学生课外学术科技作品竞赛将在第十八章介绍。

1. 中国"互联网＋"大学生创新创业大赛

中国"互联网＋"大学生创新创业大赛，由教育部与政府、各高校共同主办。大赛旨在深化高等教育综合改革，激发大学生的创造力，培养造就"大众创业、万众创新"的主力军。中国"互联网＋"大学生创新创业大赛信息在全国大学生创业服务网发布，其主页如图 17-1 所示。

图 17-1　全国大学生创业服务网主页

"互联网＋"大赛每年举办一次，首届比赛举办于 2015 年。比赛设有高教主赛道、"青年红色筑梦之旅"赛道、职教赛道、萌芽赛道、产业命题赛道、国际赛道 6 个赛道。每个赛道又细分为不同组别和类别。例如：高教主赛道又分为本科生创意组、研究生创意组、初创组、成长组、师生共创组；高教主赛道、青年红色筑梦之旅赛道分为"互联网＋"现代农业、"互联网＋"制造业、"互联网＋"信息技术服务、"互联网＋"文化创意服务、"互联网＋"社会服务。"互联网＋"大赛已经成为覆盖全国所有高校、面向全体高校学生、影响最大的赛事活动之一，同时也吸引了中国港澳台地区和国外许多大学的广泛参赛。

"互联网＋"大赛的参赛及其报名可在全国大学生创业服务网进行。参赛对象包括：普通高校、职业院校、国家开放大学在校生和毕业 5 年以内的毕业生（可为本专科生、研究生，不含在职生），普通高级中学在校学生，以及中国港澳台地区和国外高校的大学生国际赛道的参赛对象。比赛逐级通过校级初赛、省级复赛，最终进入全国总决赛，决出金、银、铜奖各若干个，并从金奖团队中产生冠、亚、季军。"互联网＋"大赛以创新引领创业、创业带动就业，推动高校毕业生更高质量创业就业，有力推动了赛事成果转化，服务经济提质增效升级，促进了"互联网＋"新业态的形成。

2."挑战杯"中国大学生创业计划竞赛

"挑战杯"中国大学生创业计划竞赛(俗称"小挑"),是"挑战杯"全国大学生系列科技学术竞赛(简称挑战杯竞赛)的两个项目之一(另一项目是"挑战杯"全国大学生课外学术科技作品竞赛,俗称"大挑"),由共青团中央、中国科协、教育部、中国社科院、全国学联共同主办,高校承办,每两年举办一届,与"大挑"轮流开展。"挑战杯"竞赛以"培养创新意识、启迪创意思维、提升创造能力、造就创业人才"为宗旨,采取学校、省(自治区、直辖市)和全国三级赛制,分预赛、复赛、决赛三个赛段,各赛段需要在比赛的正式网站提交申报材料,详细情况可登录竞赛官方网站了解,其主页如图 17-2 所示。"挑战杯"中国大学生创业计划竞赛迄今已成功举办了 12 届。2022 年第十三届"挑战杯"中国大学生创业计划竞赛将在北京理工大学举办。

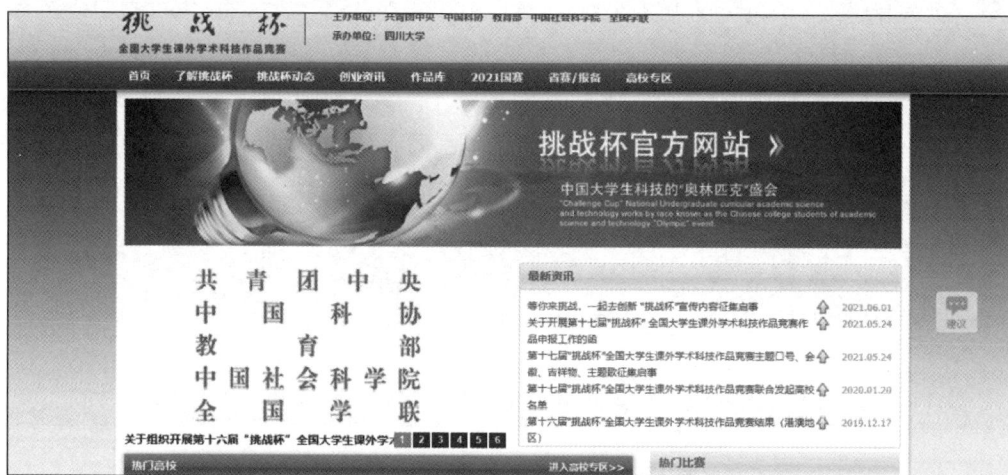

图 17-2 "挑战杯"中国大学生创业计划竞赛官网主页

根据参赛对象,本竞赛分为普通高校、职业院校两类,实行分类、分组申报。设有科技创新和未来产业、乡村振兴和脱贫攻坚、城市治理和社会服务、生态环保和可持续发展、文化创意和区域合作五大类别,面向高等学校在校学生,以商业计划书评审、现场答辩等为参赛项目的主要评价内容。参加竞赛项目分为已创业与未创业两类,分为农林、畜牧、食品及相关产业、生物医药、化工技术和环境科学、信息技术和电子商务、材料、机械能源、文化创意和服务咨询等 7 个组别。

二、创业计划书的结构、内容与编写步骤

创业计划书是公司或项目单位为达到招商融资或者其他发展目标,在前期对项目进行科学调研分析的基础上,从企业内部的人员、制度、管理、财务,以及企业的产品、营销、市场、风险等各个方面,对即将展开的商业项目进行可行性分析,全面展示公司和项目的背景与意义、现状与规划、未来发展前景,进而形成实现目标的策略性计划文件。

（一）创业计划书的结构

创业计划书作为一份全方位的商业计划，其主要用途是获取投资商的投资。为了叩响投资者大门，创业者需要在核心技术、生产管理、商业模式、盈利模式、市场营销、财务、人力资源等各方面向投资商综合展示创业计划的可行性。创业计划书的结构通常包含以下九个方面：

（1）公司摘要。介绍公司的主营产业、产品服务、公司的竞争优势以及成立地点时间、所处阶段等基本情况。

（2）公司业务描述。介绍公司宗旨和目标、公司发展规划和策略。

（3）产品或服务。介绍与描述产品和服务的用途和优点、有关的专利、著作权、政府批文等。

（4）收入。介绍公司的收入来源，预测收入增长。

（5）竞争情况及市场营销。分析现有和将来的竞争对手及其优劣势，本公司的优势和战胜竞争对手的方向。

（6）管理团队。对公司重要人物的职务、工作经验、受教育程度等进行介绍。

（7）财务预测。公司财务报表、5年的财务报表预测、投资的退出方式（公开上市、股票回购、出售、兼并或合并等）。

（8）资本结构。公司资金筹集和使用情况、公司融资方式、融资前后的资本结构表。

（9）附录。支持上述信息的资料，如管理层简历、销售手册、产品图纸。

（二）创业计划书的内容

一般来说，创业计划书应该包括创业的种类、资金规划及基金来源、资金总额的分配比例、阶段目标、财务预估、营销策略、风险评估、创业动机、股东名册、预定员工人数，具体内容一般包括以下十一个方面：

（1）封面介绍。封面的设计要有审美观和艺术性，一个好的封面会使阅读者产生最初的好感，形成良好的第一印象。

（2）计划摘要。它应浓缩创业计划书的精华，涵盖计划的要点，不仅一目了然，而且简明生动，特别要说明自身企业的不同之处以及企业获取成功的市场因素。在计划摘要里，还应简略介绍公司、管理者及其组织、主要产品和业务范围、市场概貌、营销策略、销售计划、生产管理计划、财务计划资金需求状况等投资者关心的内容。

（3）企业介绍。这部分重点对公司理念和如何制定公司战略目标进行详细介绍。

（4）行业分析。应该正确而精准地评价所选行业的基本特点、竞争状况和未来的发展趋势等内容。例如：该行业发展程度如何？发展动态如何？创新和技术进步在该行业扮演着怎样的角色？该行业的总销售额有多少？总收入为多少？发展趋势怎样？价格趋向如何？经济发展对该行业的影响程度如何？政府是如何影响该行业的？是什么因素决定着它的发展？竞争的本质是什么？你将采取什么样的战略？进入该行业的障碍是什么？你将如何克服？该行业典型的回报率有多少？这些不仅是创业需要弄清楚的问题，更是决定投资者是否投资的关键之一。

（5）产品（服务）介绍。产品介绍应包括以下内容：产品（服务）的概念、性能及特性；主要产品（服务）介绍；产品（服务）的市场竞争力；产品（服务）的研究和开发过程；发展新产品（服务）的计划和成本分析；产品（服务）的市场前景预测；产品（服务）的品牌和专利等。项目申报者要对产品（服务）做出详细、准确而又通俗易懂的说明，使不是专业人员的投资者也能明白。一般地，产品介绍都要附上产品原型、照片或其他介绍。

（6）组织结构。在企业的生产活动中，存在着人力资源管理、技术管理、财务管理、作业管理、产品管理等。这里面每个环节都很重要。其中，投资人非常看重创始人背景和产品的前景，如果创始团队背景非常亮眼或者创始人有异常魅力，都很容易取得投资人的信任和关注，相对而言也会比较容易拿到投资。如果你的产品前景广阔，那就要让投资人充分了解，这样投资人会因产品方向好而投资。

（7）市场预测。这部分应包括的内容有：市场现状综述、市场需求预测、竞争厂商概览、目标顾客和目标市场、本企业产品的市场地位等。

（8）营销策略。在创业计划书中，营销策略应包括以下内容：市场机构和营销渠道的选择、营销队伍和管理、促销计划和广告策略、价格决策等。

（9）制造计划。创业计划书中的生产制造计划应重点阐述产品制造和技术设备现状、新产品投产计划、技术提升和设备更新的要求、质量控制和质量改进计划等内容。

（10）财务规划。财务规划的重点是现金流量表、资产负债表以及损益表的制备。流动资金是企业的生命线，因此，企业在初创或扩张时，对流动资金需要预先有周详的计划和使用过程中的严格控制。损益表反映的是企业的盈利状况，它是企业在一段时间运作后的经营结果。资产负债表则反映在某一时刻的企业状况，投资者可以用资产负债表中的数据得到的比率指标来衡量企业的经营状况以及可能的投资回报率。

（11）风险管理。创业者要系统分析创业计划在市场、竞争和技术方面都有哪些基本的风险？怎样应对这些风险？公司还有哪些附加机会？在现有资本基础上如何进行扩展？在最好和最坏情形下，项目五年计划表现如何？预估误差范围有多大？只有控制了风险，才能够创造利润和价值，获得投资者的青睐和投资。

（三）创业计划书的编写步骤

编写创业计划书是一个展望项目未来前景、细致探索创业思路、充分论证创业所需资源、寻求各方创业支持的过程。一般情况下，创业计划书的编写要完全涵盖上述内容。但创业内容不同，相互差异也很大。总的来说，创业计划书包括创新创业构思框架与意义陈述，创新创业团队的组建，创新创业的目的、假设与具体目标，创新创业具体研究内容和研究方法设计，预期成果及其具体落实计划，预算编制与项目进度安排等。创业计划书的编写可以大致分为项目论证、计划书编写、计划书审查美化三个阶段。

第一阶段，创业计划书编写前的项目论证。它是创业计划书编写的准备阶段，需要经历经验学习、创业构思、市场调研、方案起草四个步骤，重点是系统论证创业项目的可行性，特别是要对创业项目的社会价值、市场痛点、解决方案、核心技术、商业模式、盈利模式等进行系统论证，并据此起草初步方案。这些都需要进行系统的文献和信息的检索、归纳、整理、分析。

第二阶段，编写创业计划书正文。做好创业计划准备之后，可以根据创业计划书的结构和内容来编写《创业计划书》正文。正文各章的编排应确保信息流是有逻辑的和现实的，排列顺序一般可以为：公司概况、核心技术、市场分析、营销策略、生产管理、公司战略、融资计划、财务预算、风险分析、经营管理、公司团队。重点是在阐述行业发展现状、格局分析及其未来发展趋势、行业市场容量、销售增长率现状及趋势预测，并在行业毛利率等系统分析的基础上，探讨创业核心技术与产品（服务）针对市场需求提供创新性、革命性的解决方案，通过独特的商业模式和运营模式实现持续盈利和市场扩张，以及科学预测公司利润率、资产收益率、投资回报率等投资商最关心的问题。正文写好后，还需将整个创业要点抽出来写成提要，即"计划摘要"或"执行摘要"，作为计划书的第一章。计划摘要相当于创业计划书的脸面，投资者首先会看到它。为了保持投资者的兴趣，计划摘要应写得引人入胜。

第三阶段，创业计划书审查、美化。正文写好后，在正文前加上封面、摘要、章节目录、图表目录，每页加上页码，以便投资者可以较容易地查阅各个章节的内容。在正文后加上各种附件，如各种必要的公司文件、专利、获奖、融资情况等各种投资方关心的材料。所有材料做齐后，应站在投资商的立场上，重点评估创业计划书各项内容。例如：是否容易被投资者领会？是否显示出你具有管理公司的经验与能力？是否显示出你已进行过完整的市场分析？是否显示你有能力实现资本和公司盈利？能否打消投资者对产品（服务）的疑虑？然后检查文法、排版，确保万无一失、整齐美观，避免出现任何错误和遗漏。最后打印，装订成册。

三、大学生创新创业项目路演

创业计划书提交给投资者后，如果引起投资者及评委的投资兴趣，下一步就需要创业者进行项目路演与答辩。项目路演就是企业或创业代表在讲台上向投资方讲解项目属性、企业产品、发展规划、融资计划，一般分为线上路演和线下路演两种。项目路演要求创业者在较短的时间内，用最精辟简明的语言陈述项目计划，回答投资者的提问，与投资者交流。

项目路演被喻为创业者实现融资的高速公路。路演一般需要通过几分钟的PPT宣讲和互动问答，让听众（投资者）了解项目，达成包括投资、资源对接、人才输送等方面的合作意向。项目路演与创业计划书的关系就好比是"台上一分钟,台下十年功"。无论是投资者,还是企业决策者,都十分重视项目路演,创业者的项目是否能够获得融资,项目路演往往是最为关键的临门一脚。项目路演可以让投资者在安静的环境里,在创业者声情并茂的展示下,真正读懂企业的项目,从而做出更准确的判断。特别对于一些技术性强的项目,更能减少出现投资者看不懂或不理解项目的弊端。企业可以通过自己的精辟讲解和投资者之间的交流,快速与投资者对接自己的项目,减少融资之路上的弯路。

项目路演负责人一般由创业项目负责人挂帅担纲,配备1~2名副手,分工协作,陈述演讲,回答问题,与投资者交流互动,向投资者全面展示项目优势,展现团队能力与才华。汇报人应重点关注投资人所关心的内容,主要包括:商业模式是否可行?项目前景是否有想象力?未来收益如何保障?竞争对手的实力、创业团队的背景、未来规划是否清晰?数据是否真实合理?未来风险如何防范等。

创新创业项目路演的根本目的是使人理解、吸引关注、促使行动,打动投资人,为实现项目融资打下基础。路演的基本思路与内容如下:

(1)在项目路演的开场,首先应进行自我介绍,即"你是谁"。简要介绍公司或项目目前状况。核心成员简介强调团队成员的互补性。

(2)抛出主题,即"你想干什么"。针对一个现有的市场或需求问题,清晰定位你的项目,聚焦你能解决的用户痛点,做出定性和定量描述,如果能通过一个小故事或者情节来讲述更好。用样品图片、照片、简单的体系结构图或者工作流程图,介绍项目产品或服务的优点。如果需要说明你的产品如何与别的产品或者服务协作,最好能有价值链示意图。描述目标市场,用饼图或者别的图表格式讲明市场细分情况。从各个组成部分中阐明与项目相关的数据。阐述当前客户和潜在的用户数据。

(3)陈述"你干成了什么"。用现有的运营数据、已有的项目成果,证明你的能力和潜力,以此获得投资者的认同和信任,甚至能够共频,引起投资者极大兴趣。

(4)自然过渡到介绍"你拥有什么",即项目获得的专利认证、资质证明、合作协议、订单合同、入账收入、顾客数量等这些能够推进项目的独一无二的核心技术和特有优势,阐述你的商业模式与运营模式,说明你的竞争战略以及自身的核心竞争力。此部分应力图展示自身的差异化优势,推荐使用表格或矩阵,让投资者刻骨铭心,用钱"砸"你。

(5)告诉投资者"你需要多少钱"。用数据表明你需要多少投资,为什么要这些投资,用精细的分析证明你的项目和你的管理团队有强烈的投资回报率概念和清晰的运营策略。描述前期资金来源、当前资产评估、当前资金需求、资金使用周期、融资目标额度及投资回报方案、未来资金需求、资本退出战略等。

项目路演PPT的编写逻辑清晰、重点突出、短小精悍,掌握演讲技巧,回答问题要思路敏捷,直击要点,且真诚自信,游刃有余。路演前要撰写演讲稿,充分预演,并对投资者可能提出的问题进行提早准备,做好B计划,确保商业路演与答辩的质量。

四、实训目标

（一）实训目的

（1）探索并实施以问题和课题为核心的研究型教学模式改革。通过创新创业项目，增加大学生在读期间科学研究、发明创造、工程实训、社会实践的实训机会，达到"转变学习方式、增强实践能力和发挥个性潜质"的实训目的。

（2）以创新创业项目为契机，使学生通过创业行业动态、文献、信息、数据的检索、收集、整理、阅读、归纳，进行项目论证，撰写项目申报书，参加项目申报答辩，培养学生的创新思维和创新意识。

（3）让学生逐渐掌握发现问题、思考问题、解决问题方法，提高创新实践能力。使学生具备市场预测和决策的能力，提升分工与协作能力，具备处理风险与不确定性的能力，具备心理承受力和抗压力。

（二）实训要求

（1）创新创业项目实训要遵从兴趣驱动、自主实践、重在过程的指导原则。

（2）创新创业项目申报书和创业计划书必须根据相应要求与步骤列写全面，不能遗漏或缩减。

（3）项目须真实、健康、合法，无任何不良信息，项目立意应弘扬正能量，践行社会主义核心价值观。不得侵犯他人知识产权。

（4）所申报创新创业项目要求观点正确、逻辑清晰、内容合理、实施可行、主题突出、层次分明、内容翔实、文献权威、观点引用正确、写作格式规范、写作方法正确、文献列示全面、信息标准、排版清晰。

（5）实训应在组建团队后进行，5～8人为一组。本章的分组建议与第十四、十五、十八章的分组一致。

（三）实训说明

本实训为综合实训。有条件的，建议根据大学生创新创业项目申报，结合"互联网＋""挑战杯""创青春"三大赛事进行。

五、实训内容

（一）实训背景

无处不在的网络学习、融合创新的网络科研、透明高效的校务治理、丰富多彩的校园文化、方便周到的校园生活……这些设想,通过数字校园与智慧校园的不断建设,都是可以实现的。

数字校园以高度发达的计算机网络为核心技术,以信息和知识资源的共享为手段,强调合作、分享、传承的精神,是网络化、数字化、智能化有机结合的新型教育、学习和研究的教育环境。

智慧校园以物联网为基础,是校园工作、学习和生活一体化和智慧化环境,这个一体化环境以各种应用服务系统为载体,将教学、科研、管理和校园生活充分融合。

鉴于近年来数字校园与智慧校园的飞速发展,小张团队想要通过先进的互联网技术,改善一直以来被同学们吐槽的校园快递服务。他设想自己的团队能够提供一种"落必达"服务,同学们不需要在购物时纠结"发什么快递",也不需要因为寄取不同种类的快递而"长途跋涉",奔走于各个快递站点之间。他们只需通过"落必达"预约代取服务,就能又快速又便捷地拿到自己的那份快递。

小张团队想要提供"送货上门"的人力服务,同时准备在宿舍站区安置智能自提柜,目前已经做好创业的一些基础准备。小张想要申报"互联网+"大学生创新创业大赛,为自己的创业寻求一些专业的指导与扶持,提高"落必达"创业项目成功的可能性。

(二)实训设计

(1)拟定项目,确定此项目名称为"落必达"。

(2)确定项目愿景,实现快递的送货上门,顾客不需要因为站点的分散而分别去收取快递。项目目前拟定的解决方案是在各个站点安排工作人员与智能机器设备,例如无人机与智能快递车,服务于从站点到顾客家门口的"最后一公里"。目前计划的适用范围是各大高校内,之后的业务可能会扩大到各小区与办公写字楼。

(3)进行市场调研,调查群众认为目前在快递方面存在的不足之处。吸收意见,了解群众对于落必达的认可度与需求度,以此对项目的可行性作初步判断。

(4)确定此项目的核心技术是通过智能机器人运送快递。确定设备投放与路线设计的思路,了解已经具备的条件,如目前拥有的人力、资金与设施,未来发展中存在的难点等。

(5)确定自己的商业模式,做好运营设计;确定盈利模式是通过"最后一公里"的快递投送服务来进行盈利;进行利润预测,预测项目未来的发展形势。

六、实训操作

(一)实训流程

实训流程如图 17-3 所示。

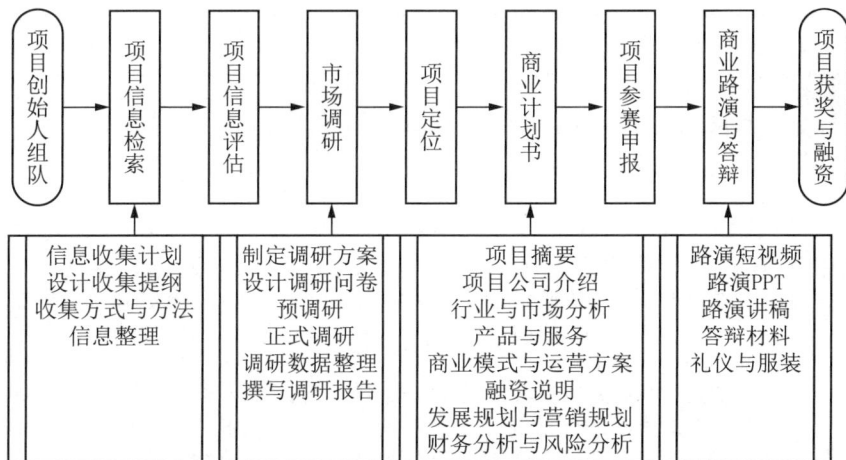

图 17-3　实训流程

（二）实训步骤

【步骤 1】组建团队，5～8 人为一组，通过公开招募，以逐一面试或者直接自行组队的方式募集成员。

【步骤 2】明确项目主题，进行项目信息检索与评估，了解时政信息、行业概述、行业发展历史、现状与发展趋势等。例如，从政府网站了解快递行业复工复产信息，如图 17-4 所示。

图 17-4　从政府网站了解快递行业复工复产信息

【步骤 3】确定研究提纲，如表 17-1 所示。

根据研究提纲，划分小组，确定小组成员的分工，如表 17-2 所示。

【步骤 4】市场调研与项目定位对市场需求、行业动态、技术水平等资料进行检索与整理、归纳与分析，撰写市场分析报告，报告截图如图 17-5 所示。

表 17-1 落必达项目研究提纲

项目主题	校园快件免费配送无人机系统
研究问题与研究目标	实现快递的送货上门,顾客不需要因为站点的分散而分别去收取快递
时政信息	根据国家邮政局公布的数据显示,2020 年全国规模以上快递企业完成业务量达 833.58 亿件,同比增长 31.2%,累计实现收入 8 795.4 亿元,同比增长 17%。从 2016 年开始,快递业务收入持续上升。艾媒数据中心显示,2021 年超过 47% 的消费者的快递依托于快递驿站和快递柜,而市面上知名的各家公司快递柜加起来将近 25 万组。2021 年快递柜市场规模达到 300 亿元,2021 年达到 361 亿元
行业概述	快递业是指承运方通过铁路、公路、航空等交通方式,运用专用工具、设备和应用软件系统对国内、国际及港澳台地区的快件揽收、分拣、封发、转运、投送、信息录入、查询、市场开发、疑难快件进行处理,以较快的速度将特定的物品运达指定地点或目标客户手中的物流活动
行业发展历史	我国的快递行业产生于改革开放初期,至今仅有 30 多年的历史。1985 年,中国邮政成立中国速递服务公司(EMS)是唯一从事国内快递业务的企业
行业现状与发展趋势	快递行业整体发展势头良好 2010—2019 年,我国快递行业业务总量保持逐年增长的趋势。2019 年快递服务企业业务量累计完成 635.2 亿件,同比增长 253%。2020 年上半年,全国快递服务企业业务量累计完成 338.8 亿件,同比增长 22.1%,反映出快递行业规模逐步扩大

表 17-2 确定小组成员的分工

成员	分 工	具体内容
小黄	1. 执行摘要	公司概况、核心技术、产品优势、市场分析等部分的摘要
	2. 核心技术	技术背景、核心技术
小赵	3. 产品优势	产品性能、研发优势、产品信誉
	4. 市场分析	宏观市场环境分析、行业环境分析、目标市场与市场定位等
小马	5. 商业模式	产品策略、产品开发与生产策略、项目产品获利模式等
	6. 生产管理	生产要素、生产管理、生产研发
小刘	7. 融资计划	资金需求预测、股权融资计划
	8. 财务预测	财务假设、营收预测、成本预算、预测财务报表
小白	9. 投资分析	投资分析假设、投资可行性分析、投资风险分析等
	10. 公司战略	公司概况、使命愿景、SWOT 分析、总体战略等
小蔡	11. 公司管理	组织结构、创业团队、人力资源管理等
	12. 风险分析	技术风险、市场风险、财务风险等

2020 年初，全国快递业务量受到国内疫情影响较大，快递龙头公司均希望抢更多的量来弥补年初的亏空，中通首先发起激烈的价格战，以期加速竞争格局分化，另外，以极兔快递为代表的新快递企业加入竞争，采取了激进的低价抢量策略，加速市场起价竞争。

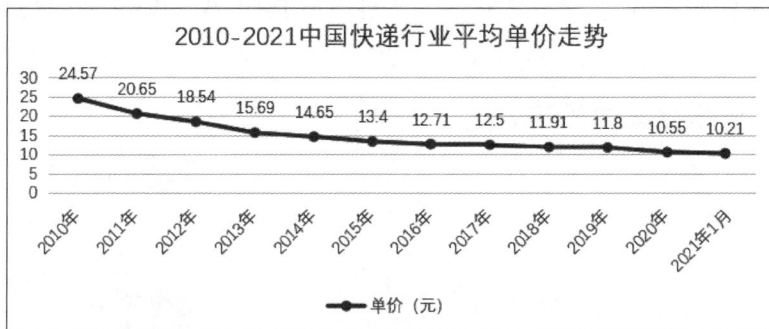

图 3-2 2010-2021 中国快递行业平均单价走势

图 17-5　报告截图

【步骤 5】撰写创业计划书并提交项目参赛申报。落必达项目创业计划书的写作提纲示例如下：

第一章　执行摘要
1.1　公司概况
1.2　核心技术
1.3　产品优势
1.4　市场分析
1.5　商业模式
1.6　财务分析
1.7　战略规划
第二章　核心技术
2.1　技术背景
2.2　核心技术
第三章　产品优势
3.1　产品优势
3.2　研发优势
3.3　产品信誉
第四章　市场分析
4.1　宏观环境分析
4.2　行业环境分析
4.3　目标市场与市场定位
4.4　市场调查
4.5　市场预测
第五章　商业模式

5.1　产品策略
5.2　产品开发与生产策略
5.3　产品市场营销策略
5.4　项目产品获利模式
5.5　商业价值
5.5　价格策略
5.6　促销策略
第六章　生产管理
6.1　生产要素
6.2　生产管理
6.3　生产研发
第七章　财务预测
7.1　财务假设
7.2　营收预测
7.3　成本预算
7.4　预测财务报表
7.5　主要财务指标及分析
第八章　公司战略
8.1　公司概况
8.2　使命愿景
8.3　SWOT 分析
8.4　总体战略

8.5　竞争战略
8.6　创新战略
第九章　公司管理
9.1　组织结构
9.2　创业团队
9.3　人力资源管理
第十章　风险分析
10.1　技术风险
10.2　市场风险
10.3　财务风险
10.4　人力资源风险
第十一章　投资分析
11.1　投资分析假设
11.2　投资可行性分析
11.3　投资风险分析
11.4　股利分配计划
11.5　投资退出机制
第十二章　融资计划
12.1　资金需求预测
12.2　股权融资计划
附录
附录 1　应用证明

【**步骤 6**】进行商业路演与答辩,准备商业路演 PPT、路演讲稿与答辩材料,提早准备可能提出的问题,确保商业路演与答辩的质量。商业路演 PPT 展示如图 17-6 所示。

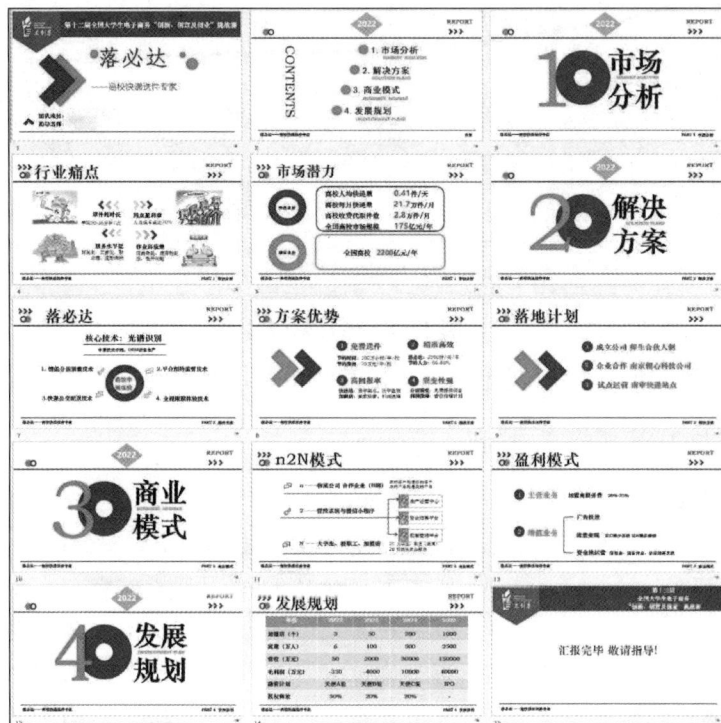

图 17-6　商业路演 PPT 展示

说明:本 PPT 摘自作者指导的某团队"互联网＋"大赛路演文案,经作者团队授权同意。

【**步骤 7**】根据实训步骤及各环节内容撰写并及时提交实训报告。

【**步骤 8**】按要求填写实训日志。

(三) 实训要点

从以下五个维度进行项目论证:

(1) 从创新维度来看,需要确认项目的商业模式是否具有创新性,所提供的产品服务、今后的管理运营与市场营销能否从其他项目中脱颖而出。

(2) 从团队维度来看,需要确认团队的灵魂人物,在团队合作中做到人事匹配、协作互补、结构合理、资源相关、持续发展。

(3) 从商业维度来看,要考察项目商业模式的完整性、经营绩效真实性、持续成长可能性、经营管理的科学性、现金融资合理性、区域产业相关性。

(4) 从就业维度来看,预先设想项目能够直接提供的就业岗位的数量和质量,以及项目间接带动就业的能力和规模。

（5）从引领教育维度来看，需要论证此项目是否有效提升创新创业精神与综合能力，是否有效促进了产、教、研融合。

（6）检索行业资讯和相关报告时需要多方面求证，在完成了信息检索之后，需要检查所检索到的文献是否能解决在撰写创新创业申请书或是商业计划书时遇到的问题。

（7）对检索得到的信息持质疑态度。要充分利用不同检索平台的专职特长，做到各取所长，具体问题具体分析，在经过一定的分析判断后，再得到标准可靠的信息。

（8）要注意分析创业项目商业模式的完整性、经营绩效的真实性、持续成长的可能性、经营管理的科学性、现金融资的合理性、区域产业的相关性。分析项目的产生与执行是否充分展现了团队的创新意识、思维能力、多学科交叉、科创融合。

（四）实训记录

（1）收集、整理实训过程中的图文音像资料。在撰写科技作品的时候，一定会参考到许多图文音像资料，及时整理这些资料有助于以后修改参赛作品时能够迅速寻找到资料来源，也可以留作证据在比赛过程中让专家查阅。

（2）实训记录展示：科技作品的写作分为不同的阶段，每一阶段的实训记录展示需要确定展示目标、内容。为了更好地让成员了解每一阶段的工作，实训内容的展示应该简洁明了。

（3）对于每一次团队共同参与的活动以及对比赛有利的实践都需要记录下来并归档，这样在参加比赛时能够更好地展示团队为比赛的付出。

（五）注意事项

（1）项目论证要认真思考造成这一现象的机制。对所关心现象进行深入思考的目的是确定这一现象与其他现象之间的联系及如何对其作出解释，包括有哪些变量可以解释所关心现象的发生过程、这些变量的重要性、解释所关心现象时需要利用到哪些概念等。

（2）创业计划书是创新者或企业为了实现未来增长战略所制定的详细计划，主要用于向投资方和风险投资商阐述创新者或企业未来发展战略与实施计划，从而取得投资方和风险投资商支持的一份创业计划报告。针对具体创新创业项目，需要思考投资人希望看到的是什么样的创业计划书，以及标准创业计划书是怎样帮助投资人进行准确及时的投资的。

创业计划书中全面展示项目状况、未来发展潜力、执行策略，体现项目的核心竞争力、市场机会、成长性、发展前景、盈利水平、抗风险能力、回报等；展示创新者有实现战略和为投资人带来回报的能力及拥有资源的实力。创业计划书还是实施项目的行动纲领和执行方案，指导运营的必备工具，可以使创新者和项目投资者提高有计划地开展商业活动的成功概率。

（3）商业路演与答辩要提前明确路演的目的。路演要能够吸引投资人兴趣，建立联系机会；借路演场合宣传自己的产品或品牌；通过路演验证自己的商业模式成熟程度；通过路演吸引潜在的合伙人或员工。提前确定好路演时长，时间越短对于学生的挑战越大,需要短时间内让听众了解完备的、关键的信息;时间越长越需要做充分的准备,同时还需注意内容的简练,不能重复拖沓。

（4）建立实训档案,及时记录每一次团队共同参与的重要会议内容、考察实践内容并进行归档,分阶段汇报实训内容。小组成员要对商业计划书等重要文件内容严格保密,防止他人剽窃抄袭。

（5）实训小组需要将自己在实训过程中的感悟及其遇到的问题记录下来,例如在学术研究进展检索过程的方法途径还可以运用到哪些方面,分析得失原因及其对问题可能的解决办法。

七、实训小结

本实训主题是校园快递"落必达"无人机免费配送系统。实训分组进行,以熟悉大学生创新创业的全部过程,包括项目创始人团队的组建、项目信息检索与评估、市场调研与分析、项目定位、创业计划书的撰写、参赛项目申报、商业路演与答辩等方面的实训演练。

通过实训,大学生将掌握创新创业的基本流程与方法,创业计划书的写作与汇报答辩技巧,以及熟悉公司注册、公司运营、公司管理的有关知识,为顺利开展大学生创新创业打下基础。除了基本实训知识,本实训还介绍了大学生创新创业竞赛 "互联网＋""挑战杯"的比赛规则与项目申报要求,让大学生初步熟悉大学生创新创业竞赛项目申报书、创业计划书的主要内容框架、基本撰写方法与步骤及路演汇报等。

思考与练习

1. 大学生创新创业大赛的意义和作用是什么？

2. 创业计划书的基本写作方法、写作规范和写作技巧有哪些？

3. 公司注册、公司运营、公司管理的基本方法与主要知识储备分别是什么？

4. 商业路演 PPT 的主要内容有哪些？项目路演的重点是什么？详略取舍如何安排？

5. 大学生创新创业项目申报条件、申报要求、申报步骤具体有哪些？

6. 项目汇报与展示的仪态仪表应注意些什么？

7. 请结合你的兴趣、观察或正在进行的创新创业项目,约 3～5 个同学进行头脑风暴,初选一个创新创业的项目主题。然后查阅各种资料信息,进行市场调研分析,对该项目进行论证,撰写项目申报书,参加你所在学校举办的大学生创新创业项目竞赛。

第十八章 科技作品项目书写作实训

学习目标

1. 了解大学生科技作品项目大赛的意义,熟悉科技作品项目申报书的写作方法、写作规范和写作技巧。

2. 掌握大学生科技作品项目大赛的参赛条件、作品要求、比赛步骤。

3. 能够编写科技作品项目书和项目汇报 PPT,学会进行项目汇报与项目展示。

4. 学会撰写并提交实训报告。

一、科技作品项目与竞赛

(一)科技作品的概念

科技作品指的是基于科学技术或者先进科技理念,开发的具有创造性思维的产品。它是有利于改善生活、改善环境,提高人类生活质量的以人为本的科技产品或者服务。开展科学技术研究的一系列独特的、复杂的并相互关联的活动,有着一个明确的目标或目的,必须在特定的时间、预算、资源限定内,依据规范完成。这些科技作品大致可分为科技发明与制作、社会调查与分析报告、自然科学与社会科学学术论文三大类。

科学技术是第一生产力。国家、企业、社会团体会定期发布科技作品研究的项目,称作科学研究项目,资助科学研究者发挥自身特长,通过严格的科学研究和技术试验,发现自然或社会客观规律、发明或创造开发出新的产品,即科技作品。科学研究项目包括国家各级政府成立基金支撑的纵向科研项目(课题)、来自企事业单位的横向科研合作开发项目(课题)和科研机构与高校等自筹经费进行的科研项目(课题)。

从高校角度看,科研项目可分为校外科研项目(项目研究经费来自校外)和校内科研项目(项目研究经费来自校内)两大类。校外科研项目又可分为纵向科研项目和横向科研项目两种。

从校外政府部门如国家自然科学基金委、国家社科规划办、科技部、教育部、省、市等政府机构获得资助的科研项目称为纵向科研项目。纵向科研项目主要有:国家科技攻关计划项目、国防科研试验项目、863 计划项目、973 计划项目、国家星火计划项目、国家火炬计划项目、国家软科学研究计划项目、国家自然科学基金项目、国家社会科学基金项目、国家艺术基金等、教育部人文社会科学研究项目、全国教育科学规划项目、博士点专项科研基金,还有各省(自治区、直辖市)、市、县等科研主管机构科研单位发布的科研项目。

横向科研项目一般指除纵向科研项目以外的所有课题,包括院校教师和科研人员承担的各级政府和部门、研究机构、学术团体、公司和企事业单位等直接委托或通过其他形式取得的各类科研项目(课题),包括国际企业合作项目。横向科研项目(课题)包括高校科技开发与协作项目、技术成果转让项目、科技咨询等技术性服务项目、企事业单位资助的项目、社会调查项目、国际企业合作项目等。

(二) 科技作品项目的申报

包括基础与技术路线、研究方案与达到的目标等方面。科技作品项目申报与项目投标书类似,即阐明项目研究的可行性。每个项目的申报书都应按照政府通知的要求具体编写,没有统一的格式,但每个系统的申报书大体内容有所类似。科技作品项目的申报需要阐明项目背景和必要性,项目的技术基础与技术路线、研究方案与达到的目标等方面。

1. 科技作品项目的资金申请报告编制要点

(1)项目背景和必要性。国内外现状和技术发展趋势,项目对相关产业发展的作用与影响,以及市场分析。

(2)项目承担单位的基本情况和财务状况,包括所有制性质、主营业务、近三年来的销售收入、利润、税金、固定资产、资产负债率、银行信用等级、项目负责人基本情况及主要股东概况。

(3)项目的技术基础与研究路线。项目相关技术成果的来源及知识产权情况,已完成的研究开发工作及鉴定年限,技术特点以及与现有技术比较所具有的优势,技术突破对行业技术进步的重要意义和作用,项目研究的理论基础、关键技术、研究路线等。

(4)研究方案。项目研究的主要内容、研究框架、采用技术特点、设备选型及主要技术经济指标、产品市场预测、研究期限与科研管理等。

(5)研究经费。项目研究经费及经费使用预算方案。必要时提供投资规模、资金筹措方案以及贷款偿还计划,并提供有效的项目财务分析、经济分析及主要指标,如内部收益率、投资利润率、投资回收期、贷款偿还期,项目风险分析,经济和社会效益分析。

2. 科技作品项目申报书的格式

随着我国财政支持科研项目资金渠道的增多,科研院所、企业团体申报的财政支持项目正在推动各项科学研究项目的开展。科技作品项目申报书的格式虽然各异,但核心思路是一致的。下面以国家自然科学基金项目申报书为例,介绍纵向科研作品项目申报书的基本格式要点(横向科研作品项目申报书不再赘述):

(1)立项依据与研究内容。项目的研究意义、国内外研究现状及发展动态分析,需结合科学研究发展趋势来论述,或结合国民经济和社会发展中迫切需要解决的关键科技问题来论述。相关论述需附主要参考文献目录。研究内容重点阐述项目的研究内容、研究目标,以及拟解决的关键科学问题。拟采取的研究方案及可行性分析包括研究方法、技术路线、实验手段、关键技术等说明。项目特色与创新之处包括研究视角的新颖性、研究内容的精准性、分析方法的先进性、理论研究的创新性和研究方法的创新性等。年度或季度研究计划包括拟组织的重要学术交流活动、国际合作与交流计划等。预期研究成果包括理论研究成果、实证研究成果、科研团队建设与人才培养成果、研究报告和论文成果及其提交部门与方向。

(2) 研究基础与工作条件。阐明与本项目相关的研究工作积累和已取得的研究工作成绩,已具备的实验条件,尚缺少的实验条件和拟解决的途径,包括利用国家实验室、国家重点实验室和部门重点实验室等研究基地的计划与落实情况等;陈述正在承担的与本项目相关的科研项目情况(申请人和项目组主要参与者正在承担的与本项目相关的科研项目情况,包括国家自然科学基金的项目和国家其他科技计划项目,要注明项目的名称和编号、经费来源、起止年月、与本项目的关系及负责的内容等);项目负责人完成国家自然科学基金项目情况包括对申请人负责的前一个已结题科学基金项目(项目名称及批准号)完成情况、后续研究进展及与本申请项目的关系加以详细说明。另附该已结题项目研究工作总结摘要和相关成果的详细目录。

(3) 其他需要说明的问题。例如:申请人同年申请不同类型的国家自然科学基金项目情况(列明同年申请的其他项目的项目类型、项目名称信息,并说明与本项目之间的区别与联系);具有高级专业技术职务(职称)的申请人或者主要参与者是否存在同年申请或者参与申请国家自然科学基金项目的单位不一致的情况;具有高级专业技术职务(职称)的申请人或者主要参与者是否存在与正在承担的国家自然科学基金项目的单位不一致的情况(列明所涉人员姓名,正在承担项目的批准号、项目类型、项目名称、单位名称、起止年月,并说明单位不一致原因)。

3. 科技作品项目申报的科研诚信

科学研究工作者要对其工作的诚信度负全部责任。接受了科研资助的科研项目负责人,要对其所在的科研机构或高等教育机构、科学界、资助机构负全部责任,同时确保科研团队成员、学生或实验室的同事也同样了解并遵守相关规定和规范。科技作品研究项目在申报和立项实施中同样需要遵守科研诚信。

第一,提供正确信用。从撰写科技作品研究项目申报书开始,就要提供正确的信用,包括尊重并承认他人对所申报项目的贡献或想法,以避免对他人成果或专利侵权。

第二,保持客观真实。申报书中所有信息必须是真实有效的。项目申报负责人要对项目申报材料真实性签署声明和如期正确进行项目研究的承诺书。项目负责人单位一般也被要求对科技作品项目资金申请报告内容和附属文件真实性签署负责的声明。科学研究项目立项以后,科研项目的所有人员切忌伪造数据,要保证数据的真实性,不要预先猜测分析结果,或肆意更改甚至编造数据。

第三,科学编制科研预算,合理使用项目经费。科研项目立项书一般都有项目预算,明确规定科研活动项目资金的使用规定,有的还专门签署资金使用协议予以严格遵守。经费使用涉及个人信用,财务上的不端行为是不能容忍的。

第四,尊重人权、爱护动物、保护环境。科研作品的研究过程和研究结论都始终需要体现对人权的尊重,不得危害受研究影响的人、动物、植物,对环境负责。

(三) 大学生科技作品竞赛

1. 全国大学生数学建模竞赛

全国大学生数学建模竞赛的历史比较悠久,早在 1983 年就开始着手准备,于 1992 年举办第一届。该项赛事是中国工业与应用数学学会主办的面向全国大学生的群众性科技活动,旨在激励学生学习数学的积极性,提高学生建立数学模型和运用计算机技术解决实际问题的综合能力,鼓励广大学生踊跃参与,开拓知识面,培养创造精神及合作意识,推动大学数学教学体系、教学内容和方法的改革。

全国大学生数学建模的竞赛题目一般来源于科学与工程技术、人文与社会科学(含经济管理)等领域经过适当简化加工的实际问题,不要求参赛者预先掌握深入的专业知识,只需要学过高等学校的数学基础课程。题目有较大的灵活性,供参赛者发挥创造能力。参赛者应根据题目要求,完成一篇包括模型的假设、建立和求解、计算方法的设计和计算机实现、结果的分析和检验、模型的改进等方面的论文(即答卷)。竞赛评奖以假设的合理性、建模的创造性、结果的正确性和文字表述的清晰程度为主要标准。全国人学生数学建模竞赛官网主页如图 18-1 所示。

图 18-1　全国大学生数学建模竞赛官网主页

2. "挑战杯"全国大学生课外学术科技作品竞赛

"挑战杯"全国大学生课外学术科技作品竞赛(以下简称"挑战杯"竞赛)是由共青团中央、中国科协、教育部、中国社科院、全国学联共同主办,高校承办的全国性大学生课外学术实践竞赛,是"挑战杯"中国大学生创业计划竞赛的姐妹赛。"挑战杯"竞赛采取学校、省(自治区、直辖市)和全国三级赛制,分预赛、复赛、决赛三个赛段,比赛分设自然科学类学术论文、社会科学类社会调查报告和学术论文、科技发明制作三大类别。"挑战杯"竞赛实行项目网上申报,其官网主页如图 18-2 所示。

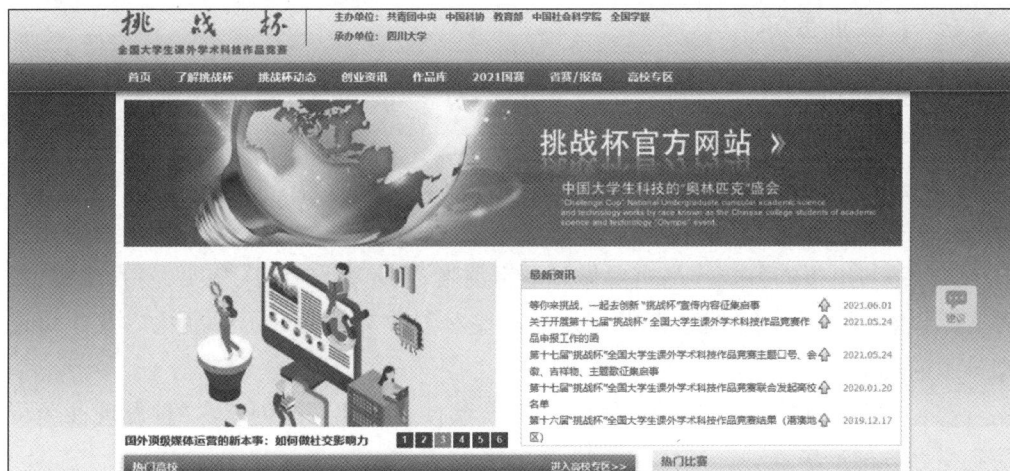

图 18-2 "挑战杯"竞赛官网主页

"挑战杯"竞赛始终坚持"崇尚科学、追求真知、勤奋学习、锐意创新、迎接挑战"的宗旨,在促进青年创新人才成长、深化高校素质教育、推动经济社会发展等方面发挥了积极作用。"挑战杯"竞赛自 1989 年首届竞赛举办以来,历经十七届,吸引了广大高校学生的积极参与,在广大高校乃至社会上产生了广泛而良好的影响,被誉为当代大学生科技创新的"奥林匹克"盛会。"挑战杯"竞赛促进了优秀青年人才脱颖而出,引导着高校学生推动现代化建设,成为深化高校素质教育的实践课堂和展示全体中华学子创新风采的亮丽舞台。

此外,各学科基本都有全国性甚至全球性的大学生科技作品竞赛活动。有兴趣的同学可以自己去搜索了解。

二、实训目标

(一) 实训目的

(1)锻炼参加赛事成员的动手创造能力,提升成员的创新性思维,对团队发明的成果进行及时展出并能够加以推广运用。

(2)熟悉关于科技作品竞赛的相关知名比赛,比如"挑战杯"、数学建模、创新创业大赛中都有关于科技作品的赛道,在各个网站首页都能实时查看比赛的最新动态,及时关注方便日后为比赛做准备。

(3)掌握对科技作品的准确定位能力,根据作品的不同性质和比赛赛道要求合理选择适合参与的科技比赛。例如,数学建模的比赛就比较注重用计算机构建模型,而"挑战杯"和创新创业比赛更加注重线上线下的结合。

(4)掌握科技申报作品内容的撰写要求,根据作品的不同部分对团队成员进行分工,培养参赛者团队的分工与协作能力,提升成员的创新思维。

(二)实训要求

(1)了解不同科技作品比赛的参赛要求,对参赛人员、时间、地点和主题格式都需要掌握得非常清楚。

(2)及时关注各大科技赛事的官网,对官网上发布的赛事消息都要第一时间了解并且根据消息做出相应的调整。

(3)参与申报的科技作品需要做到逻辑清晰、主题突出、层次分明、内容翔实、参考文献权威、观点引用正确。除此以外还需要对参考文献的列示标准化以及作品正文排版的规范化。

(4)申报的科技作品必须为作者原创,严禁抄袭其他人的创意,一旦发现抄袭将受到举办方的严厉处分。

(5)参与该实训的小组成员为5～8人,由每组的负责人合理安排实验任务的分工,并且及时地完成任务。

(三)实训说明

本实训为综合实训,因此可以结合第十五章的实验题材展开本章实训。有条件的,建议根据大学生创新创业项目申报来进行本实训,尤其是结合"挑战杯"、数学建模大赛等赛事进行。本章以校园快递机器人为题展开科技作品项目申报书实训。

三、实训内容

(一)实训背景

快递从最后的配送网点到用户手中的环节,被称为"最后一公里"。据鑫豪佳物流数据显示,物流"最后一公里"的配送成本在总成本中的占比超过30%,使得物流成本居高不下。为了解决困扰许久的"最后一公里"难题,整个快递行业涌现出许多解决方法。

众多快递公司最先想到的解决方法便是通过智能柜自提、网点代收、连锁合作、送货上门等解决方案,来缓解成本压力并提升配送效率。但是很快,这些办法就展现出一定的局限性。比如,丰巢代收柜就曾因为收费问题而受到用户的抵制;"快递+便利店"的合作模式,也存在监管、取件滞后的问题;而送货上门这个本来非常受大家欢迎的办法,也存在配送单件费用持续下降引起的配送服务质量问题。

在这样的困境下,近年来配送机器人的兴起为解决这个难题提供了新的思路。AI 和 5G 技术的发展让配送机器人在校园中兴起。相较于人工配送而言,机器人配送在工作效率、服务质量和成本方面都有着独到的优势,受到了国内各大互联网企业的广泛青睐。

据中国领先的快递物流信息服务平台快递 100 统计,目前快递垃圾在生活垃圾总量中占比不高,但增速惊人。在我国部分大型城市,快递包装垃圾增量已占到生活垃圾增量的 85% 至 90%,特大城市达 93%。

因此,快递机器人需要额外满足以下两点要求:①增加快递包装物回收的功能;②对包装物的回收需主动进行分类,即将纸质包装物和塑料包装物分开。

对于以上两点要求,小林团队注意到目前市场上还没有满足条件的机器人存在,而他们团队经过大家的共同努力研制出了一台符合市场要求的配送机器人,名叫"绿宝",相关专利也已经向国家知识产权局申请并通过,想要申报挑战杯科技赛事,希望在比赛中获奖得到企业的投资。

(二)实训设计

请根据小林团队对于参加挑战杯科技赛事的情况,帮助他们完成以下问题:

(1)小林团队发明的配送环保机器人"绿宝"的产品种类和功效有哪些?分别从自动化和环保的角度回答该项发明的设计体现了哪些理念?"绿宝"自身的各项设计一共申请了哪些国家专利?

(2)"绿宝"产品的创新性体现在哪里?其使用范围和应用场景有哪些?

(3)目前市面上主要有哪些配送机器人?与人工配送相比,机器人配送在工作效率、服务质量和成本方面具体拥有哪些优势?以其中一款配送机器人工作数据举例说明。

(三)实训准备

1. 理论准备

(1)经常关注挑战杯官网中关于科技作品竞赛申报工作的通知,其中有许多关于作品申报的要求,例如申报方式、申报程序、申报数额及时间以及注意事项。在比赛前,参赛者需要根据要求及时完成作品的申报。

(2)懂得自己申报的科技项目所属行业的发展动态,及时了解与自己作品相关的新闻资讯与发展报告,参赛者可以在镝数聚、艾瑞网中进行检索,这两个网站都是在行业检索网站里十分权威的。

(3)掌握基本的建模知识,学会利用在权威网站上检索的数据进行建模得出一些重要的结论,并且在科技作品中加以正确使用。

(4)了解国家知识产权的申报方式,记住在科技作品申报前申请好所申报科技产品的相关专利,以防被不法分子利用。

2. 工具准备

（1）"挑战杯"全国大学生课外学术科技作品竞赛官网网址为：http://www.tiaozhanbei.net。

（2）镝数聚官网网址为：https://www.dydata.io。镝数聚是中国领先的行业报告检索网站，参赛者在此网站中可以浏览任何行业的发展报告，相关行业几年来发展数据的分析和展望，对于科技作品的撰写可以提供很多帮助。

（3）艾瑞网官网网址为：https://report.iresearch.cn。艾瑞网是艾瑞咨询精心打造的国内首家新经济门户站点，它最受欢迎的是实时更新的行业资讯，能够帮助参赛者及时了解一些行业刚刚发生的事情并且做出一些判断。

（4）国家知识产权局官网网址为：https://www.cnipa.gov.cn。国家知识产权局由国家市场监督管理总局管理，其中有一项服务是专利电子申请，参赛者们能够利用该服务在赛前完成专利的申请。

3. 实训环境准备

（1）可连接互联网的计算机。

（2）计算机可以进入相关行业资讯网址、参赛网址和专利申请网址。

四、实训操作

（一）实训流程

实训流程如图 18-3 所示。

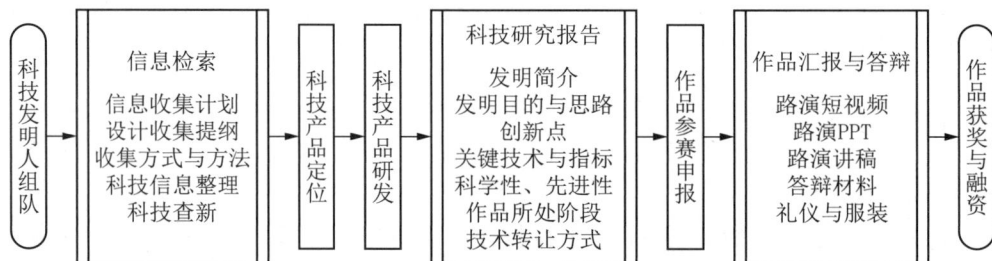

图 18-3　实训流程

（二）实训步骤

团队成员可以有 5～8 人，大家共同分工与合作，分别进行以下步骤：

【步骤 1】 确立团队发明的产品定位是科技产品，确立此项科技产品"绿宝"的设计理念和创新性特点，为"绿宝"产品在国家知识产权局的中国专利电子申请网上申请专利。中国专利电子申请网主页如图 18-4 所示。申请电子专利的用户注册和下载客户端使用流程如图 18-5 和图 18-6 所示。

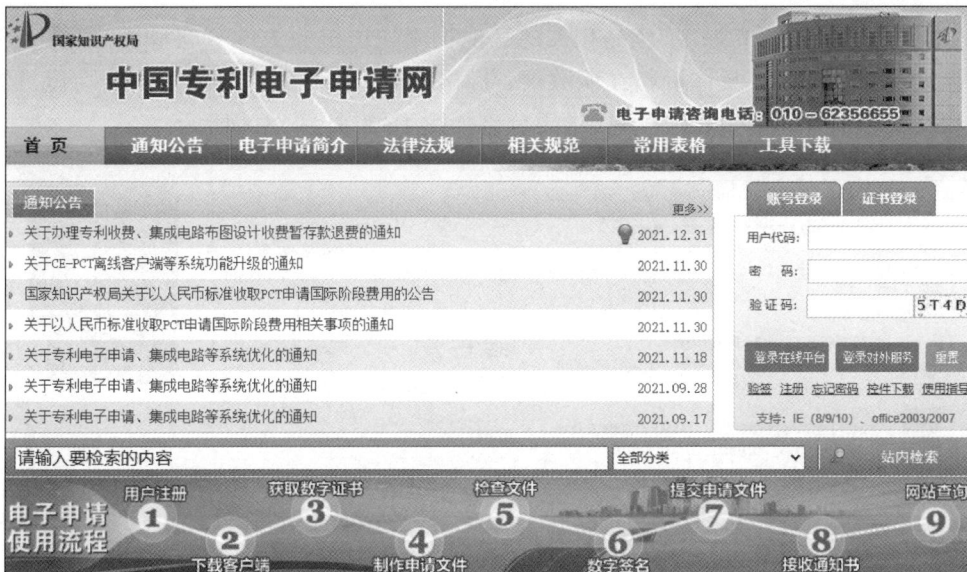

图 18-4　中国专利电子申请网主页

图 18-5　申请电子专利的用户注册使用流程

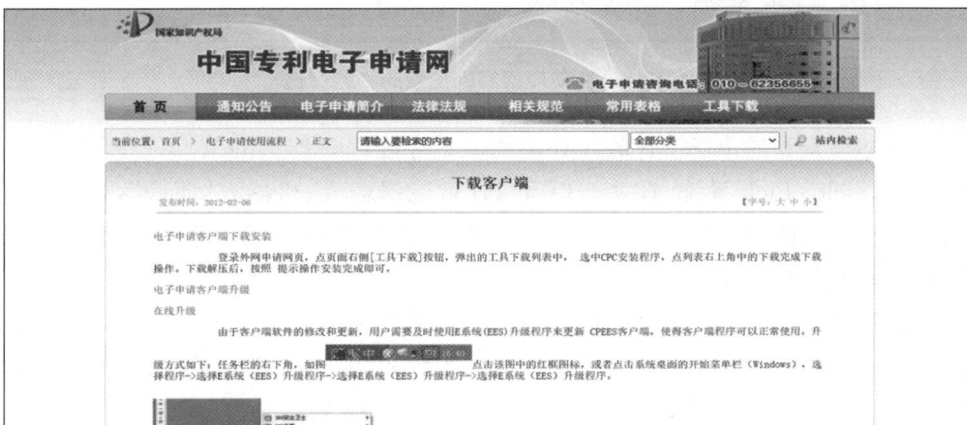

图 18-6　申请电子专利的下载客户端使用流程

【步骤 2】研究和"绿宝"作品相关的其他物流配送机器人的资料和特点,将各项指标进行综合对比。具体资料在镝数聚、艾瑞网上检索。在镝数聚搜索的物流机器人和在艾瑞网官网搜索物流配送,结果分别如图 18-7 和图 18-8 所示。

图 18-7　在镝数聚官网搜索的物流机器人

图 18-8　在艾瑞网官网搜索的物流配送

对上述检索到的市场上比较重要的物流行业配送机器人的信息进行归纳整理,如 Kiva、Click&Pick 系统、日立 HITACHI 智能机器人、机器人"曹操",登录生产、销售这些机器人的公司网站进行深度全面的挖掘,整理得物流行业配送机器人的资料和特点,如表 18-1 所示。

【步骤 3】将检索到的数据、行业报告以及各种文献进行整理和利用,确定团队科技产品在市场上的适用范围和场景。对检索到的内容进行分类、归纳和整理,如表 18-2 所示。

表 18-1　物流行业配送机器人的资料和特点

名称	资料	特点
Kiva	2012 年亚马逊以 6.78 亿美元买下自动化物流提供商 Kiva 的机器人仓储业务后,利用机器人来处理仓库的货物盘点以及配货等工作。目前亚马逊的几十个仓库里,有超过 15 000 个 Kiva 机器人在辛勤工作。亚马逊因此也被称为全球有效的仓库	Amazon 将仓库工作分解成两部分:员工只需要在固定的位置进行盘点或配货,而 Kiva 机器人则负责将货物(连同货架)一块搬到员工面前
Click & Pick 系统	Swisslog 是一家总部位于瑞士的自动化仓库和配送物流解决方案提供商,其背后是工业机器人"四大天王"之一的 KUKA(其持有 Swisslog 的 96% 以上股份)	Click&Pick 系统采用的是一种三维的立方体网格架系统,每个立方体内有一个标准尺寸的箱子装着特定货物,如果装着所需货物的箱子埋在别的箱子下面,机器人会把上面的箱子拿起来堆在旁边,拿到货物后再放好
日立 HITACHI 智能机器人	子弹头列车和发电站的制造商日立公司,推出了这款机器人	该机器人可以拿起大约 1 千克重的商品,能够代替企业中那些重复性的工作,如亚马逊仓库中从货架上找物品。这些机器人也可以应用于固定在工厂的地面上的工作,常见的类型如丰田汽车生产线上的工业机器人
机器人"曹操"	国内目前只有两个物流仓库有分拣机器人应用,天猫超市的"曹操"就是其中之一	这个机器人是一部可承重 50 千克,速度达到 2 米/秒的智能机器人,造价高达上百万,所用的系统都是由阿里自主研发的。"曹操"接到订单后,它可以迅速定位出商品在仓库分布的位置,并且规划优捡货路径,拣完货后会自动把货物送到打包台

表 18-2　文献资料、行业报告与数据资料

文献资料	物流配送中心系统效率优化研究
	基于 ROS 的无人派件精灵系统设计
	国内社区平疫民用无接触物流机器人配送可行性研究
	用于电商配送中心的物流仓储搬运机器人(AGV)的研究
	多智能机器人系统任务分配与协作研究
行业报告与数据	2020 无人物流配送创新排行榜
	2021 仓储物流机器人行业研究报告
	2022 年物流机器人产业研究报告
	中国物流行业市场前瞻与投资战略规划分析报告
	2017—2021 年全国物流机器人行业产能利用率走势分析

【**步骤 4**】团队成员进行分工,大家共同完成科技作品书的写作并且及时在"挑战杯"竞赛官网上申报。挑战杯官方网站高校作品申报专区,如图 18-9 所示。挑战杯申报流程如图 18-10 所示。

图 18-9   挑战杯官网高校作品申报专区

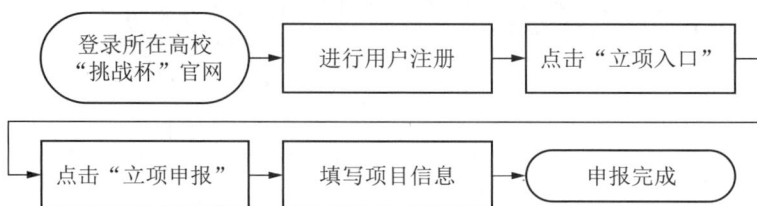

图 18-10   挑战杯申报流程

【步骤 5】确定好关于科技作品参赛的答辩人员和答辩 PPT，负责在参赛时候向评委和专家介绍"绿宝"产品的主要功能和独特的创新设计。挑战杯答辩大赛的 PPT 内容展示如图 18-11 所示。

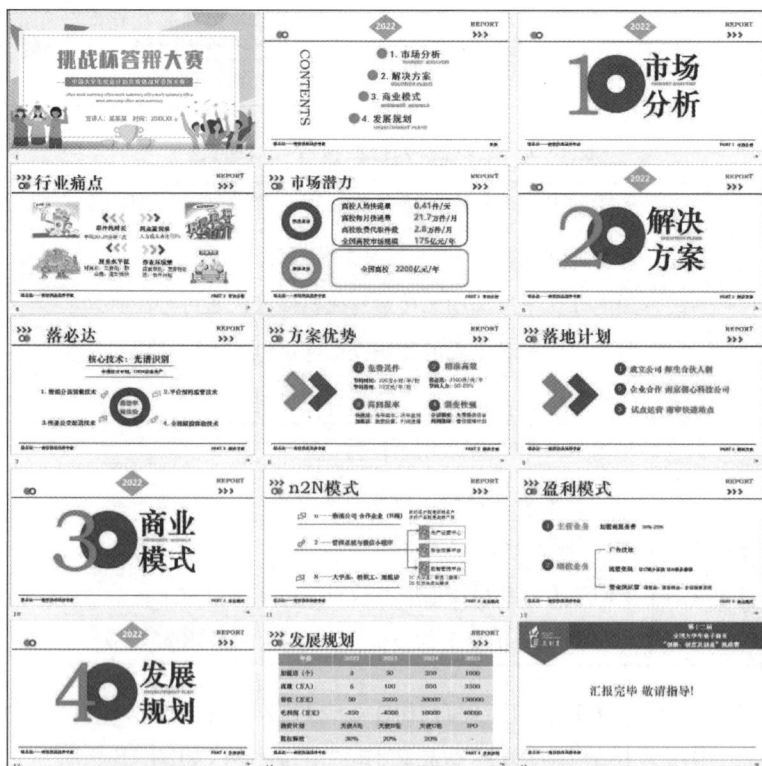

图 18-11   挑战杯答辩大赛 PPT 内容展示

【步骤6】根据实训步骤及各环节内容撰写并及时提交实训报告。

【步骤7】按要求填写实训日志。

（三）实训要点

（1）确立"绿宝"产品的设计理念和市场定位，并在赛前申请专利。

（2）在相关行业资讯检索网站中查询关于快递配送机器人的最新动态，了解目前市面上存在的几款配送机器人的主要功能，并且与团队的发明成果"绿宝"进行对比。

（3）整理各项实训所需的文献和行业报告，在撰写科技作品的时候加以利用。

（4）完成科技作品书的撰写并且按照比赛时间进行申报，申报完毕后确定好比赛时的答辩成员和答辩 PPT 的准备。

（5）参赛作品中引用的资料、数据和文献来源必须真实权威，一般最好在官网权威的网站上进行检索，例如镝数聚和艾瑞网中关于快递行业配送机器人的资讯是经过精心筛选的文章和行业报告，网站中的消息都详细标明了来源和出处，一般有各大财经网站和证券公司。

（6）为了防止参赛作品资料泄露，参赛团队需要在国家知识产权局上申请专利。这是最稳妥的方法，只有这样才会防止抄袭事件的发生。国家知识产权局是国家授予的可以申请专利的单位，任何申请成功的专利都受到法律的保护。

（四）实训记录

（1）收集、整理实训过程中的图文音像资料。在撰写科技作品的时候，一定会参考到许多图文音像资料，及时整理这些资料不仅有助于以后修改参赛作品时能够迅速寻找到资料来源，也可以留作证据在比赛过程中方便让专家查阅。

（2）实训记录展示：科技作品的写作分为不同的阶段，在每一阶段的实训记录展示需要确定展示目标、内容，为了更好地让成员了解每一阶段的工作，实训内容的展示应该简洁明了。

（3）团队每一次共同参与的活动以及对比赛有利的实践都需要记录下来并进行归档，这样在参加比赛时能够更好地展示团队为比赛的付出。

（五）注意事项

（1）参赛者对"挑战杯"官网上关于科技赛事的通知需要时刻关注。其一，因为正规的赛事一般对于比赛的要求和限制比较多，参赛队伍只要不满足其中一项要求，就会被取消资格。其二，"挑战杯"官网会经常更新一些历年的挑战杯获奖作品，参赛队伍可以时常在这些作品中浏览参考。

（2）对快递行业配送机器人进行检索需要对行业的发展历史以及现状和未来的发展前景拥有足够的了解。这时掌握许多非常高效的检索网站是十分必要的。

（3）在参赛作品中最重要的就是点出自身产品的创新之处，这也是为什么能够在市场上推广的主要原因。比如，小琳团队设计的"绿宝"这款快递环保配送机器人，不仅解决了目前快递行业"最后一公里"的难题，受到了市场的广泛欢迎，而且环保概念正迎合了目前国家提倡的绿色包装行动,经过调查市面上还没有像"绿宝"这样同类型的产品,这就预示着"绿宝"的诞生一定会改变目前快递行业配送的格局。

（4）参赛者需要将参加比赛过程中的主要收获和感想记录下来,比如如何寻找发明作品的创新点（这需要和市场上的同类型机器人进行比较）,又比如如何在行业资讯检索网站上快速精准地找到权威性的数据和新闻。

（5）参赛者在赛前准备、比赛时一定会遇到许许多多的问题,对于遇到这些问题的起因和最终的解决方法,或者至今仍然困扰参赛者的问题,需要做详细的记录。

五、实训小结

本实训以校园快递配送环保机器人"绿宝"的科技发明为例,分组进行,以熟悉大学生挑战杯科技作品大赛的全过程,包括科技作品发明人团队的组建、科技作品信息检索与评估、科技产品定位与研发、科技研究报告、科技作品参赛申报、科技作品汇报与答辩等方面的实训演练。

实训过程中,为了解决发明人的快件配送环保机器人"绿宝"是否具有先进性和实用性的问题。首先,需要从自动化和环保的角度检索同类产品的科技水平,如市面上主要的快递配送机器人及其技术特点与主要性能、优势与缺陷等;分析,"绿宝"机器人配送在工作效率、服务质量和成本方面的优势,该项发明的设计所体现理念与方法的可用性,还有性能、成本等与所发明的产品的普及性问题。其次,根据"绿宝"自身的各项设计所取得的国家发明专利,归纳"绿宝"产品的创新性、实用性,以及在资本市场上理论上能够获得的融资情况。

通过实训,实训者能够掌握大学生科技作品比赛的基本流程与方法,科技作品报告的写作与汇报答辩技巧,以及熟悉发明专利、产品标准、项目融资与公司治理等相关知识。

思考与练习

1. 大学生科技作品项目大赛的意义是什么?

2. 科技作品项目申报书的基本写作方法、写作规范和写作技巧有哪些?

3. 大学生科技作品项目大赛的参赛条件、作品要求、比赛步骤有哪些?

4. 项目汇报 PPT、演讲稿的编写要点是什么? 如何精准进行项目汇报和项目展示?

5. 请结合自己的科学实验、科学发明活动或者自己所从事的社会实践与市场调研活动,策划一项大学生课外学术科技作品,组队进行论证,撰写科技作品项目申报书,参加学校举办的相关竞赛。

第十九章 文献综述写作实训

学习目标

1. 掌握文献综述的概念及其基本写作方法与写作技巧,能够顺利开展并完成所选课题的信息检索、归纳整理,系统地完成一篇文献(信息)综述的写作。

2. 把握文献综述写作实训的目标、要求、步骤和基本方法。

3. 掌握文献综述实训报告撰写的基本步骤,熟悉文献综述写作实训的要点与实训过程与成果分析。

4. 尝试撰写一篇文献综述,提交实训报告。

一、文献综述的概念、结构与撰写步骤

在学术研究中,如本科和研究生阶段的学位论文、科学研究课题的申报、科学研究成果及其研究论文的发表,文献综述是必不可少的重要环节之一。

(一) 文献综述的概念

文献综述属于三次文献。"综"即收集百家之言,"述"即结合作者的观点和实践经验进行叙述和评论,"综述"即全面、系统地反映国内外某专业研究领域的历史沿革、研究现状与发展趋势文献综述即指在论文或课题研究题目初步确定后,通过文献搜集、文献整理,就论文题目或研究课题的研究意义、研究成果、研究方法、研究动态、研究进展等问题进行归纳总结、综合分析后所做的简要述评。

文献综述具有综合性、评述性、客观性、前瞻性等特征。文献综述可以使读者花少量的时间即可获得某一领域的研究概况,帮助读者确定研究方向、制订研究计划。文献综述一般可以分为叙述型、评论型和专题研究报告型三种类型。叙述型文献综述重在分析、整理和综合,以精练和概括的语言对有关理论、观点、数据等研究概况做综合、客观的描述。评论性文献综述比叙述型文献综述分析得更深入,融入了作者的创新理念,比如发掘新的研究方法与途径、提出不同的概念架构。专题研究报告型综述是就某一重大课题进行分析与评价,提出发展趋势预测和对策,是一种现实性、政策性和针对性很强的情报分析研究成果。

（二）文献综述的结构

文献综述的基本结构通常包括标题、作者署名和单位、摘要、关键词、前言、主体、参考文献和总结等。每一部分都有独特的写作要求和方法。

1. 标题

文献综述的标题一般应高度概括，突出重点，使人一看标题就可了解综述的大致内容。标题拟定往往运用综述、概述、述评、评述、进展、动态、现状、趋势等能标明论文是综述型文章的词汇。

2. 摘要

文献综述的摘要具有相对独立性，对综述进行简明扼要的陈述，使读者不用阅读全文，就能获得必要的信息。其写作要求与期刊论文类似，一般不加注释和评论，200字左右即可。

3. 关键词

与一般论文一样，文献综述的关键词是从综述标题、摘要和全文中抽取的最能代表论文主题的实质性词汇，反映文章的特征和内容，一般可选3～5个。

4. 前言

文献综述的前言一般提出背景与问题（包括写作目的、意义和作用），综述问题的历史、资料来源、现状和发展动态，相关的概念和定义，选择这一专题的目的和动机、应用价值和实践意义。前言的篇幅不宜太长，要高度凝练，200字左右为宜。

5. 主体

文献综述的主体也称正文。本部分通过提出问题、分析问题和解决问题，比较各种观点的异同点及其理论根据，反映作者见解。可按不同的问题进行综述，也可按不同的观点进行比较综述，还可以按文献发表的年代顺序进行综述。不管用哪种格式综述，都要将收集到的文献资料进行分类、归纳、分析、比较。这部分应包括历史发展、现状分析和发展趋势等几个方面的内容。为了把问题说得明白透彻，可分为若干个小标题分述，每个小标题下面都是从不同侧面、不同层次解释题目的中心内容。各个小标题之间各有分工并保持内在的联系。论文类文献综述一般3 000字左右，课题研究类题目一般5 000字左右，必要时也可适当增加或压缩篇幅。

6. 总结

总结是作者对各种观点进行综合评价，提出自己的看法，指出存在的问题及今后的研究方向、研究建议，以及对研究趋势进行预测。

7. 参考文献

参考文献是文献综述的重要组成部分。全面、权威的参考文献是高水平文献综述的标志之一。参考文献能够为读者提供原始文献的线索。参考文献必须尊重前人研究成果，所有引文需要全部列示。

（三）文献综述的撰写步骤

1. 资料收集与整理

文献综述收集的文献资料要全面、权威、前沿、准确，可以参考本教程第二篇各章实验的方法进行收集与整理。

2. 文献资料的概括分析

文献资料的概括分析以"述"为主，即对初选的文献材料进一步筛选，详细、系统地摘录各个文献的研究目标、方法、结果和结论，分析文献中存在的问题与不足。将相似的内容进行分类、归纳、组织、整合，厘清正反论点和各自观点，客观叙述和比较各种学术流派的观点、方法、特点和取得的成果，并与自己即将研究的问题联系起来。

3. 文献资料的评论

文献资料的评论以"评"为第一要务。评论需要联系所在领域的研究成果、研究方法、研究结论以及自己即将进行的研究视角，根据自己的研究需求来做评论，评价既往研究的优点与不足，以及既往研究对自己未来所开展研究的指导意义与借鉴价值。评论要有客观性、精确性、自我解释性和告知性，切记不能主观臆断或肆意歪曲。评论的程度反映出作者的研究水平和技巧。

4. 注意事项

首先，与一般的学术论文和读书笔记不同，撰写文献综述前应充分做好文献检索工作，一定要全面收集文献资料，权威文献、最新文献不遗漏，既往重要文献不忽略。在阅读文献的过程中，还应适时补充检索和阅读相关文献资料，务求文献检索的全面性、权威性、最新性。

其次，阅读文献时，应注意文献的代表性、权威性、相关性。正确而准确的文献只有在深入阅读和整理比较时才能发现。在收集到的文献中，要注意选择与研究课题代表性好、权威性强、相关性高的文献。对于观点近似的文献要选择有代表性的文献，尽量选择权威性文献。

再次，引用文献要忠实原文观点，遵守基本学术规范。由于文献综述有作者自己的评论分析，在撰写文献综述时应分清作者的观点和文献的观点，不能篡改文献的观点和内容，更不能擅自歪曲和肆意捏造原文观点。引用文献需要准确而清楚地标注或脚注。

最后，文献综述应力求简明扼要。文献综述要高度凝练，因此需要反复修改。如果写作时间过长，在提交前还需相应补充最新文献的观点、方法与研究结论。

二、实训目标

（一）实训目的

（1）掌握搜集国内外权威的最新前沿研究文献与信息数据资料的能力。

（2）熟悉文献检索后收集整理和阅读归纳文献观点的方法，例如要素归纳法、取主舍次法。

（3）掌握归纳观点，提纲挈领，从综述大纲编写入手写作文献综述的方法。

（4）能够得到系统的评价和有根据的趋势预测，为新课题的确立提供强有力的支持和论证。

(二)实训要求

(1)基本要求:实训分组进行,3人为一组,本章分组与第十三章的分组一致,为了具有承继性,我们沿用第十三章"放管服"的内容进行文献综述的实训。

(2)能够根据搜集的文献确定研究方向及重点,并且选择检索文献过程中具有符合研究方向且具有准确性,时效性和权威性的数据和资料。

(3)能够整理分析与研究方向所契合的资料,简要列出提纲,掌握根据所列提纲进行再搜索的能力,确认新发现新方法已被发现等。

(4)写作逻辑清晰、主题突出、层次分明、内容翔实、文献权威、观点引用正确、写作格式规范、写作方法正确、文献列示标准、排版清晰,并在最后详细列示参考文献。

(三)实训说明

本实训为综合实训。建议结合学年论文、毕业论文的开题报告、本科生或研究生科研项目申报等课内外教学各环节开展。

三、实训内容

(一)实训背景

管理学课堂上,于老师在给同学们讲管理学的最优效益原则。

于老师:当原有的管理模式无法满足最优效益时,我们往往需要改变原有的管理模式,需要寻找到一条可以达到最优效益的新道路。同学们,我们在第十三章曾经讨论过万物云改进"放管服"的话题,你们还记得吗?

同学们:记得!

于老师:那同学们来说一下搜集资料后的感想。

小一:老师,在信息化普及的社会背景下,公共物品的提供模式由只能政府提供逐渐转变为可由私人提供。万物云就是一种私人提供公共物品的形式。

于老师:小一说得很好。自2015年"放管服"概念提出后,政府治理的模式逐渐改变,简政放权慢慢实现,这是政府治理道路上的一个转折点。还有其他哪位同学愿意和同学们分享一下自己的感想吗?

小二:老师,我认为"放管服"是政府治理的管理模式的转折点,现阶段仍面临着巨大的挑战。以近几年河南省"放管服"改革为例,简政放权中审批流程较为复杂,耗时较长,监管机制还需改善。

于老师:没错。"放管服"的过程中存在许多机遇和挑战,本节课再给大家布置一项作业,请大家以"放管服"过程中的管理学理论和"放管服"改革带来的影响为中心撰写文献综述。

（二）实训设计

小一和他的组员经过思考之后，认为他们需要完成以下任务：

（1）关注现象："放管服"政策中"放"代表了什么？"管"代表了什么？"服"又代表了什么？"放管服"政策的实施引起了政府与市场边界的什么变化呢？

（2）理论追踪：阅读所搜集的材料，尝试归纳"放管服"改革所涉及的（政府）管理学原理？以表格的形式记录这些理论发展的最新动态。

（3）实现研判：归纳"放管服"政府治理模式改革研究文献的主要观点（3种以上）、主要研究方法、主要改革措施，并进行评价（提出现有研究的特点与优点、问题与不足），确定文献综述的主题。

（4）撰写综述：整理材料，撰写文献综述，详细列示参考文献。

（三）实训准备

1. 理论准备

学习过管理学，政府管理等相关学科知识，对管理学原理有充分的了解，例如管理方法、管理模式和最优效益。熟练掌握各种搜索引擎、检索工具和手段的运用方法。

2. 工具准备

掌握数据分析软件（如 SPSS）的使用方法，掌握 Excel 等基本办公软件的使用方法，掌握简单的图形分析工具，如思维导图、流程图。

3. 实训环境准备

有可连接互联网的计算机，可以进入相关网站进行再搜索。计算机已下载可以简列大纲、书写文献综述的办公软件。

四、实训操作

（一）实训流程

文献综述的写作流程如图 19-1 所示。

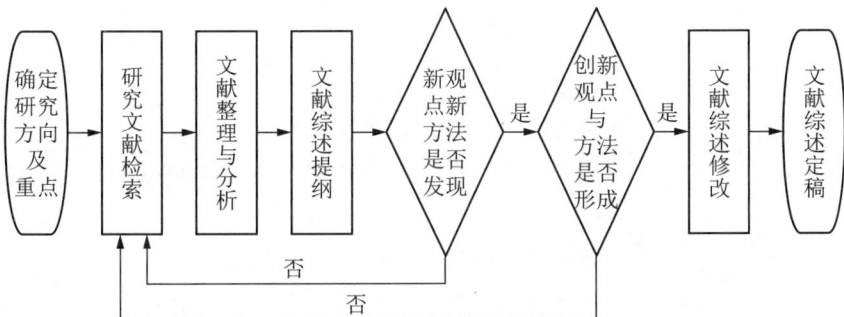

图 19-1 文献综述的写作流程

（二）实训步骤

【步骤1】确立主题。通读所找的资料与数据，研究"放管服"改革的发展过程，根据所得结果画出"放管服"改革时间轴，如图 19-2 所示，初步确立综述主题。

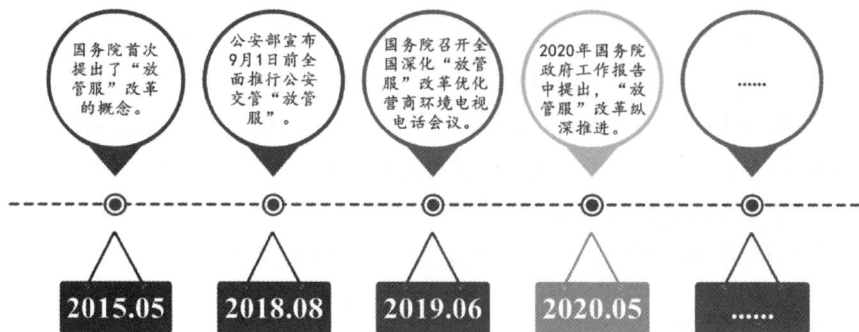

图 19-2 "放管服"改革时间轴

【步骤2】阅读文献，整理主要观点与方法。归纳整理"放管服"相关理论发展的最新动态，将归纳得到的结果以表格的形式记录下来，并进行归纳整理以方便后续引用，如表 19-1 所示。整理"放管服"优点的有关资料，并归纳总结所得到的结果。

表 19-1 文献归纳表

标题名称	主要内容	研究方法	提出者	年份
中国产业链供应链现代化的内涵与发展路径探析	针对产业链供应链的现代化及其高质量发展，探索其实现路径。	文献研究法 定性分析法 定量分析法	宋华 杨雨东	2022
我国政府效率与营商环境的趋同性及作用机理	我国政府效率与营商环境的趋同性，提升政府效率与优化营商环境的路径。	文献研究法 定性分析法	唐天伟	2021
"放管服"改革视域下地方营商环境优化逻辑——基于 B 市企业满意度问卷调查的实证分析	"技术赋能—制度创新—权力规制"这一逻辑框架对于"放管服"改革视域下地方营商环境优化的解释。	调查法 定量分析法	程波辉	2021
"放管服"改革优化了营商环境吗？——基于 6 144 家民营企业数据的统计分析	基于 6 144 家民营企业调查，政务中心建设优化了营商环境。	建模法 调查法 定量分析法	廖福崇	2020
"放管服"改革、行政审批与营商环境——来自企业调查的经验证据	优化城市营商环境，需要持续深入推进行政审批制度改革，通过"互联网＋"的方式进一步加强部门协同与合作。	文献研究法 建模法 定量分析法	廖福崇	2019
优化营商环境视阈下放管服改革的逻辑与推进路径——基于世界银行营商环境指标体系的分析	在放管服改革进程中，引入世界银行营商环境指标体系，研究国家治理和全球治理。	文献研究法 定性分析法	宋林霖 何成祥	2018

【步骤 3】综述提纲。拟写提纲,将应重点阐明的地方、融入自己观点的地方、可以简写的地方都简要地罗列下来,排列好顺序,拟定中文各级标题,使所写内容紧扣主题。

《"放管服"研究综述》写作提纲

一、绪论

（一）研究背景

（二）研究意义

（三）研究方法

二、"放管服"管理理论研究进展

（一）理论基础及适用性

（二）重要理论类型

（三）理论应用模型建构

三、"放管服"现状及其改革研究

（一）"放管服"改革的发展现状

（二）"放管服"改革的典型案例

（三）"放管服"改革改革的效应分析

四、"放管服"改革对策研究

（一）"放管服"中的简政放权问题

（二）"放管服"中的公共服务民营化

（三）"放管服"监督管理体系的完善

六、研究结论与展望

（一）研究结论

（二）研究局限

（三）研究展望

图 19-3　文献综述提纲写作提纲示例

【步骤 4】判断再搜索。简列综述大纲后,尝试找出新发现、新方法。若无法找出,则进行再次检索,找到符合综述主题的资料和数据,如图 19-4 所示。

图 19-4　再次检索示例

【步骤 5】修改完善。根据写作的提纲开始写作,如图 19-5 所示。

"放管服"研究综述（节录）

二、"放管服"管理理论研究进展

（一）"放管服"理论研究回顾

"放管服"第一代潮流始于 20 世纪 70 年代，以案例分析为主，打破了早期政治科学的假定——政策一旦制定，官僚系统会自动执行——政策执行意识日益凸显。

第二代潮流兴起于 20 世纪 70 年代末到 80 年代，主要是构建执行模型。其中最具代表性的是"自上而下模型""自下而上模型"。"自上而下模型"从政策制定者出发，关注中层政策执行者和目标群体的行为与高层政策的一致性，凸显高层的作用。如 Meter 和 Horn 提出的影响政策执行的六大因素：政策的标准、政策资源、执行机构的特征、外部环境、组织沟通、执行者的回应。"自下而上模型"强调基层政府执行力是实现政策目标的关键。如 Lipsky 通过对街头官僚行为进行分析，指出上级政府不仅赋予了其自由裁量权，而且其还会主动运用自由裁量权行事。

然而无论单独强调哪一方面都难免牵强附会，于是 20 世纪 80 年代开始的第三代潮流中，学者们试图超越之前研究的局限性，用更加全面的视角探讨政策执行过程，并延续至今。如史密斯的政策执行过程模型。

图 19-5　写作示例

边写边修改，最后列示参考文献。参考文献要含有中、外文特别是近期发表的权威性学术研究成果，列示要符合引文规范、排列规范，并要符合各校规定的具体标准。参考文献节选如下：

参考文献

［1］Adrian Tobias, Mancini Griffoli Tommaso. The Rise of Digital Money［J］. Annual Review of Financial Economics，2021，13.

［2］Cunha Paulo Rupino, Melo Paulo, Sebastião Helder. From Bitcoin to Central Bank Digital Currencies：Making Sense of the Digital Money Revolution［J］. Future Internet，2021，13(7).

［3］Horst Heather, Sinanan Jolynna, Hjorth Larissa, McDonald Tom, Guo Yanan. 'What would happen if you can't see your money?'：Visibility and the emergent infrastructures of digital money storage in China［J］. New Media & Society，2021，23(4).

［4］Koziuk V. Confidence in digital money：Are central banks more trusted than age is matter? ［J］. Investment Management and Financial Innovations，2021，18(1).

［5］Earnnest Offering New 'Dotloop' Digital Money Transfer Feature［J］. Manufacturing Close-Up，2020.

［6］曹僙，林亮，李云，刘永相，熊炜，高峰.区块链研究综述［J］.重庆邮电大学学

参考文献
（完整版）

报(自然科学版),2020,32(01):1-14.

　　[7]杨延超.论数字货币的法律属性[J].中国社会科学,2020(01):84-106＋206.

　　[8]张礼卿,吴桐.区块链在金融领域的应用:理论依据、现实困境与破解策略[J].改革,2019(12):65-75.

　　[9]Srihari Hulikal Muralidhar. Making Digital Money "Work" for Low-Income Users:Critical Reflections for HCI[J]. International Journal of Mobile Human Computer Interaction (IJMHCI),2019,11(4).

　　[10]Vandana Rastogi, Priyanka Kushwaha. Success and failure of digital money and virtual money:Case of cryptocurrency-bitcoin[J]. IME Journal,2019,13(1).

　　[11]谢星,封思贤.法定数字货币对我国货币政策影响的理论研究[J].经济学家,2019(09):54-63. DOI:10.16158/j.cnki.51-1312/f.2019.09.006.

　　[12]姚前.法定数字货币的经济效应分析:理论与实证[J].国际金融研究,2019(01):16-27. DOI:10.16475/j.cnki.1006-1029.2019.01.012.

　　【步骤6】根据实训步骤及各环节内容,撰写《"放管服"研究综述》。

　　【步骤7】按要求提交实训报告,填写实训日志。

（三）实训要点

　　（1）阅读文献时应注意阅读的方法,精读与略读相结合,着重理解核心观点,在阐述核心观点的示例上,可以选择略读。在选择摘录核心观点时,找出与自己观点相符合的理论,将有争论、观点相反的理论也记录下来,用来作为立论的重要参考。

　　（2）在归纳整理过程中,一般使用对比法,选择具有代表性的言论,避免观点重复或相似度极高。

　　（3）在拟写提纲时,采用主次的方法进行列举,决定重点阐明的地方和略写的地方,并且提前确定好各级大小标题,再将观点相同的资料分别归入有关问题排好顺序。

　　（4）通过归纳整理,得出自己的感想或者评价,如果已搜集的资料无法有效佐证自己的观点,可以再次进行搜索。此时应注重关键词的重搜。

　　（5）在书写综述的过程中,对于评论的文献先进行概括,然后分析比较对照,相对集中地研究以前的优点、不足和贡献,并且进行评论。书写综述时,采取的方法是先写初稿,后整理润色修改。

（四）实训记录

1. 实训步骤

　　本次实训的关键步骤主要是确认主题、阅读文献、整理主要观点与方法,编写综述提纲,判断再搜索和修改完善。实训记录需简要概括关键步骤流程、关键步骤要点以及在实训过程中发现的技巧。

2. 收集、整理实训过程中的图文音像资料

在进行实训的过程中，可以截图、录制视频。截图或者录制视频，有利于帮助追溯实训过程中的问题和难题，可以将实训过程中遇到的问题记录下来，在后续过程中进一步进行思考解决。

3. 实训总结

撰写实训过程中的收获和体会、问题与对策等思考。应该学会利用各类检索平台进行实验，通过实训结果并加以个人分析得出实验结论，归纳实训结论写出综述。学生需要将自己在实训过程中的感悟记录下来，例如在写作综述的过程中的方法可以运用在什么方面。学生可以把自己在书写综述过程中获得的方法技巧，例如取主舍次的方法。

把在实训过程中遇到的问题记录下来，分析其出现的原因和可能解决的办法。例如在拟写大纲的过程中吸取了哪些作者的观点，舍弃了哪些观点，取和舍的原因等。

（五）注意事项

（1）搜集的文献应尽量全面阅读，保证综述的完整性、严谨性和科学性。选择精读与略读的阅读方法可以节省时间，提高实训效率。引用到阐述自己观点的文献时，应注意文献的代表性、可靠性以及科学性，一定要客观地反映作者的观点。

（2）选择对比法进行归纳有利于避免重复的观点的出现；选择关键词重搜的方法可以提高搜索的效率。归纳整理所搜集到的资料时，一定要读完整篇文章，确保自己归纳的核心观点与原作者的本意相同，不可断章取义，以免曲解或误解原作者的观点，使用时缺乏准确性和严谨性。

（3）在对文献的各种观点进行分析时，一定要围绕主题，不可以将文献罗列陈述而与主题离散。文献综述在使用的时候，要做到先引用关系较远的文献，然后再引用关系较近的文献，使论述过程中有一种发展的动态感。

（4）选择主次分明的方法拟写大纲有利于梳理所得资料进行思考；选择初稿再润色的写作方法可以多次梳理实训所写综述，避免较高的错误率。

（5）在撰写文献综述时，选题要新，选择的文献也要尽可能地新，挑选新颖程度更高的文献，方便了解最新的学术动态。引用文献时，尽量引述原始文献，避免转述或者解释。直接引述时，可帮助后面的研究者了解前人的研究成果，发现不足。

（6）在撰写过程中，突出重点非常关键，可以让读者直接了解到文章的核心论点。文献综述的最后要有简要的总结，按时间的顺序进行，可以体现学科的发展性。

五、实训小结

本实训以"放管服"研究为例，以第十三章文献检索实验为基础，撰写文献综述《"放管服"研究综述》。阅读在第十三章检索的文献资料，根据观点、方法等进行分

类整理,描述"放管服"相关理论发展的最新动态,将归纳得到的结果按照一定的标准分类录下来,标明出处,方便后续查阅和引用。整理"放管服"优点的有关资料,并归纳总结已有的研究结果。

注意各种观点与方法之间的比较,分析其内在理论逻辑和方法论根源。并对各类观点与方法进行评价,探讨其合理性、适用性。在此基础上按照观点与方法草拟文献综述写作提纲。应拟定各级标题,写作过程中应突出重点,详略得当,述评结合,充分阐述。在写作初稿的过程中或初稿完成以后,还需注意适当补充文献资料,以全面归纳课题的研究最新进展、最新观点、最新研究方法。最后成功撰写文献研究综述。

思考与练习

1. 简述文献综述的概念和分类。
2. 文献综述的结构、撰写步骤和注意事项各有哪些?
3. 文献综述写作实训的基本目标、要求、步骤和方法有哪些?
4. 如何顺利开展所选课题的信息检索、归纳整理,完成一篇系统的文献综述?
5. 文献综述实训报告撰写的基本步骤和规范有哪些?
6. 选取一个你感兴趣的科学领域,这些领域可能是某一课程论文,或者是你即将要着手完成的课题申报或学位论文的选题,查阅有关文献资料,了解最新研究动态,撰写文献综述。

第二十章　学位论文写作实训

学习目标

1. 掌握学位论文的概念及基本写作方法与写作技巧，能够顺利开展并完成毕业论文写作所需要的文献检索与整理、开题报告、撰写论文。

2. 了解毕业论文答辩的基本程序和关键节点，把握论文答辩的陈述要点和论文答辩的基本技巧。

3. 尝试完成一篇论文的写作。

一、学位论文写作概要

（一）学位论文的概念

学位论文是高等学校、科研机构的毕业生为获得各级学位所撰写的论文，有研究报告或科学论文两种类型。不同机构的学位论文格式都有具体而严格的要求。学位论文一般分为学士论文、硕士论文、博士论文三个级别，分别代表不同的学识水平，是大学进行系统学术熏陶的代表作。其中，博士论文是具有一定独创性的科学研究著作，质量最高。学位论文一般不在刊物上公开发表，只能通过学位授予单位、指定收藏单位与网站、私人途径获得。

学位论文是大学生、研究生综合素质培养全过程的概括与总结，是学术培养的重要环节。它集中反映了一名大学生基础理论和专业知识的扎实性、系统性，反映了学生在本门学科中掌握知识的深度和广度，也反映了大学生灵活运用基础理论解决实际问题的能力和基本实验技能。由此来衡量大学生从事科学研究和独立承担专门技术工作的能力以及是否已达到培养的目标。

在评阅学士、硕士或博士学位论文中都有规范性标准，要求学位论文著者在本学科已掌握了坚实的基础理论和系统的专门知识，具有从事科学研究和承担专门技术工作的能力，论文工作有所创新。博士学位论文尤其要求在本学科掌握了坚实、宽广的基础理论和系统、深入的专业知识基础上，具有独立从事科学研究和承担专门技术工作的能力，做出了创新性成果。

学术论文是讨论某种问题或研究某种问题的文章，是作者向社会公众描述自己研究成果的工具，也称科学论文、研究论文，一般简称论文。我国国家标准化管理委员会于 1987 年发布的《科学技术报告、学位论文和学术论文的编写格式》将论文定义为："某一学术课题在实验性、理论性或观测性上具有新的科研成果或创新见解和知识的科学记录；或是某种已知原理应用于实际中取得新的进展的科学总结，用以提供学术会议上宣读、交流或讨论；或在学术刊物上发表；或作其他用途的书面文件。"

与其他文章不同，学术论文具有科学性、学术性和创新性的特征。其中，创新性是学术论文的基本特征，是世界各国衡量科研工作水平的重要标准，是决定论文质量高低的主要标准之一，也是反映它自身价值的标志。根据论文性质不同，学术论文可以分为科学论文、调研报告、文献综述、专题述评和可行性报告（开题报告）等；按表现形式的不同，学术论文可分为期刊论文、会议论文和学位论文。

（二）学位论文的选题与开题

1. 学位论文的选题

要写出好的学位论文，好的选题是至关重要的。论文选题工作也是指导教师承担的重要责任之一。一般来说，"科研"只是做好论文的必要非充分条件。当今的"科研"，有实用价值而没有论文价值的很多，并不是所有的项目都可以做一篇好论文。一篇好的论文选题应具有先进性、前瞻性、创造性。论文选题的先进性，即论文选题应是本学科的热点，学位论文的起点永远应在最高点。论文选题的前瞻性是指有一定的预测性质，就是针对这个研究课题有希望取得成果的几个方向是什么，也就是要对科研的结果有个基本预测。论文选题的创造性，一般指研究方法、提出的概念、实验的结果较前人有所进步和改进或有重大突破。从某种意义上说，有一个好的选题，论文工作就已完成了一半。

2. 学位论文开题报告的主要内容

选题基本确定后，就开始撰写开题报告了。开题报告是指开题者对科研课题的一种文字说明材料，也是毕业论文答辩委员会对学生答辩资格审查的依据材料之一。开题报告是一种新的应用写作文体，这种文体是随着现代科学研究活动计划性的增强和科研选题程序化管理的需要而产生的。开题者把自己所选的课题的概况向有关专家、学者、科技人员进行陈述。然后由他们对科研课题进行评议，确定是否批准这一选题。学位论文开题报告的内容一般包括：题目、立论依据、研究方案、条件分析等四个部分。

（1）题目。它是学位论文中心思想的高度概括，是整篇论文的研讨中心，告诉别人你要干什么或解决什么问题。学位论文开题报告的题目要准确、规范、简洁，将要研究的问题准确简明地概括出来，反映出研究的深度和广度，反映出研究的性质，反映出实验研究的基本要求，一般不得超过 20 个汉字。

（2）立论依据。立论依据要考虑选题的目的与意义、国内外研究现状，回答为什么要研究，交代研究价值。一般可从现实需要中存在的问题导出研究的实际意义，然后再谈理论及学术价值，要求具体、客观，且具有针对性，注重资料分析基础，注重时代、地区发展的需要。接着阐述国内外研究现状，即文献综述，要以查阅文献为前提，所查阅的文献应与研究问题相关，但又不能过于局限。文献综述的目的在于总结既往研究的成果与不足，对本研究的基础性作用等，说明本研究如何在既往研究的基础上取得突破与创新。

（3）研究方案。研究方案要系统而科学地阐述研究目标、研究内容、研究方法、研究过程、拟解决的关键问题及创新点。研究目标即学位论文研究预达到的研究成果，是新理论还是新方法、抑或是新发现。研究目标需要明确合理、重点突出，保证研究方向正确，排除研究过程中各种因素的干扰。研究内容是根据研究目标来确定的，要求全面、详实、周密，研究内容笼统、模糊，甚至把研究目的、意义当作内容，往往使研究进程陷于被动。研究内容一般采取几个相互具有逻辑联系的部分组合而成，并用简单的框架图示勾勒出来。研究方法是研究题目与内容确定后最重要的但往往被忽视的环节。假如不看对象地应用方法，错误便在所难免，相反，即便是已研究过的课题，只要采取一个新的视角，采用一种新的方法，也常能得出创新的结论。研究过程即整个研究在时间及顺序上的安排，要分阶段进行，对每一阶段的起止时间、相应的研究内容及成果均要有明确的规定，阶段之间不能间断，以保证研究进程的连续性。对可能遇到的最主要的、最根本的关键性困难与问题要有准确、科学的估计和判断，并采取可行的解决方法和措施。

（4）条件分析。学位论文完成的条件，应突出本人完成选题已经具备的学术素养和前期研究成果的优势，需要利用实验、试验等完成的还需说明仪器设备等物质条件的准备情况与优势。必要时还应陈述选题的来源和项目资助情况，比如来自导师的科学研究课题，政府、企业或科研院所提供了科研攻关课题并提供研究资助等，明确协作单位及各自工作职责与分工。

3. 学位论文开题报告的框架结构

由于开题报告是用文字体现的论文总构想，因而篇幅不会过大，但要把计划研究的课题、如何研究、理论适用等主要问题写清楚。开题报告一般为表格式，称为开题报告提纲。它把要报告的每一项内容转换成相应的栏目。这样做，既能避免遗漏又便于评审者一目了然、把握要点。开题报告的提纲是一个粗线条的研究构想基本框架，可以通过写作提纲有条理地呈现出来。

报告提纲一般包括以下内容：课题缘由、来源及研究的目的和意义；国内外在该方向的研究现状及分析；研究对象、研究内容及创新点；主要研究方法；研究方案及进度安排；为完成课题已具备和所需的条件；预计研究过程中可能遇到的困难和问题以及解决的措施；预期达到的目标与研究成果；经费概算；承担单位、协作单位与人员分工；主要参考文献。

（三）学位论文的结构

学位论文的结构一般比较固定，包含一些主体项目，且每个主体项目有一定的功能，写作时具有一定的语言特点和具体要求。

（1）标题。又称题目或题名，是以最恰当、最简明的词语反映论文中最重要的特定内容的逻辑组合。论文的第一个主体就是标题，标题虽然只是文章的"标签"或"称呼"，不反映具体内容，不必用完整的句子，多用名词、词组，但却能体现论文给出的涉及论文范围与水平的第一个重要信息。标题应能准确地概括全文内容,标题应当提纲挈领、准确精练、外延和内涵恰如其分、醒目。

(2) 作者姓名、专业、年级、学号、指导老师的姓名与职称。这一项属于论文署名问题。署名一是为了表明文责自负,二是记录学位论文的劳动成果,三是便于读者与作者的联系及文献检索(作者索引)。

(3) 摘要。学位论文一般应有摘要,有些还有外文(多用英文)摘要。它是论文内容不加注释和评论的简短陈述。其作用是不阅读论文全文即能获得必要的信息。摘要应包含研究的目的与重要性、研究的主要内容、获得的基本结论和研究成果、研究结论或结果的意义。

摘要中应排除本学科领域已成为常识的内容。切忌把应写入引言的内容写入摘要,一般也不要对论文内容作诠释和评论,不得简单重复题目中已有的信息。结构严谨,逻辑严密,语义确切,表意明白,无空泛、笼统、含混之词,表达简明,上下连贯,互相呼应。摘要慎用长句,句型应力求简单。建议采用"运用……理论和……方法,构建或改进了……模型,对……进行了……研究""报告了……现状""进行了……调查"等记述方法来表明论文作为一次文献的性质和文献主题。摘要尽量使用第三人称撰写,不必使用"本文""作者"等作为主语。另外,摘要应使用规范化的名词术语,不用非公知公用的符号和术语。新术语或尚无合适汉文术语的,可用原文或译出后加括号注明原文。一般不使用数学公式和化学结构式,不出现插图、表格,不用引文,除非该文献证实或否定了他人已出版的著作。

(4) 关键词。关键词属于主题词中的一类。关键词一般 3 至 5 个为宜,应体现学位论文研究的主题和研究的特点,还需具有情报检索语言词汇的特征,能够满足情报检索计算机化(计算机检索)。

(5) 引言。一篇学位论文的引言,大致包含问题的提出、选题背景及意义、文献综述、研究方法、论文结构安排等内容。作者要在引言部分提出研究什么题目,阐述该研究对学科发展的贡献、对国计民生的理论与现实意义等,综合述评本研究主题范围内的研究动态、成果和趋势,即进行本研究题目的文献综述,交代论文所使用的科学研究方法及科学依据。并简略介绍本论文的写作结构安排。引言一般为论文的第 1 章。

(6) 正文。正文是论文的主体,是所有论文的核心组成部分,从第 2 章到结论前的一章为止,通常占论文篇幅的大部分,主要回答"怎么研究"这个问题。各章之间要存在有机联系,符合逻辑顺序。正文应充分阐明论文的观点、原理、方法及具体达到预期目标的整个过程,并且突出创新性,以反映论文具有的首创性。根据需要,论文可以分层深入,逐层剖析,按层设分层标题。正文的具体陈述方式往往因不同学科、不同文章类型而有很大差别,不能牵强地做出统一的规定。正文一般应包括材料、方法、结果、讨论和结论等几个部分,试验与观察、数据处理与分析、实验研究结果的得出是正文的最重要成分。

正文写作要求思路清晰、合乎逻辑,用语简洁准确、明快流畅,内容务求客观、科学、完备,要尽量用事实和数据说话,应该给予极大的重视。要尊重事实,在资料的取舍上不应该随意掺入主观成分，或妄加猜测，不应该忽视偶发性的现象和数据。凡是用简要的文字能够讲解的内容，应用文字陈述。用文字不容易说明白或说起来比较繁琐的，应由表或图（必要时用彩图）陈述。表或图要具有自明性，即其本身给出的信息就能够说明欲表达的问题。数据的引用要严谨确切，防止错引或重引，避免用图形和表格重复地反映同一组数据。物理量与单位符号应符合《中华人民共和国法定计量单位》的规定，选用规范的单位和书写符号。资料的引用要标明出处。

（7）结论。结论是在理论分析和实验验证的基础上，通过严密的逻辑推理而得出的富有创造性、指导性、经验性的结果描述，以自身的条理性、明确性、客观性反映论文或研究成果的价值。结论不是研究结果的简单重复，而是对研究结果更深入的认识，是从正文部分的全部内容出发，结合引言的部分内容，经过判断、归纳、推理，将研究结果升华成新的总观点。其内容要点有：①本研究结果说明了什么问题，得出了什么规律，解决了什么理论或实际问题；②对前人有关本问题的看法做了哪些检验，哪些与本研究结果一致，哪些不一致，作者做了哪些修正、补充、发展或否定；③本研究的不足之处或遗留问题。与摘要一样，结论的作用是便于读者阅读，为二次文献作者提供依据。

（8）参考文献。参考文献指著作者在撰写学术论文（学位论文）时引用的信息资源，是对信息资源或其中一部分进行准确和详细著录的数据，一般放在正文结尾。一是表达对既往研究者著作权及其研究成果的尊重，二是便于论文读者和审阅者阅读，了解论文是否参考了既往研究的权威成果，以对论文研究质量进行初步判断。

引文参考文献的标注体系有"顺序编码制"和"著者-出版年制"。前者指引文采用序号标注，参考文献表按引文的序号排序列示；后者指引文采用著者-出版年标注，参考文献表按著者字顺和出版年排序。引文参考文献有普通图书、期刊论文、学位论文、会议论文、报纸、报告、标准、专利、在线电子文献、非在线电子文献、传统文献网络电子版等多种形式，具体格式请查阅国家标准《信息与文献　参考文献著录规则》（GB/T 7714—2015）等相关资料，不再赘述。

（9）致谢。学位论文往往是在指导老师或导师组指导下完成的，还有与他人合作、在他人的帮助下完成的。因此，当研究成果以论文形式发表时，作者应当对他人的劳动给予充分肯定，并对他们表示感谢。致谢的对象是，凡对本研究直接提供过资金、设备、人力，以及文献资料等支持和帮助的团体和个人。致谢一般单独成段，放在文章的最后面，但它不是论文的必要组成部分。

（四）学位论文的答辩

学位论文的答辩又称毕业论文答辩，是一种有组织、有准备、有计划、有鉴定的比较正规的审查论文的重要形式。

1. 答辩准备

为了搞好学位论文答辩，在举行答辩会前，校方、答辩委员会、答辩者（撰写学位论文的作者）三方都要做好充分的准备。答辩者的准备是学位论文中最重要的准备。要保证论文答辩的质量和效果，关键在答辩者一边。论文作者要顺利通过答辩,在提交了论文之后,不要有松一口气的思想,而应抓紧时间积极准备论文答辩。

第一,写好毕业论文的简介,主要内容应包括论文的题目,指导教师姓名,选择该题目的动机,论文的主要论点、论据和写作体会以及本议题的理论意义和实践意义。

第二,熟悉自己所写论文的全文,尤其要熟悉主体部分和结论部分的内容,明确论文的基本观点和主论的基本依据;弄懂弄通论文中所使用的主要概念的确切含义,所运用的基本原理的主要内容;同时还要仔细审查、反复推敲文章中有无自相矛盾、谬误、片面或模糊不清的地方,有无与党和国家的政策方针相冲突之处等。一旦发现上述问题,就立即补充、修正,预备解说。

第三,了解和掌握与自己所写论文相关联的知识和材料。如:学术界研究程度、存在的争议、代表性观点、代表性著作和文章、自己倾向的观点及理由、重要引文的出处和版本、论证材料的来源渠道等。这些方面的知识和材料在答辩前都要了如指掌。

第四,分析论文的创新、不足之处与遗留问题,搞清楚哪些观点是继承或借鉴了他人的研究成果,哪些是自己的创新观点,以及这些新观点、新见解是怎么形成的。还有哪些应该涉及或解决却因力所不能及而未能实现的问题,哪些在论文中尚未涉及或涉及很少或仍有遗漏的问题,以及没有解决的原因或留待后续解决的设想等。

对上述内容,作者在答辩前都要很好地准备,经过思考、整理,反复揣摩、修改,写成 PPT、发言稿、小卡片,反复练习,牢记脑中,这样在答辩时就可以做到心中有数,从容作答。

2. 答辩程序

(1) 提交答辩论文。答辩者必须在论文答辩会举行之前规定的时间内,将经过评阅专家审定通过、指导老师审定并签署过意见的毕业论文一式多份地交给答辩委员会。答辩委员会的答辩主席和答辩委员在仔细研读毕业论文的基础上,拟出要提问的问题,然后举行答辩会。

(2) 答辩陈述。在答辩会上,首先由答辩者在规定的时间内(一般为 15 分钟左右)陈述论文。正式陈述前,答辩者应做简单的自我介绍,举止大方、态度从容、面带微笑、礼貌得体。概述论文的选题、论文的主要论点、论据和研究与写作的体会。答辩陈述的主要内容包括论文标题、课题背景及课题现阶段的发展情况,有关课题的具体内容(包括答辩人所持的观点看法、研究过程、实验数据、结果),答辩人的解决方案、研究结果,文章的创新部分,研究结论、价值和展望等。

(3) 提问与答辩。答辩人陈述之后,答辩委员一般会提三到五个问题。答辩者需要当场回答,或独立准备(一般 15 分钟左右)后再回答。答辩者在回答问题时还需要随时准备答辩老师的插问与追问,有问有答,答辩者与答辩委员以及答辩委员之间往往多有交流互动,这一环节特别能彰显答辩者水平。

(4) 答辩委员会评定。答辩者逐一回答完所有问题后退场,答辩委员召开简短的闭门会议,根据论文质量和答辩情况,商定学位论文通过还是不通过,并拟定成绩和评语。

（5）宣布答辩结果。召回答辩者，由主答辩老师当面向答辩者就论文和答辩过程中的情况进行小结，肯定其优点和长处，指出其错误或不足之处，并加以必要的补充和指点，同时宣布答辩通过或不通过。但一般不当场宣布论文成绩。

（6）总结与致谢。答辩委员会主席总结陈述，对答辩者的论文和答辩情况进行总体评价，做出点评，感谢答辩委员会的工作。答辩者表达参加答辩的收获，向答辩委员会老师表达感谢，向指导老师致以感谢。最后，答辩委员会与答辩者进行合影留念。

二、实训目标

（一）实训目的

（1）培养学生的科学研究能力和分析写作能力，同时加强综合运用所学知识、理论和技能解决实际问题的实际能力。

（2）基于专业知识与假说，通过文献检索、收集、整理、阅读、归纳，根据自己选题及思考撰写学位论文。

（3）掌握撰写学位论文的总体流程，从总体上考查学生大学阶段学习所达到的学业水平。

（二）实训要求

（1）学位论文要求逻辑清晰、主题突出、层次分明、内容翔实、文献权威、观点引用正确、写作格式规范、写作方法正确、文献列示标准、排版清晰。

（2）论文内容须真实、健康、合法，无任何不良信息，论文主题及内容应弘扬正能量，践行社会主义核心价值观。严禁抄袭，不得侵犯他人知识产权。

（3）通过文献检索了解掌握不同货币的内涵特征，在此基础上，深入探究不同货币之间的关系，掌握不同时期下货币的不同形态，并且探究科技发展对其形态变化的影响，掌握科技发展下现代社会货币发展变化的科技和现实依据。

（4）该实验分组进行：3 人一组。本章分组与第十三、十九章的分组一致。

（三）实训说明

本实训为综合实训。建议结合本科生或研究生毕业论文的开题、撰写、答辩等各教学环节展开。

本章实训在第十五章科技发展动态检索实验的基础上展开。各小组按第十五章的分组不变，通过各小组以第十五章数字货币相关检索文献为基础，进行学位论文写作实训。

三、实训内容

（一）实训背景

货币，在我们的生活中充当着非常重要的角色。货币作为一种人们能够共同接受的价值体化物，在不同的时期有着不同的表现形式。在漫长的岁月中，货币的表现形式经历着由低级向高级的不断演变过程，它不仅是市场上的一个等价物，而且是人类文明发展史中各个阶段的里程碑。其中，中国是世界上最早使用货币的国家之一，使用货币的历史长达五千年。

随着现代信用制度和电子技术的发展，货币形式从有形到无形，逐步产生了电子货币。电子货币的主要形式为信用卡，它不需要任何物质性的货币材料，是一种贮存于银行电子计算机中的存款货币，使一切交易活动的结转账都通过银行计算机网络完成，既迅速又方便，可以节省银行处理大量票据的费用。电子货币现已在经济生活中发挥越来越大的作用。当然，货币的主要功能仍然存在，变化的只是货币的形式而已。

（二）实训设计

（1）通过对不同数据库的检索弄清纸币、数字货币、电子货币、虚拟货币的概念及其两两之间的区别与联系。

（2）通过检索掌握纸币、数字货币、电子货币、虚拟货币各自存在的科技基础，分析科技发展历程对货币形态变化的影响。

（3）通过检索探讨数字人民币对人民币国际化的作用。

（4）有人认为比特币是虚拟化的数字货币，也有人认为比特币是数字化的虚拟货币，你怎么想？请通过检索分别找出这两种说法的支撑依据，并解释你的想法的合理依据。

（5）凡事都有两面性，试着探索主流观点下数字货币、电子货币的先进性与脆弱性。

（三）实训准备

1. 理论准备

学生应当具备与毕业论文相关的、基本的专业知识；为了保证毕业论文的质量与实用性，学生还需拥有基本科研能力、社会现象的洞察分析能力、文献检索知识、文献综述能力以及建模能力等。

2. 工具准备

学生应提前学习使用数据分析软件，如 Matlab、Stata、SPSS。在相关办公软件中的文字与数据编辑技术也是必不可少的，因此学生应当掌握 Excel 等的使用操作方法。此外，还应掌握思维导图、简单图文的制作方法。

3. 实训环境准备

在学校（电子）图书馆或者研究室，配备基本的计算机网络设置。

四、实训操作

（一）实训流程

毕业论文写作首先要进行论文选题,然后进行文献检索和文献综述,撰写开题报告。若该选题通过可行性考验以及学术创新检验,则学生可进行论文的正式写作。论文写作完毕后,学生进行论文的修改,进而进行论文定稿和论文查重,若都顺利通过,则将论文送审。若最终通过,则进行论文答辩,若论文答辩达标,则授予学位。学位论文写作实训流程如图 20-1 所示。

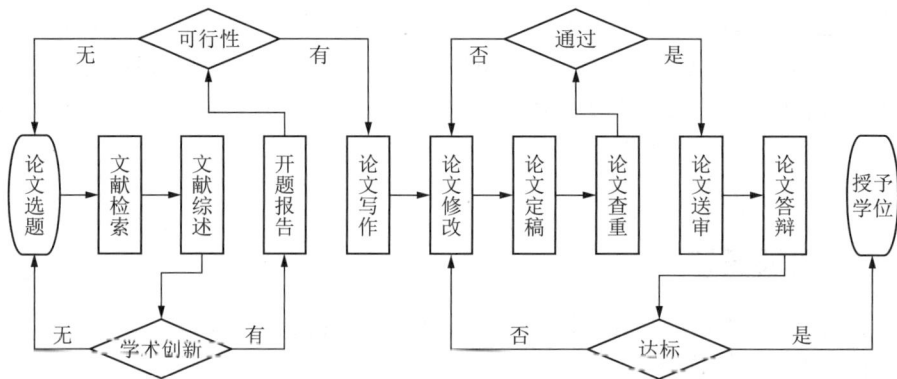

图 20-1　学位论文写作实训流程

（二）实训步骤

【步骤 1】确定论文选题。网络检索确立研究主题,选择论文要论述的范围或研究方向,决定写什么和怎么写,是写好论文的关键,如图 20-2 所示。

图 20-2　网络检索确立研究主题

【步骤2】文献检索和文献综述。对查找文献时所使用的关键词、文献数量和出处等问题进行总体性的介绍,进行文献阅读及主要观点与方法的整理工作,如表 20-1 所示。

表 20-1　利用关键词等信息的文献整理表

文献名称	关键词	积极影响	消极影响
程雪军:央行数字货币对商业银行的影响与回应,当代经济管理,2022	央行数字货币;金融影响;商业银行	我国央行数字货币会对商业银行带来积极影响,它有利于商业银行防止金融脱媒、降低运营成本以及提升金融风险防范水平	我国央行数字货币亦会对商业银行带来消极影响,它可能会导致商业银行的传统经营业务收入减少、金融基础设施承压与双向治理风险
魏思思等:数字货币发行对我国金融业的影响及其对策,科技经济市场,2021	数字货币;金融影响	推动发展共享金融、提高金融业的监管效率。提升民众的参与度、提高对资金的使用效率	交易平台不完善易导致信息泄露、数字货币价格波动大导致市场不稳定、监管法律法规不健全易引发风险
王峥:第三方电子货币对我国货币供给影响的研究,华东师范大学,2021	电子货币;货币供给	电子货币作为一种全新的货币形态使得货币支付更加方便快捷,提高了支付效率和交易的活跃程度	第三方电子货币的多领域应用正在逐步替代传统货币(现金),挑战了法定货币的地位
王敏:我国电子货币发展对预防性货币需求的影响分析,东北财经大学,2020	电子货币;预防性货币需求	电子货币在便捷性、流动性、收益性等方面更具优点,使得大众更偏好持有电子货币,对居民的货币需求产生了深远的影响	在以货币供应量充当中介目标的数量型货币政策中,能否得到稳定可预测的货币需求是货币政策制定实施的关键

这里必须注意,前期检索的文献中,可能没有近期出现的最新文献,需要进行文献检索的补充,可以通过检索已有的研究综述来快速补充文献。有两种有效的方法可以借鉴:一是通过文献检索网站的高级检索功能,在主题栏选择"数字货币",在主题栏选择"综述",时间栏选择 2018 年 1 月起,文献类型勾选"基金文献""中英文扩展",以检索数字货币领域的研究综述,如图 20-3 所示。

图 20-3　中国知网高级检索框

点击确定，一共检索到近五年来 17 篇本课题相关研究综述，如图 20-4 所示。

图 20-4　中国知网数字货币主题下 17 篇研究综述

在上述 17 篇研究综述中，按照需求整理筛选出与研究课题相关的研究综述，制作相关综述研究列表，如表 20-2 所示。

表 20-2　相关综述研究列表

序号	文　献　综　述
1	上官绪明等.数字金融：脉络、框架和展望——基于业务功能视角的文献综述,河南工业大学学报(社会科学版),2022
2	王宏杰:央行数字货币的优势、影响及研发分析——基于文献综述的视角,金融理论与实践,2021
3	周雷等:数字人民币前沿研究综述与展望,无锡商业职业技术学院学报,2021
4	王甫:金融科技发展演进透视及其风险管理综述,金融经济,2021
5	刘凯等:主要经济体央行数字货币的研发进展及其对经济系统的影响研究:一个文献综述,国际金融研究,2021
6	刘生福:数字化支付对货币政策的影响:综述与展望,经济学家,2018

二是检索下载"数字货币"研究论文，阅读其文献综述部分，不再赘述。

【步骤 3】开题报告。请一些在本研究领域有经验、有水平的研究者，召开一次开题论证会，课题承担人在会上提出数字货币研究的必要性、可行性、科学性、研究中的难点、重点问题及下一步能否形成比较成熟的研究方案等问题，有重点地陈述，和与会者共同论证。写作提纲是开题报告的核心部分，其样例如图 20-5 所示。

【步骤 4】论文写作、修改与定稿。进行论文主体的写作，写作完毕后进行自我修改并依据导师建议修改，最终定稿。论文修改示意图，如图 20-6 所示。

《数字货币的经济效应分析：理论与实证》写作提纲

一、引言

（一）研究背景

（二）研究目的与意义

二、文献综述

（一）分布式账本技术研究

（二）数字货币的经济效应研究

三、数字货币经济效应的理论分析

（一）数字货币对支付体系的影响

（二）数字货币对货币政策的影响

（三）数字货币对金融稳定的影响

（四）数字货币对资本流动的影响

四、动态随机一般均衡(DSGE)模型

（一）家庭部门

（二）厂商部门

（三）中央银行

（四）利率机制

（五）均衡条件

五、实证结果

（一）参数校准

（二）脉冲响应分析

（三）效应结果分析

六、总结

图 20-5　写作提纲样例

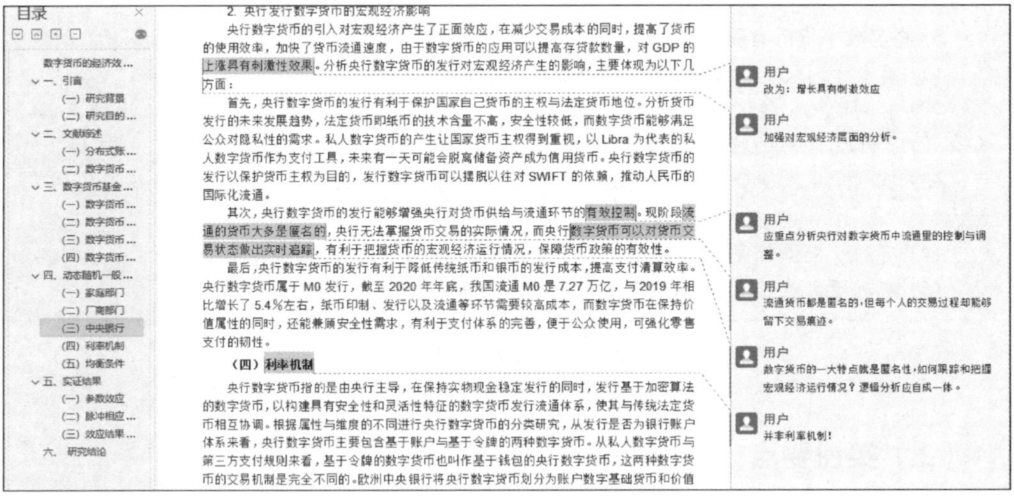
目录

数字货币的经济效...
一、引言
（一）研究背景
（二）研究目的...
二、文献综述
（一）分布式账...
（二）数字货币...
三、数字货币基金...
（一）数字货币...
（二）数字货币...
（三）数字货币...
（四）数字货币...
四、动态随机一般...
（一）家庭部门
（二）厂商部门
（三）中央银行
（四）利率机制
（五）均衡条件
五、实证结果
（一）参数效应
（二）脉冲相应...
（三）效应结果...
六、研究结论

2. 央行发行数字货币的宏观经济影响

央行数字货币的引入对宏观经济产生了正面效应，在减少交易成本的同时，提高了货币的使用效率，加快了货币流通速度，由于数字货币的应用可以提高存贷款数量，对 GDP 的上涨具有刺激性效果。分析央行数字货币的发行对宏观经济产生的影响，主要体现为以下几方面：

首先，央行数字货币的发行有利于保护国家自己货币的主权与法定货币地位。分析货币发行的未来发展趋势，法定货币即纸币的技术含量不高，安全性较低，而数字货币能够满足公众对隐私性的需求。私人数字货币的产生让国家货币主权得到重视，以 Libra 为代表的私人数字货币作为支付工具，未来有一天可能会脱离储备资产成为信用货币。央行数字货币的发行以保护货币主权为目的，发行数字货币可以摆脱以往对 SWIFT 的依赖，推动人民币的国际化流通。

其次，央行数字货币的发行能够增强央行对货币供给与流通环节的有效控制。现阶段流通的货币大多是匿名的，央行无法掌握货币交易的实际情况，而央行数字货币可以对货币交易状态做出实时追踪，有利于把握货币的宏观经济运行情况，保障货币政策的有效性。

最后，央行数字货币的发行有利于降低传统纸币和银币的发行成本，提高支付清算效率。央行数字货币属于 M0 发行，截至 2020 年年底，我国流通 M0 是 7.27 万亿，与 2019 年相比增长了 5.4%左右，纸币印制、发行以及流通等环节需要较高成本，而数字货币在保持价值属性的同时，还能兼顾安全性需求，有利于支付体系的完善，便于公众使用，可强化零售支付的韧性。

（四）利率机制

央行数字货币指的是由央行主导，在保持实物现金稳定发行的同时，发行基于加密算法的数字货币，以构建具有安全性和灵活性特征的数字货币发行流通体系，使其与传统法定货币相互协调。根据属性与维度的不同进行央行数字货币的分类研究，从发行是否为银行账户体系来看，央行数字货币主要包含基于账户与基于令牌的两种数字货币。从私人数字货币与第三方支付规则来看，基于令牌的数字货币也叫作基于钱包的央行数字货币，这两种数字货币的交易机制是完全不同的。欧洲中央银行将央行数字货币划分为账户数字基础货币和价值

用户
改为：增长具有刺激效应

用户
加强对宏观经济层面的分析。

用户
应重点分析央行对数字货币中流通里的控制与调整。

用户
流通货币都是匿名的，但每个人的交易过程却能够留下交易痕迹。

用户
数字货币的一大特点就是匿名性，如何跟踪和把握宏观经济运行情况？逻辑分析应自成一体。

用户
并非利率机制！

图 20-6　论文修改示意图

【步骤 5】论文答辩：在举行答辩会前，校方、答辩委员会、答辩者（撰写学位论文的作者）三方做好充分准备后，按学校统一安排召开论文答辩会。

在答辩会上，答辩同学主要陈述论文的研究方法、研究过程、研究结论及其创新与不足之处，可以借助 PPT 进行简明扼要的汇报。

答辩老师根据同学论文内容和答辩陈述词，进行询问并提出问题，如图 20-7 所示。答辩同学回答评委老师问题，并将主要答辩内容誊写在答辩记录表里。答辩环节完成后，答辩组全体老师进行投票表决，并宣布答辩者是否通过论文答辩。

【步骤 6】根据实训步骤及各环节内容撰写并及时提交实训报告。

【步骤 7】按要求填写实训日志。

1. 简述数字货币产生的理论基础。

随着全球主要经济体相继迈入信息经济互联网时代,社会生产工具发生了巨大变化,生产力大幅提高。与此同时,社交媒体、网络虚拟社区、电子商务飞速发展,以共享经济为代表的新商业模式不断涌现,人类生活模式和经济社会运行模式深刻改变,生产关系深度调整,创新经济优势逐渐领先于工业时代的规模经济。与之相应,金融运行模式也在发生天翻地覆的变化,现代金融业依托于信息技术应用而发展,已经演变成高科技行业,呈现信息化转型发展趋势。全球金融科技的兴起和中国互联网金融的蓬勃发展即是典型表现,数字货币的产生和发展具有其内在必然性。至于如何充分借鉴私人数字货币发行运营机制,构建法定数字货币体系,改善金融供给,提升金融服务实体经济能效,则需深入地进行基础理论、技术创新和法律制度体系研究。

2. 简述数字货币的货币属性和技术特征。

从货币角度,数字货币的本质仍具备信用货币属性,是一种基于大众对算法技术的信任和社区的广泛接受而人造的信用货币。私人数字货币则没有政府信用作为强制要求。从目前的发展阶段来看,数字货币更类似于黄金等商品货币,在不同国家的监管和法律框架下,具备不同层次的货币功能。法定数字货币才真正具备信用货币的全部特征和功能。从技术角度,数字货币是一个由数据码和标识码组成的网络数据包和一套基于分布式账本的互联网支付系统。数据码即需要传送的内容,标识码指明了该数据包从哪里来,要到哪里去等属性。其分布式支付系统替代集中式支付清算系统可谓巨大创新。

3. 法定数字货币有哪些优点?

(1) 有利于简化支付流程,减少支付成本,从而提高效率,解决资金安全性问题;

(2) 有利于优化传统支付手段,促使现代化交易手段更加多元化,弥补现金流通缺点,具有公开,透明,可追溯的特性,降低非正常交易活动;

(3) 有利于掌控货币的寿命全周期,由国家全面掌控货币的回流,加强央行对经济的调节能力;

(4) 有利于提供新型货币政策工具,改进货币政策的有效性,释放发展空间;

(5) 有利于实现普惠金融,便于偏远的地区服务,使成果惠及更多民众。

图 20-7　论文答辩问答示例

(三) 实训要点

1. 论文选题

实际过程中可供研究的课题数不胜数,但并不是任何选题都有研究价值,可以形成论文。选题既要受自己学术水平、研究能力的限制,又要受研究条件的制约。因此,选择既能反映自己的科学水平和创新能力,又符合自己客观条件的课题是论文写作成功的前提。论文选题原则有创新性原则、科学性原则、可行性原则。论文选题来源分为自拟选题、他拟选题、共拟选题三种。

2. 文献综述

文献综述以一定的形式概括了相关文献,为相关文献增添了价值,而不是仅仅把相关文献堆砌在一起,其基本目的包括以下六点。

表明作者了解相关研究;详细向读者说明研究背景,注意专业与非专业的结合;描述相关研究与作者自己的研究间的关系,综合相关研究;比较或对比不同研究结果,不同理论思想等,突出先前研究和有争议之处;作者要研究的问题,表明是否需要进一步研究;提出对问题的新看法或解决办法。

概括起来,文献综述要突出学术研究的继承性、开放性和目的性。

学术研究的继承性。文献综述的写作是由学术研究的继承性决定的,因为继承是创新的基础和前提。文献综述部分要澄清所研究问题"从哪里来,到哪里去"。

学术研究的开放性。客观现实世界不断运动变化,人们在实践中对于真理的认识也只能越来越接近。任何一篇论文或一项研究都只不过是该领域知识探索过程中的一个环节。正因为如此,学术研究必须是开放的,只有开放才能相互借鉴,共同进步。

学术研究的目的性。撰写文献综述的目的是导出研究问题并为未来的研究构建创新平台。既然要找出问题,那么首先得深入了解相关问题,对相关问题的已有研究进行概述。

3. 开题报告

有了正确的选题后,接下来就要进行文献调研、撰写开题报告、制定研究方案、进行实际研究。课题或论文的开题报告,标志着研究、写作阶段前构思工作的结果。一份好的开题报告实际上是一份课题汇报或论文答辩的预演报告。其质量高低,将反映并影响研究者的研究进程、思路、成效。因此,在开始研究前撰写一份好的开题报告是非常重要的。

开题报告对学生来讲,是个科学训练的过程。通过开题报告,可以锻炼学生的文献检索与阅读能力,文献综述能力,分析问题与从事研究的初步能力,论文的书面表述能力,学术报告的口头表达能力。

4. 论文写作

一般而言,学位论文,尤其是硕士和博士论文,在格式上要求比较严格。参考《GB 7713—87 科学技术报告、学位论文和学术论文的编写格式》,规范的学位论文在格式上应该包括以下三大部分:前置部分,包括封面、版权声明页、中文摘要和关键词、英文摘要和关键词、目录等;主体部分,包括引言、正文、结论、参考文献等;结尾部分,包括致谢、学位论文原创性声明和使用授权说明以及相关索引等。

5. 论文答辩

事实上,答辩老师拟题提问是有一定的范围并遵循一定原则的。了解答辩老师的出题范围和原则,对学生如何准备答辩是有帮助的。首先,答辩老师出题是有严格的界定范围的,即答辩老师在论文答辩会上所提的问题仅仅限于论文所涉及的学术范围之内,一般不会也不能提出与论文内容毫无关系的问题,这是答辩老师拟题的大范围。在这个大范围内,主答辩老师一般是从检验真伪、探测能力、弥补不足三个方面提出三个问题。

(四) 实训记录

(1)收集、整理实训过程中的图文音像资料:在撰写学位论文的时候,一定会参考到许多图文音像资料,及时整理这些资料有助于以后修改论文时能够迅速寻找到资料来源。

(2)实训记录展示:学位论文的写作分为不同的阶段,在每一阶段的实训记录展示需要确定展示目标、内容,以便更好地总结上一阶段的成果和开启下一阶段的写作,实训内容的展示应该简洁明了。

(3) 在学位论文写作实训过程中,要实时建立实训活动档案、实训活动大事记等内容,以便后续回顾并用于写作。

(五) 注意事项

选题报告的格式可以与论文的引言(绪论)部分同时考虑,其中有不少重合之处。许多同学写论文不会写开头,其实就是对论文的引言或绪论不熟悉。文章开头要注意从问题入手。不要从定义、概念、历史、类型入手。不能把论文写成教材,更不能写成宣传材料、工作报告或普及读物。教材等通常只作平行罗列,不做深入论证,讲的大都是已知的、稳定的、经过检验和证明的常理。而学术论文追求的是研究的深度和广度,要求层层深入地探究问题。

(1) 选题要考虑专业兴趣。考虑主观专业兴趣就是要从自己感兴趣的方面入手选题。在自己的研究工作中注意细心观察,勤于思考,就自己体验较深又感兴趣的方面入手,加以提炼,将其上升到一定的理论高度,通过研究书刊杂志,在综合借鉴别人的科研成果的基础上,形成选题。

(2) 选题要考虑主观条件。考虑主客观条件就是对自己要有正确的客观估计。了解自己掌握材料的深度和广度,驾驭材料的能力,对课题的理解程度等。根据自己的长处和兴趣爱好,扬长避短,充分发挥主观优势。

(3) 选题要考虑课题大小。选题范围不宜过大、涉及面不宜太宽。因为范围过大,不但时间不允许,而且缺乏这种功力,即使勉强写下来了,也只能如蜻蜓点水,难以保证质量。论文的选题小一些、专一些,既容易完成,也容易写好。当然,题目也不能太小,太小的题目,搜集资料、阐述都不容易,也达不到精炼提高的目的。

(4) 选题要考虑课题难易。选题的难易程度要合适,既不能太难,又不可太易。对初写学术论文的人来说,选择高难度的课题,不仅达不到提高研究能力的目的,反而会因写作难度大,挫伤写作的积极性。过易的题目,又体现不出自己的知识水准和创造性,同样不利于自己水平的提高。因此,在选题过程中,必须实事求是地从主客观实际出发,恰当地把握选题的难易程度。

(5) 在本实训过程中,能够了解到学位论文的整个写作流程,并且可以根据注意事项等内容避开学位论文写作时容易遇到的一些坑。与此同时,学生不仅仅锻炼了信息筛选能力、问题分析能力,也能够通过自己的思考进行一些论文撰写。如遇到问题,可将其记录下来进行分析,为以后的学位论文写作打下基础,可节约时间,提高效率。

五、实训小结

本实训以数字货币的经济效应分析为主题展开。根据在第十五章有关数字货币实验的文献信息积累,在探讨数字货币、电子货币、虚拟货币的内涵以及其相互关系的基础上,拟定论文题目,草拟写作提纲,撰写文献综述,进行文献补充,撰写学位论文,编写答辩 PPT,进行学位论文答辩的模拟。

实训以学士(硕士)学位论文的写作为例,进行分组实训,以熟悉学位论文开题、写作与答辩的全过程,包括论文选题、文献检索、文献综述、开题报告、论文写作与修改、论文定稿与查重、论文送审、论文答辩、学位授予等相关环节。通过实训,让实验者掌握学位论文写作与答辩的基本流程,论文写作与汇报答辩的基本技巧,熟悉论文写作规范,为顺利答辩、申请学位做准备。

思考与练习

1. 学位论文的重要意义和作用是什么? 学位论文的基本写作方法与写作技巧有哪些?

2. 如何顺利开展并完成学位论文所需要的文献检索与整理、开题报告、论文撰写?

3. 系统地完成一篇学位论文的基本条件和要求是什么?

4. 学位论文写作的基本规范有哪些?

5. 学位论文答辩陈述的要点和答辩基本技巧有哪些? 如何准备学位论文答辩?

6. 根据第十九章"思考与练习"的第 5 题所写的文献综述,拟定一个研究主题,并进行详细论证,编写写作提纲,尝试撰写一篇科学研究论文。

参 考 文 献

［1］黄常青,薛华,李学庆.信息检索与利用[M].北京:高等教育出版社,2021.

［2］樊瑜,吴少杰.信息检索与文献管理[M].武汉:华中科技大学出版社,2021.

［3］苗雨君,陈学千.大学生创新创业基础[M].北京:高等教育出版社,2022.

［4］饶宗政.现代文献检索与利用[M].北京:机械工业出版社,2021.

［5］曼宁,拉格万,舒策.信息检索导论:修订版[M].王斌,李鹏,译.北京:人民邮电出版社,2021.

［6］方磊,谷琼.文献检索与利用[M].北京:清华大学出版社,2020.

［7］王静.创业策划及路演实训[M].北京:电子工业出版社,2020.

［8］张爱华.计算机网络实验教程[M].北京:清华大学出版社,2020.

［9］蔡伯良.创新创业实训[M].南京:南京大学出版社,2019.

［10］董付国.Python程序设计实验指导书[M].北京:清华大学出版社,2019.

［11］黄如花,胡永生,程银桂.信息检索[M]. 3 版.武汉:武汉大学出版社,2019.

［12］刘伟成.数字信息资源检索[M].武汉:武汉大学出版社,2018.

［13］邓要武,励燕飞,康延兴.科技文献检索实用教程[M].北京:科学出版社,2018.

［14］李肖鸣.创新创业实训[M].北京:清华大学出版社,2018.

［15］刘泰洪.文献检索与综述实训教程[M].北京:中国人民大学出版社,2018.

［16］周淑敏,周靖.学术论文写作[M].北京:清华大学出版社,2018.

［17］姜颖.英国环境领域数据发布平台发展现状与内容剖析[J].对外经济贸易大学图书馆,2018(2):52-59.

［18］陈晓曦,陈李斌,田敏.创新创业教育入门与实战[M].北京:清华大学出版社,2017.

［19］邓发云.信息检索与利用[M]. 3 版.北京:科学出版社,2017.

［20］黄如花,胡永生.信息检索与利用实验教材[M].武汉:武汉大学出版社,2017.

［21］李奋强.产品系统设计[M].北京:中国水利水电出版社,2017.

［22］王细荣,丁洁,苏丽丽.文献检索与论文写作[M].6 版.上海:上海交通大学出版社,2017.

［23］姚洁,黄建琼,陈章斌.文献检索实用教程[M].北京:清华大学出版社,2017.

［24］张虎芳.科技文献检索与科教论文写作[M].北京:中国石化出版社,2017.

［25］赵鸿萍.新编药学信息检索教程[M].南京:东南大学出版社,2016.

［26］颜世伟,柴晓娟.文献检索与利用实用教程［M］.南京:南京大学出版社,2015.

［27］十所财经高校文献检索课程教材编写组.经济信息资源检索与图书馆利用［M］.大连:东北财经大学出版社,2015.

［28］汪楠,成鹰.信息检索技术［M］.北京:清华大学出版社,2014.

［29］周佳贵.论文献评价的三个层次［J］.图书馆工作与研究,2011(3):36-39.

［30］弗里德兰德,弗尔特.如何写好科研项目申请书［M］.2 版.郑如青,译.北京:北京大学出版社,2010.

［31］吴其叶.科技查新的查准度和查全度与文献检索的查全率和查准率的差异［J］.现代情报,2003(9):8-9.

附　　录

实验报告

实验项目名称			
学生姓名		学号	
实验班级		专业班级	
实验课时		实验地点	
指导教师			
实验目的			
实验环境			
实验内容与步骤（可附页）			

实训内容与步骤(可附页)	
实验结果及分析(可附页)	

实验报告(续表)

实验结果及分析(可附页)	
实验小结	
实验成绩	教师签名： 年　　月　　日

实训报告

实训名称			
组　　别		实训组长	
学生姓名		学　　号	
学生姓名		学　　号	
学生姓名		学　　号	
学生姓名		学　　号	
学生姓名		学　　号	
学生姓名		学　　号	
实训班级		专业班级	
实训课时		实训地点	
指导教师			
实训目的			
实训环境			

实训报告（续表）

实训内容与步骤（可附页）	
实训结果及分析（可附页）	

实训结果及分析(可附页)	
实训小结	
实训成绩	教师签名： 年　　月　　日

实验（实训）日志

学　期:20____～20____学年第____学期

课　程:_____

专　业:_____

班　级:_____

学　号:_____

姓　名:_____

_____大学_____学院编

填 写 要 求

一、填写说明：

1. 实验（实训）班级，填写实验项目班级，例如"SJ24"。

2. 专业班级，例如"2018级审计1班"。

3. 实验（实训）目的，填写要明确，可以从理论与实践两方面描述：在理论上验证实验原理或算法，并能通过该实验获得深刻和系统的理解；在实践上，掌握实验软件或实验设备的技能技巧。

4. 实验（实训）环境，填写实验所需的软硬件环境。

5. 实验（实训）内容与步骤，填写依据何种原理、算法或操作方法来进行实验，列明较为详细的实验步骤。

6. 实验（实训）结果及分析，实验现象的描述，实验数据的处理结果等，并对实验数据或现象进行分析。对于实验结果的表述，一般有三种方法：

（1）文字叙述：根据实验目的将实验结果系统化、条理化，用准确的专业术语客观地描述实验现象和结果。

（2）图表：用表格或坐标图的方式使实验结果突出、清晰，便于相互比较。每一图表应有表目和计量单位，应说明一定的中心问题。

（3）屏幕截图：实验结果或现象也可以是屏幕截图。

7. 在实验报告中，可任选其中一种或几种方法并用，以获得最佳效果。实验结果及分析篇幅较长，可以附在实验报告的后面。

8. 实验小结，本实验的心得体会，也可以包括实验过程中遇到的问题及解决的方法。

二、务必使用黑色或蓝色钢笔（含签字笔）填写本日志。

三、内容较多时要分段，以序号标出，保持日志清晰度。

四、除了教师评价部分之外，学生必须将所有内容填写完整。

五、实验结束后应及时将本日志送交指导老师。

实验(实训)项目一览表

序号	实验(实训)项目名称	指导教师	备 注

注意:本页内容是实验(实训)的总揽,务必根据进度及时填写。

实验(实训)报告

实验(实训)名称			
学生姓名		学号	
实验(实训)班级		专业班级	
实验(实训)课时		实验(实训)地点	
指导教师			

实验(实训)目的	
实验(实训)环境	
实验(实训)内容与步骤(可附页)	
实验(实训)结果及分析(可附页)	
实验(实训)小结	
实验(实训)成绩	教师签名: 20　年　月　日

实验(实训)总结

实验(实训)总结:

学生签名:

年　　月　　日

总评成绩(百分制):

教师签名:

年　　月　　日

注意:实验(实训)总结不要少于 1 200 字,且保持观点明确、逻辑合理、格式清晰。

郑重声明

高等教育出版社依法对本书享有专有出版权。任何未经许可的复制、销售行为均违反《中华人民共和国著作权法》，其行为人将承担相应的民事责任和行政责任；构成犯罪的，将被依法追究刑事责任。为了维护市场秩序，保护读者的合法权益，避免读者误用盗版书造成不良后果，我社将配合行政执法部门和司法机关对违法犯罪的单位和个人进行严厉打击。社会各界人士如发现上述侵权行为，希望及时举报，我社将奖励举报有功人员。

反盗版举报电话　（010)58581999　58582371
反盗版举报邮箱　dd@hep.com.cn
通信地址　北京市西城区德外大街 4 号　高等教育出版社知识产权与法律事务部
邮政编码　100120

教师教学资源服务指南

关注微信公众号"**高教财经教学研究**",可浏览云书展了解最新经管教材信息、申请样书、下载课件、下载试卷、观看师资培训课程和直播录像等。

课件及资源下载

电脑端进入公众号点击导航栏中的"教学服务",点击子菜单中的"资源下载",或浏览器输入网址链接http://101.35.126.6/,注册登录后可搜索相应资源并下载。

样书申请及培训课程

点击导航栏中的"教学服务",点击子菜单中的"云书展",了解最新教材信息及申请样书。

点击导航栏中的"教师培训",点击子菜单中的"培训课程"即可观看教师培训课程和"名师谈教学与科研直播讲堂"的录像。

| 在线直播 |
| 培训课程 |
| 会议预告 |
| ＋ |

教师培训 · 教学服务 · 教材样章

| 云书展 |
| 免费样书 |
| 资源下载 |
| 经管目录 |
| 免费试卷 |

教师培训 · 教学服务 · 教材样章

联系我们

联系电话:(021)56718921   高教社管理类教师交流QQ群:248192102